KB199376

조선왕조
실록에서
배 우 는

리더의 품격

조선왕조실록에서 배우는

리더의 품격

초판 1쇄 발행 ┃ 2013년 9월 5일
초판 4쇄 발행 ┃ 2014년 8월 20일

지은이 ┃ 석산
펴낸이 ┃ 박영욱
펴낸곳 ┃ 북오션

경영총괄 ┃ 정희숙
편집 ┃ 지태진
마케팅 ┃ 최석진
표지 디자인 ┃ 서정희 **본문 디자인** ┃ 임덕란

주 소 ┃ 서울시 마포구 서교동 468-2번지
이메일 ┃ bookrose@naver.com
페이스북 ┃ bookocean
전 화 ┃ 편집문의 : 02-325-5352   영업문의 : 02-322-6709
팩 스 ┃ 02-3143-3964

출판신고번호 ┃ 제313-2007-000197호

ISBN 978-89-6799-022-0 (03910)

*이 도서의 국립중앙도서관 출판시도서목록(CIP)은 e-CIP홈페이지(http://www.nl.go.kr/ecip)
 와 국가자료공동목록시스템(http://www.nl.go.kr/kolisnet)에서 이용하실 수 있습니다.
 (CIP제어번호 : CIP2013014591)

조선왕조
실록에서
배우는

리더의 품격

석 산 지음

북오션

먼저 리더의 정의를 내려보자. 리더의 예를 들어보라고 하면 대부분 나라의 지도자, 어떤 단체의 리더, 회사의 CEO를 생각한다. 하지만 진정한 리더는 내 삶을 나의 뜻대로 살고 싶은 사람 모두를 말한다. 어떤 조직을 바람직하게 이끌고 싶은 사람, 내 가정에 행복의 꽃을 피워주고 싶은 사람, 반려자와 즐겁게 살고 싶은 사람, 더 작게는 나 스스로를 '내 생각대로' 살고 싶은 사람이 모두 리더다.

그러면 리더의 반대는 무엇일까? 아주 간단하게 결론이 나온다. 내 인생을 내 의지와 무관하게 노예처럼 사는 사람이다. 결국 우리 모두는 리더가 되어야만 한다.

여기 리더의 운명을 가지고 태어나고, 리더로 교육되어지며, 리더로 살아가야만 했던 사람들이 있었다. 바로 조선의 왕들이다. 세습이 당연한 사회였기 때문에 태어나는 순간, 백성을 이끌어야 하는 리더로서

운명이 결정된다. 이들은 어떤 삶을 살았을까? 리더의 삶을 흔쾌히 받아들이고 올바로 실행한 사람이 있는가 하면 운명을 거부하지도 못하고 되는 대로 산 사람도 있다. 다행이도 우리에게는 《조선왕조실록》이라는 세계 어느 나라에도 없는 위대한 유산이 있기에 '리더의 운명을 타고난 사람'들의 자취를 좇아, 교훈을 얻을 수 있다.

조선의 왕은 8가지 유형의 리더로 구분할 수 있다.

첫 번째, 위민의 리더다.

백성과 왕의 정체성을 일치시켰다. 삶의 현장을 중시하며 백성과도 소통했다. 신하들과도 의사소통이 활발했으며, 권한을 적절히 배분하고 후속 관리를 잘했다. 사대부 층의 허위의식을 깼으며, 신분에 구애받지 않고 인재를 구했다.

세종과 정조가 이에 해당한다.

두 번째, 결과 중심의 리더다.

이들에게 과정과 절차의 정당성은 결과가 말해준다. 누가 제거 대상인지를 정확히 알고 과감한 선제공격을 하며 상황에 따라 대의명분이 달라진다. 슈퍼에고가 강할 경우 세조처럼 죄책감에 시달리나 자아가 강한 경우 태종처럼 평생 위풍당당하다.

태종과 세조가 이에 해당한다.

세 번째, 가치 공유의 리더다.

신하들보다 먼저 백성을 생각했다. 초기 정면충돌을 피하며 자신의 기회를 만든다. 탕평책 등 권력의 균형을 추구했다.

성종과 영조가 이에 해당한다.

네 번째, 군림형 리더다.

공과 사의 구별이 없다. 기분에 따라 자기 세력도 버릴 수 있다. 자아가 과도하게 팽창할 경우 연산처럼 되며, 주도면밀할 경우 숙종처럼 권력층 물갈이의 천재가 된다.

연산군, 중종, 숙종이 이에 해당한다.

다섯 번째, 권리와 의무를 저버린 리더다.

무기력하고 질서의 중요성을 모른다. 적극적인 권리확보 의지가 없고 매사가 수동적이다. 소극적으로 다른 이에게 연민을 일으켜 의지하려 한다.

불행하게도 정종, 문종, 단종, 예종, 인종, 명종, 현종, 경종 등 많은 왕이 해당된다.

여섯 번째, 자유 방임형 군주다.

리더로서 중심을 잡지 못하고 주변인이 된다. 세도가勢道家들이 정해준 권한만 행사한다. 우유부단하고 좌고우면하며, 쾌락적이다.

순조, 헌조, 철종이 이에 해당한다.

일곱 번째, 더불어 꿈꾸는 미래가 없는 리더다.

현실성 없는 명분에 집착한다. 백성과 공감할 비전을 제시하지 못한다. 장기적인 대책보다 일시적 모면책만 내놓는다. 거시적 가치보다 미시적 자기 이익에 얽매인다.

선조, 인조, 효종, 고종, 순종이 이에 해당한다.

마지막 여덟 번째, 변혁의 군주다.

시대의 흐름을 관통하여 한 시대를 만들어낸다. 미래의 가치를 창조하여 선도한다. 발상의 전환을 통해 창조적 혁신 전략을 구사한다.

태조와 광해군이 이에 해당한다.

이렇듯 조선조 500년 동안 다양한 왕이 거쳐 갔다. 이들의 삶 속에서 우리는 배울 것과 버려야 할 것이 분명 있을 것이다. 그것이 우리가 역사를 읽는 이유가 될 것이며, 이 책에서는 그 역사 속에서 리더의 품격을 찾을 것이다.

상자 밖에서
생각하라

태조太祖(1392~1398)는 변혁적 리더십을 지닌 왕이다. 태조는 변화해야만 되는 시대에 맞는 창조적 혁신 전략을 구사했다. 이후의 왕들을 살펴보면 변화해야 될 시대에도 변화를 거부한 선조, 인종, 효종 그리고 정조 다음의 왕들이 있다. 그리고 그 아픈 대가는 백성이 치러야 했다.

특히 이성계李成桂는 고려라는 프레임 안이 아닌 밖에서 생각했다. 그래야 이미 수명이 다한 프레임을 대신할 현실적 대안이 나온다. 변화의 압력이 내부에서 오든, 외부에 기인하든 그런 시대를 담당한 왕들은 '미래를 발명(inventive future)'해야만 한다. 현재와 다른 생각을 해야 변화의 압력을 새로운 성취의 기회로 만들 수 있다. 그렇지 않고 안주하면 변화의 압력에 주저앉고 말 것이다. 이럴 때 익숙한 옛 길을 버리고 아무도 가보지 않은 새 길로 나아가야 한다. 그래야 과거의 틀을 버리고 새로운 미래로 도약할 수 있다. 이미 고려는 무인시대 100년, 원나라 속국 100년을 지내며 왕조의 위신과 기능이 심하게 추락해 회복하기 어려웠다. 이때 변화 주도자(change maker), 이성계가 내놓은 새 방향은 무치武治에서 문치文治로 나아가는 것이고, 그 내용은 귀족 중심의 불교에서 사대부 중심의 성리학으로 옮기는 것이었다. 이성계는 변혁해 나가야 할 방향을 정확히 정했을 뿐 아니라, 그래야만 된다는 것을 측근들은 물론 백성들도 스스로 보고 – 느껴 – 변화되도록 했다.

고려 말 국가 파산 위기에 직면했는데도 변혁을 미루고 무리하게 징병령을 내리며 정치적 위기만 모면하려는 왕과 측근들의 실상을 바라보며 고려인들은 문제가 무엇인지를 점차 확연히 깨닫기 시작했다. 이럴 때 이성계는 위화도에서 회군한 후 고질적 병폐인 토지제도를 전면적으로 고치며 변화 주도자로서의 신뢰를 획득했다. 이후 고려 사회는 이성계가 원하는 방향으로 큰 비용을 치르지 않고도 강력하고 재빠른 혁신이 진행되었다. 그 결과, 고려가 무너지고 500년 새로운 왕조가 들어섰다.

변화가 필요할 때 과감히 변화하는 것, 그것이 리더의 덕목이자 첫 번째 품격이다.

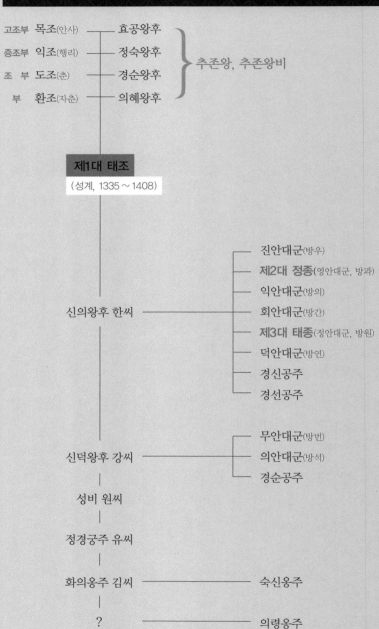

제1대 태조 가계도

| 고조부 목조(안사) —— 효공왕후 |
| 증조부 익조(행리) —— 정숙왕후 |
| 조 부 도조(춘) —— 경순왕후 |
| 부 환조(자춘) —— 의혜왕후 |

} 추존왕, 추존왕비

제1대 태조
(성계, 1335 ~ 1408)

신의왕후 한씨 ——
- 진안대군(방우)
- **제2대 정종**(영안대군, 방과)
- 익안대군(방의)
- 회안대군(방간)
- **제3대 태종**(정안대군, 방원)
- 덕안대군(방연)
- 경신공주
- 경선공주

신덕왕후 강씨 ——
- 무안대군(방번)
- 의안대군(방석)
- 경순공주

성비 원씨

정경궁주 유씨

화의옹주 김씨 —————— 숙신옹주

? —————— 의령옹주

중앙으로 진출한 변방의 장수

        이성계는 1335년(고려 충숙왕) 이자춘李子春의 차남으로 태어났다. 이성계의 조상인 전주 이씨들은 일찍이 함경도 영흥 지방으로 이주해 살았다. 이 지역을 원元이 강탈해 쌍성총관부雙城摠管府를 설치하고 이자춘을 천호千戶(촌장)로 임명했다. 그 당시 신흥국가인 명明이 일어나 서서히 원을 압박하고 있었고, 이런 틈을 타 고려의 남쪽에 왜구가, 북쪽은 오랑캐가 수시로 출몰해 편할 날이 없었다. 문인보다 무인이 필요한 난세였다. 원나라가 점차 더 기울어가자 이자춘은 공민왕을 찾아가 고려의 옛 땅을 수복하도록 돕겠다고 나섰다. 공민왕은 기뻐했고, 이자춘의 도움으로 1356년 쌍성총관부를 치고 원에게 빼앗긴 고려 땅을 100년 만에 되찾았다.

  공민왕이 그 공으로 이자춘에게 수도 개경에 거주할 집을 하사하는 한편, 삭방도朔方道 만호萬戶 겸 병마사兵馬使를 제수해 함경도 일대를

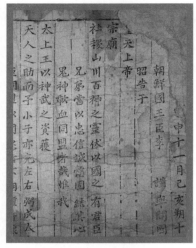
태조 이성계의 어필

다스리도록 했다. 이자춘이 죽은 후 이성계는 사병을 육성한다. 이때부터 이성계가 두각을 나타내며 중국이나 고려 역사서에 나오듯, 홍건적紅巾賊과 왜구들에게 '공포의 대상' 그 자체가 된다.

1361년 독로강禿魯江 만호萬戶가 반란을 일으켰을 때 이성계가 진압했으며, 같은 해 홍건적 10만 대군이 개경까지 남하하자 공민왕恭愍王이 충주로 피난 가는 사태가 일어났을 때도 이성계가 사병 2000명을 데리고 와서 제일 먼저 개경을 탈환하는 공을 세웠다. 이때만 해도 이성계는 변방 무장 중의 한 사람에 불과했다.

다음 해에는 원나라가 여진족 장수 나하추納哈出를 앞세워 수만의 병사로 함경도 지방을 공격했다. 공민왕은 정휘鄭暉 장군에게 나가 싸우도록 했으나 크게 패하고 말았다. 비로소 고려는 이성계를 동북면 병마사에 임명하며 응전하도록 했다.

이성계가 1000여 명의 군사를 데리고 원나라 병영으로 다가오자 이미 고려군을 크게 이겨봤던 원나라 군대는 비웃으며 무시했다. 이성계는 야음夜陰을 틈타 특공대로 적의 중심부를 습격하고 나머지 병사들은 외곽에 매복시키는 전략을 세웠다. 이성계의 특공대가 지휘부를 급

18

습했을 때 나하추를 비롯한 지휘관들은 초저녁부터 잠이 들었고 소수의 경비병들만 서성거리고 있었다. 이로써 원나라 병영은 그 중심부터 초토화되었고, 수만 병사들은 졸지에 오합지졸이 되어 도망치다가 매복한 이성계 군사들의 칼날에 추풍낙엽처럼 쓰러졌다. 먼동이 터 살펴보니 원나라 군사들의 시체가 산더미를 이루었고 살아 움직이는 것은 하나도 없었다. 이때 이성계의 나이 27세로, 고려의 주목받는 인물로 역사의 전면에 등장한다. 이성계는 고려의 변방 함경도 영흥의 일개 무장으로 갑옷과 투구를 벗을 틈도 없이 전장에서 풍찬노숙風餐露宿하며 보냈다.

1380년, 소년 장수 아기발도阿只拔都가 이끄는 왜구를 섬멸한 이성계는 백성들에게 영웅이 되었다. 이 싸움을 황산대첩이라 한다. 이성계는 전국의 변방을 돌아다니며 외침을 막아냈다. 지리산에 내려가 왜적과 싸우는가 하면 다시 북방으로 올라가 여진족들과 싸웠다. 큰 전쟁에서 이길 때마다 벼슬이 올라, 1388년 고려의 수상인 문하시중門下侍中 바로 아래인 수守문하시중까지 오른다.

원래 개경의 중앙 정계에서 볼 때 이성계는 별 볼 일 없는 인물이었다. 그러나 이성계는 1356년 쌍성총관부 수복전투부터 시작해 1388년 위화도회군까지 30년간 전쟁터를 누비며 수없는 싸움을 하여 한 번도 패하지 않았다.

새로운 세력의 구심점이 되다

           장수들이 변방에서 피 흘리며 겨우 나라를 지켜낼 때 조정에서는 우왕禑王의 두터운 신임을 받는 이인임李仁任이 권력을 남용하고 있었다. 이를 보다 못한 이성계와 최영崔瑩은 우선 우왕을 설득하고 안 되면 군사력까지 동원하기로 합의했다. 두 사람은 먼저 우왕을 찾아가 이인임을 제거하라고 강력히 건의했다. 우왕도 어쩔 수 없이 이인임과 염흥방廉興邦, 임견미林堅味 등 그 일당 100여 명을 모조리 죽였다. 그 후 최영, 정몽주鄭夢周, 이성계 3인이 최고 실세가 되었다. 이때부터 최영과 이성계가 각각 구세력과 신흥세력을 대표하며 은근한 긴장 관계가 형성되었다.

  이처럼 고려 조정이 어지러울 때 홍건적 두목 출신 주원장朱元璋이 세운 명나라(1368~1644)가 원나라를 빠르게 잠식하며 새 왕조를 안정시킨 후, 철령 이북의 땅을 다시 차지하겠다고 위협했다. 본래 철령 이

북은 원나라의 쌍성총관부에 속해 있던 곳이므로, 이제 원나라를 차지한 명나라가 지배하겠다는 해괴한 논리였다. 한마디로 고려가 명나라 속국이 되라는 말이었다.

홍무제 주원장

최영은 이대로 명의 속국이 될 수 없다며 먼저 군사를 일으켜 요동을 정벌하자고 주장했다. 우왕도 적극적으로 지지했다. 그러나 친명파親明派인 이성계가 반대했다. 그동안 끊임없는 전쟁과 권신들의 수탈로 이미 백성들이 헐벗고 있는데 대규모 전쟁을 일으킬 여력이 없다는 것이었다.

고려는 토지를 기반으로 사회경제가 유지되는 농경국가다. 이런데 일부 귀족이 대다수 토지를 소유하면서 백성들은 세금조차 내기 어려워졌다. 고려 정부는 만성적자에 시달려 파산 직전이었다. 그런데도 우왕과 최영은 이성계의 반발을 무시하고, 농번기를 앞둔 시절에 전국에 징병령을 내렸다. 왜 우왕과 최영이 무리한 전쟁을 강행하려 했을까? 여기 노림수가 있었다.

당시 친원, 친불교인 권문세족을 비판하는 신흥 세력이 나날이 커가고 있었는데, 신흥 세력은 다수가 지방향리 출신으로 고려 말 유입된 성리학을 이념으로 삼고 신권臣權 중심의 왕도정치王道政治를 주장하고 있었다. 이들 이색李穡, 정몽주, 권근權近, 정도전鄭道傳 등은 신흥 무인 세력인 이성계와 손을 잡고 전면적 개혁을 추구했다. 권문세족과 신흥 세력은 사사건건 부딪치며 갈등의 골이 점점 깊어졌다.

마침 명나라가 철원 이북의 땅을 요구하자 이를 계기로 두 세력이 정면으로 맞부딪친 것이다. 권문세족의 실권자인 최영은 요동 정벌의 명분으로 정적 이성계를 개경에서 변방으로 내보내 제거하고자 했다. 처음에 이성계는 최영의 속마음을 잘 모르고 왕에게 단지 요동정벌의 어려움만을 누차 아뢰며 설득하려 했다. 그러나 최영과 속뜻이 같은 왕이 들어줄 리가 없었다. 왕은 팔도도통사에 최영, 좌군통도사에 조민수曹敏修, 우군통도사에 이성계를 임명했다.

이성계는 요동정벌이 마음에 내키지 않아 사직하려 했는데 다섯째 아들 이방원李芳遠이 말했다.

"이번 일은 최영이 아버님을 제거하고자 하는 것으로 보입니다. 아버님이 사직하시면 왕명을 거역한 죄를 물을 것인즉, 차라리 출정하셨다가 후사를 도모하십시오."

이성계도 그제야 짐작되는 바가 있어 조민수와 함께 요동으로 출병했다. 이로써 최영의 계략에 이성계가 넘어가는 듯했다. 그러나 이때 우왕은 결정적인 실수를 했다. 총사령관 최영이 직접 대군을 지휘해 전장에 출진하려 했으나 우왕이 울며 불며 매달린 것이다. 우왕은 최영이 탐라도 정벌에 나서느라 조정을 비운 사이 공민왕이 시해되었던 일을 거론하면서 곁에 있어 달라고 호소했다. 결국 최영은 개경에 남아 군사를 총지휘하기로 했다. 이로써 요동정벌군의 실질적 지휘권을 이성계가 갖게 되었다.

현실을 직시한 방안, 위화도회군

          위화도회군은 고려왕조의 멸망과 조선 왕조의 개창을 가능하게 한 대사건이었다. 이때 이성계는 사실(fact)에 근거함으로써 가설(fiction)을 세워 정쟁을 추진한 최영을 꺾는다.

  변혁의 시기는 항상 현 체제를 고수하려는 세력과 변화로써 주도권을 차지하려는 세력이 충돌하게 되어 있다. 이때 누가 더 정확한 사실에 근거해 신속하게 행동하느냐가 대세에 중요하게 작용한다.

  이성계는 일단 대군을 장악하고 요동을 향해 가다가 압록강 중간의 위화도에 주둔했다. 이제 섬을 건너 요동으로 들어갈지를 결단해야 했다. 이성계는 생각했다. 건너가서 전쟁에 지면 자신의 정치적 생명이 끝날 뿐 아니라, 명나라는 고려에 '제2한사군'과 같은 괴뢰 정권을 만들려 할 것이다. 설령 고려가 이겨 요동을 잠시 차지한다 하더라도, 머지않아 명의 수백만 대군이 몰려와 고려 강토를 짓이기려 할 것이고 자신의 정치적 기반인 명나라와는 철천지원수가 되고 만다.

마침 위화도에 큰 장마가 덮쳐, 압록강 물이 불어 병참 지원이 끊겼다. 병사들이 허기진 데다 전염병까지 돌아 완전히 전의를 상실했다. 이성계는 최영에게 연락병을 보내 철군을 허락하도록 요청했다. 그러나 최영은 연락병을 호되게 질책하고 쫓아 보내며 신속히 진군하라는 독촉령을 내렸다. 다시 이성계는 우왕에게 4대 불가론을 들어 철군을 요청했다. 첫째 작은 나라로 큰 나라를 쳐 이기기 쉽지 않고(以小逆大이소역대), 둘째 출병의 시기가 여름철이라 병이 우려되며(夏月發兵하월발병), 셋째 온 나라가 명과 싸우면 그 틈에 왜구가 기승을 부리게 되고(擧國遠征 倭乘其虛거국원정 왜승기허), 넷째 무덥고 비가 많은 시기라 활의 아교가 녹고 대군에 질병이 돌 우려가 있다는 것(時方署雨시방서우 弩弓解膠노궁해교 大軍疾疫대군질역)이었다.

이 4대 불가론 중 이성계가 가장 비난받는 부분은, 작은 나라가 큰 나라를 공격할 수 없다고 한 조항이다. 하지만 이 조항의 뜻은 나라의 크기를 말하는 것이 아니었다. 이미 이성계는 위화도회군에 이르기까지 30년 이상을 전쟁터에서 살았다. 그가 만난 적들은 왜구, 여진족, 홍건적은 물론 원나라 대군까지 있었다. 항시 소수의 병사로 대군과 싸움을 마다하지 않았고 늘 이겼다. 이는 이성계가 지략과 용맹이 뛰어났기 때문이기도 하지만 병사들도 뒷받침이 되어 있었다. 그러나 당시는 병사들이 힘을 내려야 낼 수 없는 상황이었다. 더불어 차츰 안정되어가는 신흥국 명나라에 비해 고려왕조는 너무 썩어 스스로 지탱하기조차 어려웠다. 먼저 국력을 더 기르면서 명나라가 원나라처럼 쇠약해지는 틈을 기다려야 한다는 뜻이었다.

실제 이성계가 이런 생각이었음을 보여주는 사례가 있다. 이성계가 조선 왕으로 즉위한 후 조정에서 요동정벌에 대해 심각하게 논의한 적이 있다. 태조 6년(1397), 명나라가 부당한 재정 간섭을 해오자 정도전, 남은南誾 등이 요동정벌을 준비하며, 각 지방에 진도陳圖를 내려 보내 병사들을 훈련했다. 태조도 이들 주장에 공감하면서 당시 좌정승인 조준趙浚에게 의견을 묻고자 했다. 조준은 정도전과 함께 태조 이성계가 가장 신뢰하는 양대 기둥이었다. 정도전은 태조의 정치적 책사였고 조준은 백성의 민생을 살피는 경제사회적 책사였다. 당시 와병 중이던 조준은 가마를 타고 급히 입궐해 정도전의 의견에 반대했다. 새로 개국한 나라가 명분도 없이 출병하기 어렵고, 또한 명나라도 빈틈이 없이 튼튼한데 공격해봐야 큰 화만 입는다는 것이다. 당시 새 왕실을 짓느라 백성들이 지쳐 있고 극심한 가뭄까지 계속되어 군량미 확보도 쉽지 않았다. 태조도 조준의 말에 수긍했다. 이 때문에 정도전과 조준은 결별한다. 이 일을 겪으며 남은은 태조에게 '조준이 소소한 일에는 재주가 있으나 대사를 논할 큰 그릇은 아니'라고 비난했다. 그 후 태조 7년(1398) 8월 이방원이 일으킨 왕자의 난에 정도전이 희생당하면서 요동정벌론은 잠잠해졌다.

장마철이라 사방에 물이 불어나는 가운데 위화도에 주둔하고 있던 이성계는 요동정벌은 후일에 도모해야 한다는 생각을 갖고 있었다. 그래서 우왕에게 거듭 철군을 요청했으나 허락하지 않자, 조민수와 의논한 후 드디어 전군을 몰고 회군을 선포했다.

"내가 상소를 올려 순리와 역리를 들어 철군을 간청했으나 임금 곁에 참소하는 악당들이 듣지 않으니, 이들을 제거하고자 한다."

모든 병사들이 크게 환호하니 이성계는 즉시 말머리를 개경으로 돌렸다. 이 소식을 접한 최영은 탄식했다.

'이제 고려가 망했구나.'

그리고 이성계에게 대항할 병사를 모으려 했으나 모두 도망치기에 바빴다. 개경으로 회군하는 길목마다 미리 백성들이 나와 음식과 술, 고기를 대접했으며 이성계의 덕을 칭송했다. 이미 민심이 기울고 있었다.

당시 쇠퇴한 고려가 신흥 강국 명나라를 치기는 역부족이었다. 이런 사실을 최영은 무시했다. 항시 가설은 사실이 신속 정확하게 드러날 경우 무너지게 되어 있다. 이성계의 부대가 개경에 들이닥치자 최영이 맞붙었으나 결국 붙잡혀 두 달 후 죽임을 당했다. 뒤이어 이성계는 우왕도 강화도로 귀양 보내고, 조민수의 주장대로 우왕의 아들인 아홉 살짜리 창왕昌王을 옹립한다.

이때부터 명의 연호인 홍무洪武를 사용했다. 원의 호복胡服도 금하고 명의 의복을 입게 했다. 그런데 창왕을 옹립하는 과정에서 위화도 회군의 두 주역인 이성계와 조민수가 갈라선다.

생각과 힘이 공존한 용인술

　　　　　　위화도회군의 주역은 좌군 통도사 조민수와 우군 통도사 이성계다. 물론 이성계가 주도하는 회군에 조민수가 찬성하며 따르는 입장이기는 했으나 관직에서 엄연히 좌군 통도사가 우군 통도사보다 상관이다. 따라서 조민수도 회군 이후 이성계 못지않은 영향력을 과시했다. 다만 조민수는 그 힘을 사리사욕을 채우는 데 악용했다.

　당시 권력을 장악한 사대부 안에는 두 그룹이 있었다. 하나는 고려 왕실을 유지한 채 고쳐가자는 온건사대부로 정몽주, 이색, 이숭인李崇仁 등이 여기 속했다. 다른 하나는 역성易姓혁명파로 권문세족과 함께 고려 왕실도 없애버리고 새 왕조를 만들자는 입장이었다. 정도전, 조준 등이 이 그룹의 대표적 인물이었다. 그런데 조민수는 온건사대부는 물론 이인임 같은 구세력과도 손을 잡으며 이성계가 반대하는 창왕 옹

정몽주가 암살당한 선죽교

립을 성사시켰다. 그만큼 조민수의 힘은 막강했다. 어린 창왕은 조민수에게 공신 칭호와 함께 양관, 전라, 경상, 서해 교주도 도통사都統使라는 엄청난 직분을 내린다. 이런 창왕이 성장하면 아버지 우왕의 명을 어기고 위화도회군을 일으킨 이성계를 역적으로 몰려고 할 것이 뻔했다. 이때부터 이성계는 조민수를 제거할 결심을 굳힌다.

　당시 조민수는 고려의 가장 고질병인 토지 개혁에 반대하는 입장을 취하며 개혁 대상인 고려 귀족들과 어울렸다. 그러면서 자신의 권력을 이용해 백성들의 논밭을 강탈했다. 이처럼 조민수가 민심이반民心離反의 길을 걷고 있는 동안 이성계는 전면적 개혁을 표방했다. 그 내용은 세 가지로 정도전이 만들었다. 첫째가 기존 세력의 경제력을 박탈하는 토지개혁안이었고 두 번째가 창왕을 축출하는 폐가입진廢假入眞의 논리였다. 우왕이 공민왕의 아들이 아니라 요승妖僧 신돈辛旽의 아들이므로 우왕의 아들인 창왕도 왕씨王氏가 아니다. 그래서 가짜 왕을 폐하고 진짜를 세워야 한다는 것이다. 세 번째, 민심이 은연중에 이성계를

28

원하도록 이李씨가 왕이 된다는 예언을 담은 〈목자요 木子謠〉라는 동요를 만들어 유포시켰다. 조민수는 과거 임견미, 염흥방 등이 농민들의 농토를 무자비하게 빼앗다가 이성계와 최영에게 제거될 때, 재빨리 토지를 반환해 화를 피했었다. 그런 부정축재 버릇이 권력을 잡자 되살아나 게걸스럽게 토지 소유를 늘려갔다. 그러면서도 창왕 옹립에 앞장서 이성계의 눈 밖에 났고, 신진 사대부들이 과전법을 만들려는데 반대하는 정치적 악수를 두어 몰락을 자초했다. 이성계는 대사헌 조준에게 탄핵상소를 올리게 해 이해관계에 얽매여 전체를 보는 안목이 부족한 조민수를 귀양 보냈다.

이후 이성계, 정도전, 조준 등은 창왕을 폐위시키고 고려의 마지막 왕인 공양왕 恭讓王을 세웠다. 공양왕이 할 수 있는 일이라고는 권력의 실세 이성계를 명실상부하게 왕위에 올려놓는 일뿐이었다. 공양왕을 꼭두각시로 세워놓은 이성계는 정도전과 함께 구세력의 경제적 기반을 해체하기 위해 전제田制개혁을 했는데, 1389년 5월에는 불법으로 토지를 늘려 산과 강을 경계로 할 정도로 광대한 권문세족들의 농장을 몰수했다. 그 토지를 신왕조에 협조할 관리와 백성에게 고르게 분배했다.

이제 이성계가 왕이 되는 데 마지막 남은 걸림돌은 정몽주였다. 같은 개혁 세력이면서도 고려왕조만큼은 지키자는 정몽주가 살아 있는 한 이씨 왕조의 창업은 불가능했다. 정몽주는 지략은 물론 신망도 높았다. 이런 정몽주를, 이성계는 물론 과격한 이방원까지도 가능하면 동지로 삼아보려고 노력했다. 그렇게만 된다면 이씨 왕조를 창업하는 데 더할 나위 없는 큰 힘이 될 것이라고 생각했다.

그러나 정몽주는 역성혁명易姓革命만큼은 용납할 수 없었다. 마침

해주에서 사냥하던 이성계가 낙마
를 해 중상을 입은 틈을 타 먼저
정도전, 조준, 남은, 윤소종 尹紹宗
등을 귀양 보내며, 급진 개혁 세력
을 제거하고자 했다. 위기를 감지
한 이방원이 급히 이성계를 귀경
하게 하고, 문병 다녀가는 정몽주
를 심복 조영무 趙英茂를 시켜 선죽
교 善竹橋에서 피살했다. 정몽주 다
음 차례가 자기임을 직감한 공양
왕은 이성계에게 '영원한 동맹'을
맺자고 제안했으나, 바로 폐위당

인조 7년(1629) 새로 그린
정몽주의 초상

했다. 이로써 고려 왕실은 474년 동안 34명의 왕을 끝으로 역사에서
사라졌다.

1392년, 이성계가 등극하며 조선왕조 시대를 활짝 열었다. 고려의
지배층이던 귀족이 물러간 자리에 신진사대부가 개국공신으로 들어앉
았고, 이들이 조선 초기를 이끌며 조선의 지배층인 양반 관료의 모태
가 되었다.

뻔한 정답보다 현답을 찾았다

　　　　　　　일개 동북면의 무장 출신에 불과한 이성계가 어떻게 고려의 귀족 사회를 딛고 성공할 수 있었을까? 안정적인 사회에서는 정답이 필요하나 예측 불가능한 사회에서는 현답이 필요하다는 게 그 답일 것이다.

　기원전 334년 알렉산더는 동방 원정길에 올랐다가 소아시아의 한 신전에 짐수레 한 대가 복잡하게 밧줄로 묶여 있는 것을 보았다. 이것이 '고르디우스의 매듭'이다. 알렉산더는 '이 매듭을 푸는 사람이 아시아의 지배자가 될 것'이라는 신탁을 들었다. 그는 어떻게 풀지 궁리하다가 칼

전주 경기전의 태조 어진

을 뽑아 난마처럼 얽혀 있던 밧줄을 단칼에 잘랐다. 그동안 수많은 왕과 장군들이 이 밧줄을 풀어보려 노력했으나 알렉산더의 단칼에 매듭이 풀린 것이다.

이것이 현답이다. 현답은 목전의 개개 사건에 얽매이지 않는다. 그 사건들을 야기하는 시대의 흐름을 통찰하고 전체 사건의 해결에 필수적인 요소를 파악한다.

당시 중원은 명이 원의 권력을 대체하는 시기였다. 고려의 권문세가들은 이를 보지 못했으나 이성계는 간파했고, 학식과 인품으로 존경받던 정몽주까지 일단 친명파에 가세함으로써 정국을 주도하는 위치에 서게 되었다.

또한 현답을 찾는 지도자는 기존 인재 선출 방식에 얽매이지 않는다. 고려의 전통적 안목으로 인재를 고르면서 어떻게 난국에 빠진 시대를 돌파할 인재를 구할 수 있겠는가? 이럴 때는 기존 방식이 아닌 변방에서 인재를 구해야 한다. 이성계는 기존 인재상이 아닌 전혀 다른 인물들을 발탁했다.

고려 조정에서 쫓겨나 10년간 야인 생활을 하던 정도전이 42세의 나이에 동북면 도지휘사로 활약하던 이성계의 군영軍營을 찾았다. 정도전은 이성계 군대의 사기가 충천함을 보고, 주군으로 모시기로 결심했다. 이성계도 첫눈에 정도전의 비범함을 알아보고 발탁했다. 또한 여진족 이지란과도 의형제를 맺어 고려 말 최고의 장수로 만들었다. 이 덕분에 자신이 치른 여러 전투 현장과 조선 건국 과정에서 여진인의 도움을 많이 받을 수 있었다.

난세는 영웅을 원하는데, 그중에서도 희망을 기약하는 영웅을 갈구

한다. 이성계는 난국 앞에서 솔선수범하며 희생적인 모습을 보여주었고 함께하기만 하면 반드시 승리한다는 믿음을 심어주었다. 그래서 최영과 가까웠던 조준, 왜구를 대파한 명장 배극렴, 문신 남은 등 쟁쟁한 인사들이 이성계 주변에 몰려들었다.

최영 장군은 이성계 못지않은 용맹성과 황금을 돌처럼 보는 청렴성을 지녀 백성들로부터 존경을 받았다. 그러나 민중에게 미래를 기댈 만한 영웅의 자질을 보여주지 못했다. 그럴 수밖에 없는 것이 최영은 전통 귀족 출신이었기 때문에 이미 부패할 대로 부패한 고려왕조일망정 기득권을 정화하는 이외에 다른 대안을 고려할 수 없었다. 태생적 한계를 지닌 최영과 달리 이성계는 지방 향리 출신으로 개경에 든든한 배경이 없었다. 그는 존재론적으로 개경 관료들과는 완전히 다른 세상을 꿈꿀 수 있었다.

이성계는 고려 권문세족이 가보지 않았고 상상하지도 못한 새로운 길을 찾았다. 이런 길에 대해 기득권은 당연히 반대하고, 기득권 밖의 세력들은 호기심과 기대 그리고 갈채를 보낸다.

같은 개혁 세력인 정몽주는 프레임 밖에서 길을 찾는 이성계와 달리 고려라는 프레임 안에서 길을 찾고자 했다. 이미 그 프레임은 낡을 대로 낡아 역사의 뒤안길에 버려야 했는데도 정몽주는 미련을 버리지 못했다. 이성계는 이런 정몽주를 이방원이 제거할 때 묵인했다.

이방원이 돌직구를 날리는 이성계의 행동파였다면 기획참모는 정도전이었다. 이 둘을 좌우에 두고 이성계는 무치의 귀족 사회인 고려를 문치의 사대부 사회로 바꾸겠다는 웅대한 비전을 하나씩 실천해나갔다. 자신을 따르는 사람들에게 함께하면 비전을 이룰 수 있다는 자신

현재의 경복궁

감을 심어주었다. 역사 문헌들을 보면 이성계 측근들은 그에게서 거대한 산맥처럼 든든한 기운을 느꼈다고 한다.

그리고 비전이 구체화되는 큼직한 정책을 터트렸다. 위화도회군 후에 권력을 잡은 이성계를 비롯한 신진 사대부 등이 시행한 과전법이 그렇다. 이는 사전私田을 거의 없애고 대부분 공전公田으로 흡수하는 혁명적 조치였다. 고려시대 500여 년간 권문세가들이 악용한 토지제도인 전시과田柴科를 폐지하며 그 토지 문서를 도성 한복판에 산더미처럼 쌓아두고 불을 질렀다. 일종의 정치적 흥행이었다. 토지 문서를 태운 불이 3일 밤낮 타오르는데 대지주였던 공양왕이 눈물을 흘렸고 수많은 백성들은 거리로 뛰쳐나가 만세를 부르며 기뻐했다.

이성계가 고려의 수백 년 병폐인 토지 제도 문란을 일거에 해결하자 소수 귀족들을 제외한 전 국민적 환호를 받게 되었다. 때문에 475년 고려왕조를 무너뜨리는 역성혁명을 일으켜 새 왕조를 열 수 있었다. 왕조의 도읍지도 한양으로 새로이 정해 북한산 아래에 정궁正宮인 경복궁景福宮을 웅장하게 건립했다.

제2대

정

종

권리를 포기한 왕은
의무도 포기한다

왕은 우선 강해야 한다. 몸도 정신도 강해야 한다.
왕이 약하면 따르는 사람들도 힘이 나지 않고, 야심 있는 다른 이들이
왕위까지 노리게 되어 내부 분란이 일어난다. 그래서 사자가 이끄는
양 백 마리가 양이 이끄는 사자 백 마리를 이긴다고 한다. 리더의 중요
성을 역설한 말이다.

왕이 백성들을 위무하고 용기를 주어야지 반대로 위로받고 보호받
으려고 한다면 나라의 근간이 흔들린다. 사람이 몸과 마음이 약하면
책임감도 희미해질 수밖에 없다. 왕에게 주어진 책임이 얼마나 막중한
가. 진정한 왕은 그 책임을 기어이 완수해낸다. 그 책임이 너무 부담스
러우면 처음부터 왕이 되지 말아야 하고, 설령 왕이 되었더라도 물러
나야 한다.

왕이나 리더는 책임감(accountability)과 부담감(burden)을 구분할 줄 알

아야 한다. 그래야 스트레스를 덜 받고 자신에게 주어진 과제를 올바로 해결하여 조직의 목적을 성취해낼 수 있다.

책임감은 아무리 어려워도 상황을 인정하며 반드시 해결하겠다는 의지에서 출발한다. 책임감이 있는 자는 새로운 책임을 기꺼이 떠맡으며, 수동적이 아닌 적극적으로 행동하며 해답을 찾아낸다. 반면 부담감을 가지면 책임을 회피할 구실을 찾게 되고 남을 탓하거나 신세 한탄만 하는 무기력증에 빠지기 쉽다.

우리에게 큰 족적을 남기지 못한 정·문·단·예·인·명·현·경종의 공통점은 첫째, 권력의지가 거의 없었고 둘째, 천성은 어질었으나 냉혹한 정치 세계를 간파하는 지략이 부족했다. 세 번째는 우유부단해 인정에 이끌렸다. 한마디로 왕으로서 책임감은 없었고, 혜택만 누리려 했다.

위의 '팔종왕八宗王'이 주는 교훈은 명확하게 두 가지다.

"권력은 스스로 노력해 쟁취하고 지켜나가야지 그렇지 않으면 어느덧 다른 사람에게로 넘어가고 만다."

"당신은 책임 회피형이 되지 말고 책임지는 사람이 되라. 리더로서 자부심을 가지고 문제해결을 주도할 때 주변에 긍정적 영향을 끼칠 수 있다."

모든 리더는 일본이 진주만을 공격하자 원폭 투하를 결정하며 트루먼 대통령이 남긴 메시지를 기억해야 한다. '공은 여기서 멈춘다(The buck stops here).'

정종定宗太祖(1398~1400)의 일대기에서 우리는 리더의 조건을 배울 수 있다. 리더의 자리에 있다고 해서 리더가 아니다. 리더의 책임감을 갖춘 자가 리더가 되는 것이다.

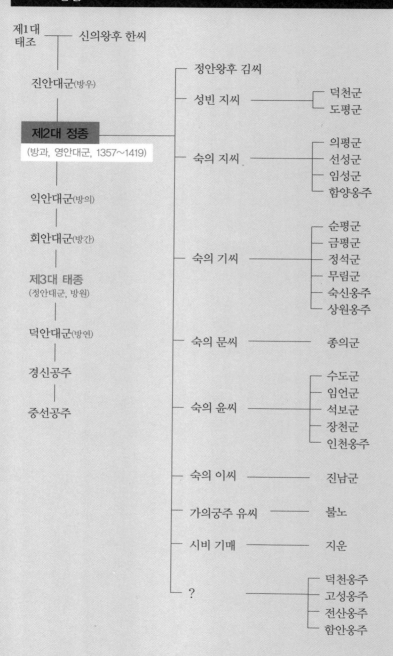

제1대
태조 ──┬── 신의왕후 한씨

진안대군(방우)

제2대 정종
(방과, 영안대군, 1357~1419)

익안대군(방의)

회안대군(방간)

제3대 태종
(정안대군, 방원)

덕안대군(방연)

경신공주

중선공주

── 정안왕후 김씨

── 성빈 지씨 ──┬── 덕천군
               └── 도평군

── 숙의 지씨 ──┬── 의평군
               ├── 선성군
               ├── 임성군
               └── 함양옹주

── 숙의 기씨 ──┬── 순평군
               ├── 금평군
               ├── 정석군
               ├── 무림군
               ├── 숙신옹주
               └── 상원옹주

── 숙의 문씨 ────── 종의군

── 숙의 윤씨 ──┬── 수도군
               ├── 임언군
               ├── 석보군
               ├── 장천군
               └── 인천옹주

── 숙의 이씨 ────── 진남군

── 가의궁주 유씨 ── 불노

── 시비 기매 ────── 지운

── ? ──┬── 덕천옹주
        ├── 고성옹주
        ├── 전산옹주
        └── 함안옹주

운명에 몸을 맡기다

정종은 1398년 8월 왕세자가 되고 9월에 왕위에 올라 2년 만인 1400년 11월에 자진해서 물러났다. 그는 태조와 신의왕후 한씨神懿王后 韓氏 사이에서 둘째 아들로 태어났으며 이름은 방과芳果다. 태조의 장남인 방우芳雨가 병사했기 때문에 방과의 왕위 계승은 당연한 것처럼 보인다.

그러나 정종은 동생 이방원에 의해 일시적으로 왕위에 오른 허수아비였다. 이성계가 조선을 세울 때 혁혁한 공을 세운 이방원은 자신이 태조의 뒤를 이어 왕이 되리라 기대하고 있었으나 태조는 이방원이 야심이 크고 거친 성정을 지녔다며 싫어했다. 대신 총애하는 둘째부인 강씨 소생인 어린 방석芳碩을 세자로 책봉했다. 이에 화가 난 신의왕후 한씨 소생 왕자들이 방원을 중심으로 사병을 동원해 세자 방석과 그의 동복형제 방번芳藩을 죽였다. 제1차 왕자의 난이 일어날 때 와병 중이던 태조는 세자 방석이 죽었다는 소식을 듣고 권력다툼에 환멸을 느꼈다. 그리고 왕위에서 내려왔는데 자의보다 타의적인 면이 더 강했다. 태조는 국새를 지닌 채 이지란 등 측근 수백 명을 대동하고 함흥으로 떠나버렸다. 1차 왕자의 난 직후 죽은 세자 방석을 대신해 방과를 세자로 책봉했다. 이때 방과는 개국에 공로가 큰 방원이 세자가 되어야 한다고 강력하게 주장했으나 방원은 아버지를 내쫓고 왕이 되었다는 세상 사람들의 욕을 들을까 봐 회피했다. 그리고 한 달 후 방과를 왕으로 내세웠다.

방원의 뜻에 따라 원하지도 않은 왕이 된 정종은 심기가 늘 불편했다. 그러나 왕이 되니 잠시 딴마음을 품게 되었다. 왕이 되기 전 본부인 김씨에게서 자식을 못 둔 정종은 후첩 유씨에게서 아들 불노佛奴를 낳았다. 그녀는 본래 고려 우왕의 총신寵臣 임견미林堅味의 사위 반복해潘福海의 첩이었는데 반복해가 임견미와 함께 이성계와 최영에게 살해당하자 이방과가 데려다 후첩으로 삼았다. 그는 맏아들이 생겨 애지중지했고 왕이 된 후, 궁에 데려다가 원자라 칭했다. 그런데 동생 이방원이 불같이 화를 내며 반발했다. 깜짝 놀란 정종이 불노佛奴의 목숨을 건지기 위해, 자기 아들이 아니라고 거짓말을 하며 궁 밖으로 쫓아냈다.

이 일을 겪은 후, 정종은 자신이 어디까지나 방원의 권한을 대행하고 있음을 뼈저리게 느끼고, 야심을 부추기거나 음모에 능한 신하들은 아예 멀리했다. 이방원은 정종을 앞세워 서서히 왕위 접수 작업을 진행했다. 정종도 나름대로의 보신책으로 격구 등의 오락을 하며 시간을 보낼 뿐 정무는 방원에게 일임했다. 이 때문에 정종과 방원의 우애는 그런대로 유지되었다.

1399년 3월 정종은 어머니 신의왕후 능에 참배하러 개경에 갔다가 그대로 눌러앉았다. 태조 이성계가 새 술은 새부대에 담아야 한다며 한양으로 도읍지를 옮겼었지만, 권력의지가 약한 정종은 고향 개경에 머물기 위해, 한양의 지기地氣가 쇠해 왕자의 난이 일어났다는 핑계를 대며 수도를 다시 개경으로 옮겼다.

다음 해 일어난 제2차 왕자의 난을 진압한 이방원은 왕족과 귀족의 사병을 해체시키고, 모든 군권을 의흥삼군부義興三軍府로 집중시켰다. 그 후 과도기 집권자 정종은 이방원을 왕세제로 책봉하고, 9개월 만에 스스로 왕 자리를 물러난다. 그래야만 자신의 목숨을 부지할 수 있다고 판단한 것이다. 상왕이 된 정종은 인덕궁에 거주하며 사냥, 격구, 온천 등 여유로운 생활을 즐기다가 19년 후 세종 원년에 생을 마쳤다.

제3대

태

종

···

결과에만
집중하라

조선의 3대 왕 태종太宗(1401~1418)은 목적을 위해 수단 방법을 가리지 않았다. 그리고 원하던 목적을 확실히 이루었다. 한마디로 '목적이 이끄는 삶'을 살았다.

조선왕조에서 유감없이 왕권을 휘둘렀던 임금은 7대왕 세조, 10대왕 연산군, 19대왕 숙종이 있다. 이 중 가장 강력했던 군주가 태종이다. 태종은 태조 이성계의 다섯 번째 아들로 이름이 방원이다. 그는 어디에 가도 기필코 승자의 자리에 올라설 사람이었다. 500년 춘추전국시대를 끝내고 중원을 차지한 진秦제국이 겨우 15년간 존속했고, 300년 남북조시대의 혼란을 끝낸 수隋나라도 겨우 37년 유지하는 데 그쳤다. 이는 창업을 이어 수성의 기틀을 세울 후계자가 없었기 때문이다. 이에 비해 조선은 태조의 뒤를 이은 태종이 조선의 기틀을 단단하게 다졌고 여기에 세종의 성세盛世가 이어져 왕조가 롱런할 수 있었다.

태종은 용기 있는 리더였다. 인간적 고뇌와 정치적 갈등의 순간에도 거침없는 용단을 내렸다. 아버지 이성계가 차마 제거하지 못했던 정몽주를 제거했고, 이성계가 즉위한 후 최측근인 정도전이 자신의 왕위 승계에 걸림돌이 되자 역시 주저하지 않고 제거했다.

이처럼 태종은 조선의 기틀을 닦는 일이라면, 또한 자신이 추구하는 왕권 강화에 필요한 조치라면 어떤 일이든, 어떤 오명을 뒤집어쓰든 마다하지 않았다. 용맹의 리더 태종의 최대 치적은 최고의 후계자 세종을 선정한 것이다. 그 세종이 마음껏 선정을 펴도록 막강한 공신 세력과 세종의 외척을 무더기로 제거하는 악역을 자처했다. 태종은 이런 심정을 가졌다. '아! 내 후세에 태평성대만 열릴 수 있다면 내가 기꺼이 악역을 맡으리라.'

리더는 간혹 악인이 되어야 한다. 다만 자신의 욕심을 채우기 위한 악인이 아니라 대의를 위한 악인이 되어야 한다. 물론 도덕적으로 절대 악인이 되는 것은 곤란하다. 하지만 좋은 사람 콤플렉스에 걸린 것처럼 모두에게 칭찬을 받으려고 해서는 리더가 될 수 없다. 끊고 맺음을 정확하게 해야 하고, 자신보다 더 능력 있는 사람이 나타난다면 또한 그를 위해서 희생할 수 있어야 함을 태종의 삶에서 배울 수 있을 것이다.

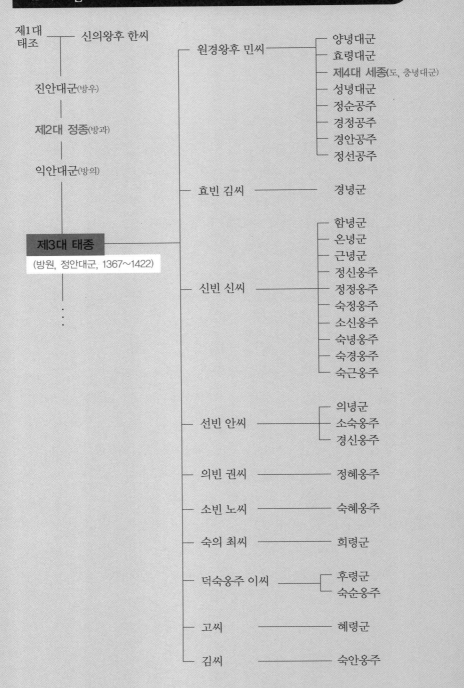

제3대 태종 가계도

제1대
태조 ——— 신의왕후 한씨

진안대군(방우)

제2대 정종(방과)

익안대군(방의)

제3대 태종
(방원, 정안대군, 1367~1422)

원경왕후 민씨
- 양녕대군
- 효령대군
- 제4대 세종(도, 충녕대군)
- 성녕대군
- 정순공주
- 경정공주
- 경안공주
- 정선공주

효빈 김씨 ——— 경녕군

신빈 신씨
- 함녕군
- 온녕군
- 근녕군
- 정신옹주
- 정정옹주
- 숙정옹주
- 소신옹주
- 숙녕옹주
- 숙경옹주
- 숙근옹주

선빈 안씨
- 의녕군
- 소숙옹주
- 경신옹주

의빈 권씨 ——— 정혜옹주

소빈 노씨 ——— 숙혜옹주

숙의 최씨 ——— 희령군

덕숙옹주 이씨
- 후령군
- 숙순옹주

고씨 ——— 혜령군

김씨 ——— 숙안옹주

적은 과감히 제거한다

　　　　　　　　태종은 기회가 오면 주저하지 않고 과감
하게 행동으로 옮겼다. 기회가 왔을 때 활용하는 것이 옳으냐, 그르냐를
따지는 사람은 수도사는 될 수 있어도 난세의 영웅은 될 수 없다.

　이성계는 고향에서 얻은 정비 한씨에게서 6남 2녀, 후에 개경에서
얻은 계비 강씨 사이에 2남 1녀를 두었다. 이 중 첫아들 방우와 여섯째
아들 방연은 이성계가 왕이 되기 전에 죽었다. 나머지 아들 가운데 강
씨 소생은 7남 방번과 8남 방석 둘뿐이었다. 강씨는 자기 소생으로 세
자를 삼으려고 이성계와 정도전을 움직였다. 그 결과 이성계가 왕이
된 지 겨우 한 달째인 원년(1392) 8월 방석이 세자로 책봉된다.

　이 처사에 대해 한씨 소생 왕자들이 크게 불만을 품게 된다. 특히 조
선 개국에 절대적 공헌을 했던 방원은 이 사태를 좌시할 수 없다고 판
단하고 즉시 1차 왕자의 난을 일으킨다. 이때 이방원의 나이 26세였

다. 왜 이방원은 가족주의를 주요 가치로 삼는 유교의 나라를 열어놓고도 그 가치를 뒤집는 골육상쟁을 일으켰을까? 이성계가 위화도회군을 감행할 때는 1388년 5월이다. 그런데 왜 4년이나 뒤에 조선왕조가 출범했을까?

당시 이방원과 정도전 등 역성혁명론자들이 이성계를 왕으로 수차례 추대했으나 이성계가 거절했다. 그런 가운데 고려 왕실의 충신 정몽주가 정국의 주도권을 쥐게 되고 이성계는 여러 번 위기를 만난다. 최고의 위기는 공양왕 4년(1392) 이성계가 해주에서 사냥을 하다가 낙마해 중상을 입은 직후였다. 정몽주는 천재일우의 기회로 여기고 공양왕에게 이성계 일파의 탄핵을 요구했으며, 조준, 정도전, 남은, 윤소종尹紹宗, 남재南在 등 주요 핵심들을 모두 귀양 보냈다.

권력의 향배에 예민한 후각을 지닌 방원은 본능적으로 위기를 감지하고 중상을 입은 이성계를 황급히 개경으로 모셔왔다. 그리고 병문안차 찾아온 정몽주의 심중을 〈하여가何如歌〉로 떠보았다.

이런들 어떠리, 저런들 어떠리
(此亦何如彼亦何如차역하여피역하여)

만수산 드렁 칡이 얽혀진들 어떠리
(城隍堂後垣頹落亦何如성황당후원퇴락역하여)

우리도 이같이 얽혀져 백년을 누리리라
(我輩若此爲不死亦何如아배약차위불사역하여)

이방원이 이렇게 노래하자 단아한 자세로 앉아 듣던 정몽주가 〈단심가 丹心歌)로 응대했다.

> 이 몸이 죽고 죽어 일백 번 고쳐 죽어
> (此身死了死了一百番更死了차신사료사료일백번갱사료)
>
> 백골이 진토 되어 넋이라도 있고 없고
> (白骨爲塵土魂魄有無也백골위진토혼백유무야)
>
> 임 향한 일편단심이야 가실 줄이 있으랴
> (鄕主一片丹心寧有改理歟향주일편단심영유개리여)

　이방원은 칼잡이였지만 17세에 과거에 급제한 사람답게 시조로 넌지시 정몽주에게 함께 새 왕조를 만들어 부귀영화를 누리자고 권했다. 그러나 정몽주가 바로 거절하자 이방원은 더 이상 정몽주를 살려둘 수 없었다.

　이방원의 부하 조영규가 선죽교 아래 숨어 있다가 돌아가는 정몽주를 철퇴로 내리쳤다. 이성계는 이방원이 정몽주를 죽였다는 얘기를 듣고 크게 슬퍼하며 분노했다. 사실 정몽주는 이성계도 존경할 만큼 정계의 원로였다. 이처럼 방원은 앞길에 장애가 되는 사람이라면 누구를 막론하고 제거했다. 이성계에게 정도전이 있었다면 이방원에게는 하륜이 있었다. 정도전은 맹자의 왕도사상을 중시해 신권국가를 만들고자 했고, 하륜은 순자의 패권사상을 수용해 강력한 왕권국가를 지향했다. 바로 이 부분에서 이방원과 의기투합했다. 이방원에게 왕권을 흔들려는 신하는 정도전을 비롯해 누구를 막론하고 가차 없이 제거해야 할 대상이었다.

내 편이 아니라면 모두가 적

정몽주가 사라진 후 공양왕은 완전히 허수아비가 되었고 머지않아 원주로 쫓겨났다. 결국 고려왕조는 475년 만에 문을 닫고 조선왕조가 열렸다. 이 모든 과정에 이방원이 결정적인 역할을 해냈다. 그런데 세자 자리가 엉뚱하게 신덕왕후 강씨의 소생 방석에게 돌아갔다. 이 모든 배후에 바로 이성계의 절대적 신임을 받는 정도전이 있었다.

정도전은 강하고 불같은 성격의 이방원이 왕이 될 경우 조선이 신권 중심이 아니라 왕권 일변도로 나갈 것을 우려해 방석을 지지했던 것이다. 정도전이 이성계를 지지하며 꿈꾸었던 나라란 권력의 중심을 군주가 아닌 현명한 신하들이 갖는 곳이었다.

그러나 이방원은 달랐다. 군주란 신성한 존재여야 한다. 그는 왕권을 위해 공신과 친척은 물론, 가족도 얼마든지 죽일 수 있다고 생각했

48

다. 이처럼 이방원과 정도전은 결코 같이 갈 수 없었다. 정도전의 계략에 말려 스물여섯 살의 이방원이 열한 살의 이복동생에게 밀려난 것이다. 당연히 성인군자가 아닌 이방원은 크게 반발하며 사병 양성에 더 주력했다. 이를 우려한 신덕왕후와 정도전은 왕족들의 사병을 해체하여 정규군에 합류시키려는 정책을 만들고 있었다. 그렇게만 되면 이방원의 정치생명은 끝이었다.

위기의식을 느낀 이방원은 정도전을 제거할 명분만 찾고 있었다. 그때 마침 하륜이 충청도 관찰사로 제수되어 임지로 떠나기 직전 자택에서 잔치를 벌였다. 그 자리에 참석한 이방원에게 하륜이 취한 척하며 술을 부었다. 대로한 이방원이 자리에서 벌떡 일어나 나가자, 하륜이 뒤따랐다. 이방원이 나아가면 하륜도 따르고 멈추면 하륜도 섰다. 몇 번 반복하다가 이방원이 뒤돌아서서 그 까닭을 묻자 하륜이 답했다.

"나리 노여움을 푸소서. 왕자의 일이 급해 사람들의 눈을 피해 말씀 드리려고 한 일입니다. 저는 왕명을 받아 즉시 한양을 떠나야 하니 안산군수 이숙번을 추천합니다. 한시바삐 그와 함께 난을 일으키시면 저는 진천에서 곧바로 달려오겠습니다."

이 건의를 받아들여 이방원은 8월 26일 새벽 2시에 거사를 일으켰다.

전날 밤 정도전 및 이방석의 장인 심효생 등은 남은의 첩이 사는 송현松峴(중학동) 집에 모여 한씨가 낳은 왕자들을 일거에 제거할 궁리를 하고 있었다. 태조의 병이 위독하다는 핑계로 모든 왕자를 궁궐로 불러 모조리 죽이기로 했다. 그러나 이방원의 명을 받은 이숙번이 이른 새벽에 병사를 데리고 송현 집에 들이닥쳐 술을 마시고 있던 정도전, 남은, 심효생을 먼저 죽였다. 다음 이방원은 이복동생인 세자 이방석과 이방번을 함께 참살했다.

이 난으로 개국공신파들의 세력이 완전히 꺾여 이방원의 세력이 더 막강해졌다. 지략의 우월을 가늠하기 어려울 경우 누가 먼저 상대의 허를 치느냐가 승패를 좌우한다. 이방원이 하륜의 충고를 받아들여 즉시 손을 쓰지 않았더라면 정도전에게 먼저 당했을 것이다. 권력의 쟁취에 방해되는 세력 중 누구를 제거해야 그 세력이 힘을 잃을지 이방원은 직감으로 알았다. 그는 제거하는 데 주저하지 않았다.

왕자의 난으로 모든 것을 움켜쥐다

이방원은 정도전만 제거하면 그를 의지하던 이복형제와 계모 신덕왕후 강씨 그리고 이미 연로해 자주 병상에 눕는 태조 이성계까지 자신의 영향력 아래 들어올 수밖에 없음을 간파했다. 정도전을 죽였다는 것은 부친의 날개를 꺾은 것과 다름없었다. 제1차 왕자의 난이 일어난 후 태조는 크게 좌절하고 왕위에서 물러나려 했다. 그러자 주위에서 이방원을 왕으로 추천했으나 정작 본인은 고사하며 야심이 없는 둘째 형 이방과를 추천하였다. 이방과는 즉위하여 조선 2대왕 정종이 되었는데, 자신의 왕위는 이방원에게 가기 위한 징검다리임을 잘 알고 처신했다.

이런 상황을 제대로 파악하지 못하고 왕의 꿈을 꾼 사람이 방원의 바로 위 형인 넷째 방간이다. 방간은 박포朴苞와 함께 정종 2년(1400) 정월, 사병을 동원해 방원을 공격했다. 이것이 제2차 왕자의 난이다.

박포는 1차 왕자의 난 때 공을 세웠는데 일등공신에 책봉되지 못하자 여기저기 불평하고 다니며 공신들을 분열시키고 있었다. 이에 이방원이 일시적으로 박포를 영동으로 귀양 보냈다. 이를 큰 치욕으로 여긴 박포가 은밀히 방간을 찾아가 방원이 방간을 죽이려 한다며 부추겼다.

방간은 먼저 박포의 말이 사실인지 확인부터 했어야 했다. 그러나 평소 성격이 경솔하고 조급한 데다가 마침 잘나가는 방원에게 불만도 컸던 터라 앞뒤 따지지 않고 사병을 몰아 방원을 치러 달려갔다.

하지만 방원이 누구던가. 이미 밀정을 심어 놓고 방간을 일일이 감시하고 있었다. 그 밀정이 방간이 쳐들어온다고 보고하자, 모질고 독한 방원도 이때만큼은 약간 망설였다. 방간과는 아이 때부터 같은 어미의 젖을 먹으며 자란 형제였다. 이처럼 주저할 때 부인 민씨가 갑옷을 입혀주며 싸움에 나가라고 격려했다. 두 형제는 개경 시내에서 맞부딪쳤다. 이 전투에서 방간이 패하고, 방원의 반대 세력은 씨가 말랐다. 방간은 모든 능력이 방원에게 뒤처졌다. 단지 형이라는 자존심 때문에 동생에 비해 초라한 자기 신세에 불만을 갖다가 주제 파악도 못하고 난을 일으킨 것이다.

2차 왕자의 난을 가볍게 평정한 방원은 늙고 연로한 상왕 태조를 찾아가 인사했다. 태조는 골육상쟁을 꾸짖었다. "삼한三韓에 귀가貴家와 대족大族이 많다. 그들이 틀림없이 비웃을 것이고 나도 심히 부끄럽다."

태조가 이방원을 경멸했으나 이방원은 자신이 저지른 일에 대해 조금도 뉘우치지 않고 더 강력한 왕권 강화책을 내놓았다. 이는 곧 지난 수백 년 동안 삼한에 이어져온 왕족과 귀족의 사병 집단을 해체하는 것이었다. 이방원은 아버지가 아니라 그 누가 경멸해도 자기 길을 그냥 가는 사람이었다. 이런 아들을 지켜봐야만 했던 태조는 어느 날 다음과 같은 시를 지었다.

주렴에 가득한 달빛 가운데 나 홀로 서 있도다
(明月滿簾吾獨명월만렴오독)

저 산과 강은 변함없건만 인걸은 어디 갔느냐
(山河依舊人何在산하의구인하재)

이 시를 이방원에게 주면서 말했다. "네가 비록 문과에 급제했다 해도 이런 시는 짓기 어려울 것이다." 이 시 속에는 권력을 놓친 자신의 신세와 개국 과정의 동지들인 정도전, 남은을 그리워하는 마음이 담겨 있다.

대의명분은
오로지 목적을 위해 필요한 것

　　　　　　　　　　　태조 이성계도 어쩔 수 없을 만큼 전권
을 쥐게 된 방원은 제일 먼저 사병을 혁파한다. 고려 말기 권문세가들
은 적게는 수십 명에서 수천 명에 이르는 사병을 거느렸다. 이성계는
물론 이방원도 강력한 사병을 거느렸기에 야망을 이룰 수 있었다. 이
성계의 위화도회군 이후 고려 귀족 사이에는 개인 일까지 사병의 힘으
로 해결하려는 분위기가 더 확산되었다. 피를 뿌려야만 어떤 것이든
해결되는 무법천지의 시대였다. 그래서 정도전이 처음으로 사병 혁파
를 시도했으나, 이방원을 필두로 왕자들과 공신들이 결사반대하여 포
기해야 했다. 그 당시 이방원은 무기를 숨기며 자신의 사병을 지키는
데 온 힘을 쏟았다. 그 후 정도전이 방석을 세자로 만드는 데 일조하자
사병을 급파해 죽였다.

　이처럼 이방원이 권력을 장악하는 데 사병의 공헌은 절대적이었다.

그러나 막상 자신이 군권을 장악하자 곧바로 모든 귀족의 사병을 없애버렸다. 자신이 강물 위에 놓인 다리를 건너 목적지에 다다른 다음 그다리를 불살라버린 것이다. 그래야 다른 사람이 또 그 다리를 밟고 자기의 배후를 치지 못할 것이기 때문이다.

이방원은 왕자 시절 정도전이 사병 혁파를 하려 하자 '사병은 평소국가의 국방비 부담을 줄여주고 변란이 있을 때 병사를 동원하고 충원하는 데 용이하다'는 명분을 들어 반대했었다. 군권을 쥔 이방원의 사병 혁파 명분은 '국가의 큰 권세인 병권을 분산해서는 안 된다. 마땅히 통합해야 나라가 안정된다'는 것이었다. 이처럼 이방원의 대의명분은 자기 위상에 따라 달라졌다. 어쨌든 사병 혁파는 속전속결로 이루어져 사병들은 각각 무기를 버리고 자기 집으로 돌아가야 했다. 병권을 상실하자 일부 귀족의 반발이 일었다. 이들이 밤낮으로 모여 원망하자 그런 자들은 가차 없이 징계했다. 자신의 최측근인 조영무도 원망하자 유배 보냈다. 이는 아무도 예상치 못한 서슬 퍼런 조치였다. 이렇게 되자 왕궁은 물론 조선 천지에 이방원을 거역할 힘을 가진 사람은 모두 사라졌다. 정종은 재위 2년 11월 11일 더 이상 왕위에 머무를 수 없다 여기고, 태상왕 태조의 허락을 받고 이방원에게 왕위를 넘겨주었다.

조선 역사상 가장 카리스마가 넘치는 왕인 태종은 자신의 목적 달성을 위해 1차의 난 때 이복형제異腹兄弟를 죽였고, 정종 2년(1400년) 1월에 일어난 2차의 난에서 동복형제同腹兄弟도 가차 없이 내쳤다. 이로 인해 태조는 아들 방원에게 환멸을 느껴 측근들을 대동하고 함흥으로 갔다.

이때 태조가 옥새를 가지고 갔는데, 이는 불효자인 태종을 왕으로 인정 않겠다는 불만의 표시였다. 태종은 민심을 안정시키고 왕권의 정당성을 확보하기 위해서 태조를 환궁시켜야만 했다.

즉위 후 개경 수창궁에서 국사를 보던 태종은 궁이 화재로 전소되자 다시 한양으로 천도했다. 이때 한양의 주산主山을 어느 산으로 할지 논란이 일자 태종이 척전擲錢(엽전 던지기)을 하여 북악산으로 정했다.

그러고 난 후 태조의 귀경을 위해 차사差使를 보내기 시작했으나 한 사람도 살아 돌아오지 못해 '함흥차사咸興差使'라는 말이 생겼다. 그 후 차사로 보낼 만한 사람도 없었고, 보내도 태조가 죽일까 봐 도중에 도망쳤다. 그러나 태종은 여기서 멈출 사람 아니다. 누구를 보낼까 물색하다가 태조가 왕위에 오르기 전 함께 전쟁터를 누비던 박순을 보냈다. 그런 박순마저도 귀경하지 못했다. 태종은 오랜 궁리 끝에 무릎을 쳤다. 바로 태조의 막역지우莫逆之友 무학대사가 떠오른 것이다.

태종의 부탁을 받은 무학대사는 석왕사釋王寺에 머물다가 우연히 소문을 듣고 태조를 찾아 온 것처럼 행동했다. 태조도 아무 의심 없이 오랜만에 찾아온 벗을 만나 며칠 동안 지난 이야기를 나누었다. 무학대사가 떠나야 할 날 서운해하는 태조에게 조심스럽게 말을 꺼냈다.

"임금의 심기가 불안하면 만백성에게 여파를 끼칩니다. 자고로 임금의 자리란 하늘이 맡긴 것인데 너그럽게 용서하십시오. 그래야 백성이 편안하고 왕조의 사직이 영원히 보존되옵니다."

그제야 태조는 맺힌 마음을 풀고 무학을 따라 한양으로 향했다. 태종은 교외까지 나가 영접 준비를 했다. 이때 하륜이 조언했다.

"태상왕의 노여움이 또 치솟을 수 있습니다. 미리 대비하여야 합니다. 천막 기둥을 굵은 나무로 세우소서."

역시 하륜의 말처럼 이성계는 곤룡포를 입고 서 있는 태종을 보자 화가 치밀어 화살을 쏘았다. 태종은 얼른 기둥 뒤로 숨었다. 동시에 화살이 기둥에 깊이 박히는 소리가 났다. 천하제일의 명궁인 이성계의 화살을 지금까지 피한 사람이 없었는데 이방원은 피했다. 이를 본 이성계가 호탕하게 웃으며 옥새를 내놓았다.

　"이는 하늘의 뜻이로다. 이제 네가 바라는 것을 주겠다."

　태종은 태조 앞에 엎드려 울면서 세 번 사양하다가 받았다. 이때의 눈물을 태종의 측근들은 '효심의 눈물'이라 하고, 태종을 싫어한 쪽은 '포획자의 눈물'이라 했다.

태평성대를 위한 악역을 자청했다

태종 같은 왕은 걸림돌이 될 만한 사람을 식별하는 데 탁월하다. 세종과 정조가 덕승재德勝才의 리더라면 태종과 세조는 재승덕才勝德의 리더이다.

이들은 사람들에게 사랑받으려 노력하기보다 두려워하는 사람이 되는 게 훨씬 안전하다는 확신을 가지고 있다. 또한 이들에게 공존이란 말은 확실한 승리 후에 지도자가 베푸는 시혜일 뿐, 어중간한 승리로 상호 의존해야 하는 상태는 아니다. 제휴를 해야 할 때도 자신을 강하게 할 경우에만 관심을 가지며, 값싼 동정에 결코 휘둘리지 않는다.

태종이 왕위에 오를 때 원경왕후 민씨와 처가의 도움이 없었으면 불가능했다. 민씨는 태종보다 두 살 많았다. 1차 왕자의 난이 일어나기 직전, 이방원이 여러 왕자들과 함께 이성계의 곁에서 숙식하고 있을 때였다. 민씨가 찾아와 이방원을 불러내 정도전 일파의 급습 가능성이

있다며 갑옷까지 입혀 주고 거
사를 종용했다. 민씨의 두 동
생 민무구閔無咎, 민무질閔無疾
도 이방원을 위해 두 번의 왕
자의 난 때 목숨을 내놓고 싸
웠다. 이 때문에 태종은 1등 공
신에 민무구, 민무질, 하륜, 이
숙번 등을 책봉하였다.

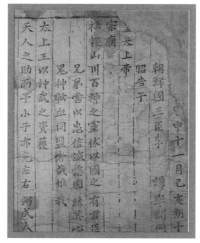

태종과 공신들이 충성을 서약한 문서

　막상 왕이 되자 개국공신부
터 태종의 공신까지 막강한 세
력을 형성한 공신들은 '왕권'
에 가장 큰 걸림돌이 되었다. 태종은 아무리 공신들이라도 자신의 권
위에 흠이 갈 것 같으면 용서하지 않는다. 그는 내선內禪파동이라는 묘
한 방법으로 막강한 공신들을 제거하기 시작했다.

　민씨는 양녕, 효령, 충녕, 성녕의 네 아들과 정순, 경정, 경안, 정선의
네 딸을 두었다. 형제들과 살육전을 벌여 왕이 된 태종은 자기 자식들
에게만큼은 그런 비극이 반복되지 않기를 바랐다. 그래서 가족을 끝까
지 지켜줄 만한 아들에게 왕위를 물려주고자 했다. 물론 왕위 일순위인
장남 양녕에게 먼저 기대를 했다. 하지만 양녕은 방탕한 기질을 지닌
데다가 자기 관리도 못하고 민무구, 민무질과 어울려 세자로서 망신스
러운 일만 저지르고 다녔다. 민씨 형제는 양녕보다 총명한 충녕을 경계
하며 비난하고 다녔다. 심지어 태종에게 건의했다.

　"왕자들 가운데 충녕대군이 세자인 양녕대군보다 총명하니, 죽여

없애야 합니다."

이런 말을 들은 태종에게 민씨 형제는 더 이상 처남이 아니라 없애야 할 대상이었다. 저런 자들과 어울려 유희를 즐기기만 하는 양녕이 왕이 되면 자녀들은 살아남지 못할 것이라 생각했다. 태종은 결심이 서면 신속하게 행동한다.

어느 날 태종은 갑자기 양녕에게 왕위를 양위하겠다고 선언했다. 이때 태종의 속을 모르고 양녕의 삼촌인 민무구, 민무질 형제가 얼굴에 기쁜 빛을 띠었다. 양녕이 어린 시절 외할아버지 민제의 집에서 자라며 두 삼촌과 절친하게 지냈었기 때문이다.

태종은 이를 눈여겨보았고, 신하들의 만류에 못이기는 척하며 내선을 번복했다. 얼마 후 민무구와 민무질을 탄핵하는 상소가 올라왔다. 두 형제가 어린 세자의 집권을 획책했다는 협유집권挾幼執權의 혐의였다. 태종은 두 처남을 제주에 유배 보내 자진自盡하게 했다. 그리고 양녕을 내쫓고 충녕을 세자로 삼았다. 또한 태종은 외척의 권력 분산을 이유로 후궁을 늘렸다. 원경왕후 민씨는 친정집을 폐가시키고 후궁까지 늘린 태종에게 노골적으로 불평하며 투기하다가 폐비될 위기까지 몰렸다. 그러나 태종은 자식들을 생각해 민씨의 왕비 자리만큼은 지켜주었다.

새로운 시대를 위해 칼을 놓지 않다

　　　　　　　태종 같은 사람은 인정에 휘둘려 일을
그르치지 않는다. 그는 14년간 장남 양녕을 세자로 책봉해놓고 지켜보
았다. 그러나 아무리 봐도 양녕은 풍유가객으로 살아야 마땅한 인물이
지 왕 노릇하기는 적합하지 않았다. '산 부처'란 말을 들을 만큼 불교
를 혹신惑信하는 효령도 승려나 훈장에 적합한 인물이었다. 나무마다
쓰임새가 다르듯 사람도 그 쓰임새가 각기 다르다. 태종은 셋째아들
충녕이 왕재王才임을 간파하고 첫째 양녕을 내치고 효령을 제치는 작
업을 시작했다.

　모든 신하들은 태조가 죽는 순간까지 군림하리라 예측했으나 빗나
갔다. 태종은 권력욕이 강한 사람이기는 하지만, 왕권의 안정과 왕조
의 흥성을 더 중요하게 여겼다. 자신이 건재할 때 충녕을 왕에 세워야,
왕자 간의 분쟁을 막고, 노화한 신하들로부터 왕권이 농락당하지 않으

리라 여겼다.

그는 마상馬上에서 권력을 잡았으나 인문학에도 밝았다. 이성계의 여덟 아들 중 태종만이 유일하게 문과에 급제했다. 문무를 겸비한 태종은 자기 시대로 무치가 끝나고 문치 시대가 열려야만 왕조의 꽃이 필 것이라 판단했다. 자신과 아버지 태조는 창업기에 필요한 이력복인 以力服人(힘으로써 상대를 복종시킴)의 왕이었다. 그러나 아들 충녕은 이덕복인以德服人의 왕이 되길 바랐다.

태종은 충녕을 왕에 올려놓기 전에 정지 작업을 했다. 그만큼 태종은 치밀한 사람이었다. 태종 16년(1416), 큰 가뭄이 들어 태종과 대신들이 매일 궁중에 모여 대책을 세우느라 분주했다. 이런데 임금의 최측근인 이숙번이 칭병하며 여러 달째 나타나지 않았다. 이숙번은 1차 왕자의 난 때부터 태종과 모든 역경을 함께 헤쳐 온 신하로서 왕족 이상의 대우를 받았다. 태종 집권 18년 동안 총애를 받다 보니 심복도 많이 생겨 큰 세력을 형성했다. 이러니 자신도 모르게 거만해지고 무례해졌다. 태종은 말없이 이숙번을 주시하고 있었다. 그런데 그가 민씨 형제가 죽고 난 후 양녕을 자주 만나 대사를 도모하는 듯했다.

"이런 신하가 있으니 하늘이 비를 내리겠는가?"

한 번 돌아서면 끝인 태종은 17년(1417) 평생 심복인 이숙번의 모든 벼슬을 빼앗고 함양으로 유배 보냈다. 이렇게 양녕의 주변 인물들을 잘라낸 후 태종 18년(1418) 6월 양녕을 세자에서 폐위했다. 태종은 충녕대군을 곧바로 세자에 앉히고 3개월 후 왕위까지 물려주었다.

태종은 상왕으로 물러난 뒤에도 왕권에 도전하는 사람은 그냥 두지 않았다. 여기에 위배되면 평생 동지는 물론 현 왕인 세종의 처가까지도 화를 입었다. 세종이 즉위하자 장인 심온沈溫이 영의정이 되었다. 그해 8월, 왕위 교체를 알리는 사은주문사로 심온이 명나라에 가자, 전송 나온 사람이 많아 장안이 텅텅 빌 정도였다. 그만큼 심온의 영광과 세도가 하늘을 찔렀다.

이 보고를 받은 상왕 태종은 상당히 불쾌했다. 얼마 후 궁전 분위기가 싸늘해지며 병조참판 강상인姜尚仁이 의금부에 끌려왔다. 죄명은 금위禁衛의 군사를 나누면서 상왕에게는 보고하지 않고 세종에게만 보고했다는 것이다. 며칠 동안 태종이 직접 국문하는데 고문을 참지 못한 강상인의 입에서 심온의 이름이 튀어나왔다.

"날짜는 기억하지 못하나, 해질 무렵 심온의 집에 가서 군사는 마땅히 한 사람이 맡아야 한다고 했더니, 심온도 옳다고 하였습니다."

이로 인해 '강상인의 옥사獄死'가 시작되었다. 강상인이 관련자들과의 대질신문에서 '고초에 못 견뎌 모두 무함誣陷했다'고 밝혔으나 아무 소용이 없었다. 세종과 소헌왕후까지 나서서 여러 차례 상왕에게 선처를 구했으나, 심온은 죽어야 했고 그 가족들까지 천민으로 전락하고 말았다. 딸을 국모로 둔 죄로 아버지가 죽었으니 소헌왕후의 심정이 어떠했을까. 일부 신하들이 소헌왕후도 폐비해야 한다고 했으나 태종은 '과거 연좌로 폐비한 일이 없고, 이미 아들 셋과 딸을 낳았다'며 거절했다. 소헌왕후는 슬픔을 삭이며 일체 원망하지 않고 태종을 부왕이라 칭하며 세종에게도 극진하게 대했다. 이런 며느리를 태종도 끝까지 지켜주었다. 세종도 아내가 들고 나갈 때면 친히 일어나 경애敬愛하며, 자식들과 함께 명산대처名山大處도 찾았다. 또 아내가 친정어머니를 만나도록 배려해주었다.

태종은 자신의 통치 구상에 방해되는 그 사람만 제거했다. 다른 임금처럼 삼족을 멸하지는 않았다. 정몽주를 죽일 때도 그 자손은 번성하게 놓아두었다. 이는 정도전, 남은 등도 마찬가지였다. 사발에서 국자로 오물을 떠내듯, 오물로 보이는 그 사람만 떠내고 더 이상 확대 보복하지 않았다. 태종은 세종 즉위 후 4년을 더 살았는데, 그 기간 동안 지엄한 상왕의 자리를 유지했다.

태종은 왕이 되기 위해 수단 방법을 가리지 않았으나 확실한 업적을 남겼다. 이는 조선의 기틀을 닦은 것과, 세계 어느 나라 어느 임금보다 훌륭한 세종을 후임자로 세운 것이다. 태종은 왕조의 안정에 통치의 초점을 맞추었다.

　조선 초기까지도 권문세가들이 사병을 두는 고려 문화 때문에 늘 정국이 불안했다. 방원은 세자가 된 후 사병을 혁파해 정무와 군정을 분리시켰다. 이후 왕이 되자 수도를 다시 개성에서 한양으로 옮겨 창덕궁을 지었다. 그리고 국왕을 정점으로 그 아래 세 명의 정승을 두어, 기능에 따라 육조로 내려가는 구조를 만들었다. 태종 4년(1414)부터는 왕명이 의정부를 거치지 않고 육조로 바로 가도록 했다. 사병 혁파에 의정부 권한이 축소되고 육조의 직계제를 실시함으로써 비로소 조선 왕조가 안정되었다.

또한 백성들이 억울한 사연을 호소할 수 있도록 신문고를 설치했으며, 호패법을 신설해 호구와 인구수를 정확히 파악했고, 백성들을 위한 각종 편의제도를 만들었다. 태종은 권력자들과는 피바람을 일으켰으나 연약한 백성들에게는 비교적 선정을 베풀었다.

조선의 농사는 파종과 모내기철인 양력 4~6월에 비가 필요한 만큼 내려야 가을 추수를 기대할 수 있다. 태종은 재위 기간 봄 가뭄 때마다 농부처럼 애타는 심정으로 해갈을 기원하며 김제 벽골제를 증축했고 전국적인 수리사업을 펼쳐 농촌의 홍수와 가뭄 피해를 줄였다.

태종은 평소 '자신이 죽어 하늘에 오르면 비를 내리도록 하겠다'고 했는데 그가 죽은 5월 10일 비가 흡족히 내려 가뭄이 해소되었다는 기록이 있다. 이후 모내기철에 내리는 비를 '태종우太宗雨'라 부른다.

과거제도도 귀족 위주의 등용제도를 폐지하고 실력과 능력 위주의 등용제도를 마련했으며, 유학과 경학에 밝은 권근權近을 총책임자로 세워 유교 중심의 인재를 양성하는 교육제도를 만들게 하였다.

태종은 조선의 창업 이념인 숭유억불崇儒抑佛을 지속적으로 추진했다. 연등제와 초파일을 폐지하고, 사찰노비를 공노비로 전환했으며 처녀 비구니는 환속시켰다. 공인 사찰 이외의 사찰은 없애고 승려 자격증인 도첩제度牒制의 발행 기준을 강화했다. 민속신앙도 유교 속으로 끌어들여 도참사상을 억제했다. 태종은 근본적으로 종교를 싫어했다. 도참사상도 믿지 않아 관련 서적을 모아 불태워버렸다.

당시 국가 재정이 어려워 공신에게 줄 재정과 나라 운영비가 모자랐는데 태종은 이를 백성에게 전가하려 하지 않았다. 고려는 불교의 나라답게 사찰이 전국토의 8분의 1을 차지하고 있었고, 일부 승려들은 지나치게 사치와 향락에 빠져 백성들의 원성이 자자했다. 그러면서도 부역과 조세 부담을 지지 않았다. 한마디로 세속적인 것은 다 누리면서도 국가에 세금은 내지 않는 특권을 누리고 있었다. 이를 태종이 대대적으로 개혁한 것이다. 전국 사찰의 토지와 노비를 10분의 1로 줄였다. 환속한 승려와 사원의 노비들이 조세와 부역을 부담하도록 하여 왕조의 부족한 재정을 채우고 경제적 기반도 닦았다. 조선의 변방 지역도 안전하게 지켰고, 부산포釜山浦와 제포薺浦에 선착장을 두어 왜인倭人의 무역을 합법화하는 대신 왜인 범죄논결법犯罪論決法을 만들어 범죄 행위는 철저히 처벌했다.

태종이 만든 제도에 왕조의 안정과 백성의 편익을 위한 것이 많았지만 몇 가지 악법도 있었다. 대표적인 것으로 서얼금고법庶孽禁錮法과 삼가금지법三稼禁止法이 있다. 그런데 이런 법을 만든 이유가 있다. 아버지 이성계가 출세하고 고려 귀족 강윤성의 딸을 두 번째 부인으로 맞은 후, 조강지처인 신의왕후 한씨를 홀대했다. 이때부터 한씨와 그녀의 소생 6남2녀가 강씨를 미워했다. 그런데다가 한씨는 조선 개국도 보지 못하고 죽었다. 자연히 강씨가 국모인 신덕왕후가 되었다. 신덕왕후는 정도준 등과 합세해 자기 아들 방석을 세자에 앉혔다. 이때 한씨의 아들들이 1차 왕자의 난을 일으켰다.

이런 기억을 가진 태종은 첩의 자손은 아예 과거조차 보지 못하게 했다. 또한 왕비의 소생을 대군, 공주로 부르는 것과 달리 후궁의 소생은 군, 옹주로 부르게 했다. 태종이 얼마나 신덕왕후 강씨를 미워했던지, 왕위에 오르자 그녀를 왕비의 제례에서 제외해 서모庶母의 제례를 하게 했고, 그녀의 능과 정자각도 파헤쳤다.

삼가금지법이란 여자가 재혼해 낳은 자녀는 첩의 자녀처럼 천대하는 법이다. 1가는 여자가 태어난 집, 2가는 시집, 3가는 재혼한 집이다. 한마디로 재혼녀와 그 자녀들은 조선에서 인간 대접 받기 어려운 법을 만든 것이다.

태종의 업적 중 가장 빛나는 것은 역시 세종을 왕으로 세운 일이다. 만일 태종이 세종을 세우지 않고 양녕이나 효령을 왕으로 세웠다면 조선은 물론 한국의 현재 모습도 많이 달라졌을 것이다.

태종은 원칙을 대단히 중시하는 사람이었다. 본부인 원경왕후가 죽은 후에도, 왕비 자리는 공석으로 두고, 12명의 비빈을 그대로 두었다. 동복형제 방간이 반역죄를 지었어도 귀양 보내는 데 그쳤다.

마치 학자처럼 원칙을 따지는 태종은 자기 후대에 문치 시대를 여는 것을 자신의 사명으로 삼았다. 그러려면 우선 후계자가 학문과 사람을 좋아해야 하고, 또한 훈신과 외척들 중심의 정치를 극복해야 했다. 그래서 셋째아들인 충녕을 택했다. 충녕은 태조를 많이 닮았다. 평소 과묵한 태조도 이야기를 나눌 때면 좌중을 기쁘게 했는데 세종도 토론할 때는 신하 위에 군림하지 않고 자유롭게 반대 의견도 수렴했다.

태종의 헌릉을 장식한 석상

또, 세종의 통치에 걸림돌이 될 만한 공신과 외척을 제거했다. 권력쟁취 과정에서 생사를 같이 한 공신들은 월권을 서슴지 않았다. 만일 태종이 이들을 정리하지 못하고 죽었다면 세종에게 큰 부담이 되었을 것이다. 따라서 세종의 성세盛世는 태종의 탄탄한 치세治世가 확대된 것이다.

　세종도 아버지가 자신을 위해 피를 손에 묻혔음을 잘 알았다. 그래서 상왕 태종이 '강상인의 옥사' 사건을 일으켜 자신의 장인 심온을 죽인 후에도 변함없이 수강궁의 태종에게 매일 문안 인사를 드렸다.

군주는 누구를 위해
존재하는가

조선 4대왕 세종世宗(1418~1450) 이도는 조선뿐 아니라 전 세계의 역대 왕들 가운데 최고의 명품 리더십을 펼친 왕이었다. 태종은 세종을 태자로 세운 지 3개월 만에 양위했다. 그만큼 태종도 자기 아들이지만 세종에 대해 기대가 컸다. 세종은 과연 그 기대를 훨씬 뛰어넘고 시대마저 뛰어넘는 브리콜뢰르bricoleur였다. 이는 원시 부족을 연구하던 프랑스 인류학자 레비스트로스가 그의 저서《야생의 사고》에서 사용한 용어로서, 부족사회의 문화 담당자들을 일컫는 말이다. 길들여지지 않은 야생적인 원주민들 가운데에서 브리콜뢰르는 이미 발견된 재료와 도구를 새로운 것을 만드는 수단으로 활용한다. 즉 한정된 자료와 별개의 도구를 통합해 여러 일을 능숙하게 해결한다. 유목사회로 진입한 21세기에 이런 리더십이 필요한데, 바로 맨체스터 유나이티드의 전 감독 퍼거슨, 애플의 스티브 잡스, 구글의 레리 페이지가 이런 리더로 손꼽힌다.

그중 퍼거슨 감독은 2부 리그로 떨어질 처지였던 맨체스터 유나이티드를 초우량 왕국으로 건설하고 떠났다. 그의 성공 비결을 〈파이낸셜타임스〉는 7가지로 정리했다. '회사와 자신의 정체성 일치, 자신의 강점을 극대화한 강력한 카리스마 발휘, 원활한 의사소통, 사방의 정보를 취합하는 능력, 완전한 조직 장악력(total control), 어떤 상황에서도 원칙 고수하기, 자만이 없는 도전 정신.'

퍼거슨 감독을 맞아 만년 2류였던 맨유가 역사상 최고의 팀이 되었듯, 왕국도 어떤 왕이 다스리느냐에 따라 완전히 달라진다. 세종은 자신들과 신하는 물론 백성이 함께 공유할 수 있는 사회적 가치를 추구했다. 그의 통치철학은 '국이민위본國以民爲本 민이식위천民以食爲天(조선의 하늘은 백성이고, 백성의 하늘은 밥이다)'이었다. 왕이 무엇을 소중히 여기느냐에 따라 신하의 의식과 행동이 달라진다. 독선과 오만에 찬 왕을 모시는 신하들은 제 한 몸 지키기도 바빠 백성을 돌볼 여력이 없고, 결국 나라가 쇠락한다. 왕이 상생과 공존을 추구하면 신하도 백성과 더불어 무엇인가를 이루려고 한다. 그러면 왕부터 신하와 백성에 이르기까지 나라 전체에 큰 공감대가 형성되고 전체적 신뢰 분위기가 형성된다. 왕의 진정한 힘은 사회적 신뢰의 크기에서 나온다. 신뢰받는 왕은 그 자체로 행복하기도 하거니와, 백성이 자발적 열정으로 단합하여 어떤 일도 해낼 수 있게 된다. 리더는 결국 누가 자신을 따르느냐에 의해 평가받는다.

제4대 세종 가계도

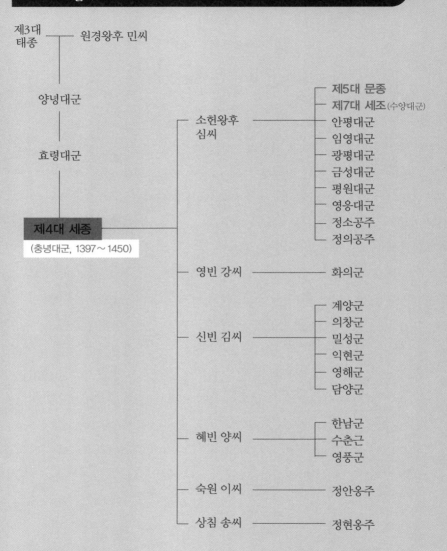

제3대
태종 ——— 원경왕후 민씨

양녕대군

효령대군

제4대 세종
(충녕대군, 1397~1450)

소헌왕후
심씨
- 제5대 문종
- 제7대 세조 (수양대군)
- 안평대군
- 임영대군
- 광평대군
- 금성대군
- 평원대군
- 영응대군
- 정소공주
- 정의공주

영빈 강씨 ——— 화의군

신빈 김씨
- 계양군
- 의창군
- 밀성군
- 익현군
- 영해군
- 담양군

혜빈 양씨
- 한남군
- 수춘근
- 영풍군

숙원 이씨 ——— 정안옹주

상침 송씨 ——— 정현옹주

국민과 자기 정체성을 일치시켰다

　　세종은 비교적 젊은 나이인 22세에 왕이
되었다. 조선왕조가 탄생한 지 30년이 채 안 된 때였다. 오랜 가뭄으로
강이 마르고 전 농토의 절반이 황무지가 되어 있었다. 백성의 3분의 1
가량이 기아에 시달려 죽거나 유랑민이 되었다. 이런 난국을 앞에 두고
세종은 자기가 왕 노릇하는 이유를 백성의 행복에서 찾았고, 그의 재위
32년간 그 이유에 충실했다.

　왕이 국가와 자신의 정체성을 일치시키면 '짐이 곧 국가'가 되어 왕
이 백성의 존재 이유가 되어버린다. 세종은 국가를 이루는 백성과 자
신의 정체성을 일치시켰다. 백성이 있어야 나라가 있고 나라가 있어야
왕도 있다.

　세종이 말하는 백성은 양반만을 의미하지 않는다. 조선 반도에 살고
있는 모든 사람이었다. 당시 신분 사회에서 천민들은 우마牛馬 취급을

받았고, 이를 당연하게 여겼다. 주인은 제 마음대로 어떤 벌이든 노비에게 줄 수 있었다. 그러나 세종은 삼복법三覆法을 만들어 비록 노비가 사형 받을 죄를 저질렀다 해도 반드시 삼심三審을 거치게 했다. 이후로 주인이 함부로 노비를 학대하고 벌을 내리면 처벌받게 되었다.

세종은 여든 넘은 노인들을 초청해 잔치를 벌일 때도 천민까지 불러 똑같이 공경했다. 또한 노비가 출산하면, 세종 이전에는 휴가가 7일에 불과했으나 이후 100일을 주게 했다. 그뿐 아니라 남편에게도 아이 양육을 돕도록 출산 휴가 30일을 주도록 형조에 지시했다. 세종 자신도 무척 검소했다. 당뇨에 양고기가 좋다고 신하들이 권유해도 조선에 없는 양고기를 무리하게 먹을 수 없다며 거절했다.

이런 세종이기에 천민조차도 '하늘이 낸 백성'이었다. 그뿐이 아니다. 힘없는 백성들에게 가능하면 은전을 많이 베풀고자 했다. 사면령도 자주 내리고, 징발된 군인들도 임기를 채우기 전에 귀향시키기도 하였다. 그러자 신하들이 반대하고 나섰다.

"임금이 너무 관대하면 백성들의 기강이 무너집니다."

그러나 세종은 할 수만 있으면 힘없는 백성들을 어루만지려 했다. 이는 말로만 그런 것이 아니다. 어느 해 기근이 들자 경회루 근처에 초가집을 짓고 백성들 살림이 윤택해질 때까지 2년간을 머물 정도였다.

천것도 내 백성이다

　　　　세종은 인재를 골고루 등용했다. 조선은 반상班常의 구별이 엄연한 사회였다. 그런데도 신분의 벽을 깨고 인재를 등용했다. 당시 신하들은 이런 파격적인 인사정책에 극력 반대했다. 그러나 왕의 의지가 워낙 강해 그대로 시행되었다. 왕의 인재 발탁 기준은 오직 하나, 그 일을 해낼 수 있느냐였다. 그가 어느 가문이든, 어느 학파든, 어느 지방 출신이든 그다지 중요하지 않았다.

　세종 시대의 농토는 거의 천수답天水畓이었다. 농사철을 앞두고 가뭄이 지속되어도 농부들이 할 수 있는 일은 호미나 쟁기로 땅을 찔러 물기가 어느 정도인지를 알아보는 정도였다. 이를 극복하려면 과학적 영농법을 개발해야 했다. 마침 세종은 경상도 동래현 노비 장영실蔣英實에 대한 소문을 들었다. 그의 아비는 원나라 소주蘇州 출신이며 어미는 기녀였다.

어려서부터 손재주가 좋아 관청 내 무기는 물론, 농가의 농기구까지 못 고치는 것이 없었다. 전국적으로 가뭄이 들던 해에도 동래현만큼은 장영실이 새로 만든 물길과 농기구 덕분에 풍년이 들었다. 바로 그런 사람이야말로 세종이 간절히 찾던 인재였다. 세종은 즉시 장영실을 불러 벼슬을 내리고자 했다. 하지만 신하들 대부분이 극력 반대했다. 노비라는 이유 때문이었다. 당시 관노는 대감집 개보다 더 푸대접을 받던 세상이었다.

세종의 아버지 태종까지 나서 '천賤것'에게 벼슬을 줄 수 없다고 반대했다. 시골의 노비 한 사람에게 벼슬을 주는 것은 조정 신료는 물론 상왕까지 나서서 반대할 만큼 조선은 경직된 신분 사회였다. 세종도 이런 상황이 오리라 이미 짐작하고 있었던 터라, 아버지를 찾아가 설득하면서 기어이 장영실에게 왕의 옷과 궁중의 금은재물을 책임지는 '별좌'란 벼슬을 내려, 항시 자기 곁에 있게 했다.

세종은 신분과 유능함은 별개임을 익히 알았다. 임금이 신분에 매여 유능한 사람을 제대로 고르느냐 못 고르느냐에 따라 나라의 흥망이 달려 있음도 역사를 통해 잘 알고 있었다. 주나라 문왕은 강가에 앉아 있던 늙은 낚시꾼 강태공을 얻어 천하를 가졌고 유비도 초야에 묻혀 있던 제갈공명을 삼고초려 끝에 자기 곁에 둠으로써 천하를 도모하게 되었다. 세상의 모든 일은 사람이 한다. 그래서 리더에게 '인사가 만사'다. 주변에 누구를 두느냐를 보면 리더가 누군지 알 수 있고, 그 조직의 성패도 가늠할 수 있다.

만일 세종이 장영실을 부르지 않았다면 장영실은 물론 그의 후손들까지 동래에서 노비로 살다 죽었을 것이고 세종 역시 과학 문명의 황금기를 열기 쉽지 않았을 것이다. 장영실은 세종 덕분에 자신과 자손의 운명이 하루아침에 바뀌었으니 얼마나 감격했겠는가. 혼신의 힘을 기울여 세종의 은덕에 보답했다. 세종 24년(1442) 세계 최초의 측우기를 개발했는데, 그 후 200년이나 지난 1639년에 이르러서야 이탈리아 로마에서 측우기로 강우량을 관측하기 시작했다. 또한 천문시계인 혼천의, 금속활자인 갑인자와 천체관측기구를 만들고 해시계, 물시계, 휴대용 시계를 발명했다. 장영실의 측우기는 한양과 각 도道의 군현郡縣에 설치되어 빗물의 양을 잰 후 중앙에 보고할 수 있었다. 또 청계천에 물 깊이를 재는 수표水標를 세워 매해 장마 때마다 반복되는 하천의 범람을 예방했다.

세종은 백성들의 삶이 피폐해질 때마다 이를 타개하려 고민하며, 무려 열하루 동안 밤을 새운 적도 있다. 그러다 보니 과학적 영농법이 획기적으로 발달해 조선시대를 통틀어 최고의 농업생산성을 기록했다. 정부 비축미만 해도 선조 때 50만 석이었는데 세종 때 이미 500만 석이 훨씬 넘었다.

세종은 장영실 이외에도 신분에 구애받지 않고 많은 사람을 등용했다. 천민인 양수척楊水尺이 기른 최윤덕崔閏德을 등용해 김종서와 함께 두만강과 압록강 유역을 개척해 사군육진四郡六鎭을 설치하게 했다.

세종의 인재 등용은 신분 차별은

측우기 모형

물론, 개인 감정의 벽도 뛰어넘었다. 조선 시대 최고의 성군이 세종이라면 최고의 정승은 황희다. 처음에 두 사람은 악연이었다. 세종이 충녕대군이던 시절, 세자로 책봉될 때 가장 극력하게 반대했던 사람이 바로 황희였다. 이렇게 왕자가 왕이 될 기회를 방해했던 신하들은, 그 왕자가 왕이 될 경우 쫓겨나거나 죽었다. 그러나 세종은 황희에게 명재상이 되도록 기회를 주었다. 사실 황희는 출신이 그다지 좋지 못했다. 어머니가 노비라 서얼이었다. 그의 과거 행적 또한 파렴치했다. 2차 왕자의 난 때 역적 박포의 아내와 간통했으며, 대사헌에 재직할 때 금품수수 혐의까지 받았다. 어쩌면 간교한 소인배로 끝났을 황희를 세종이 발탁해 20년 동안이나 입궐한 기록적인 최장수 영의정이 되었고 청렴한 대정승으로 거듭났다. 세종은 출신보다 능력을, 과거보다 잠재력을, 개인적 악연보다 공적 성취 가능성을 더 중시했다. 이런 리더십 덕분에 세종이 명군이 될 수 있었다.

모두의 의견을 존중하다

　　세종 식 소통의 특징은 '의논'과 '수렴' 그리고 '결단'에 있다. 1418년에 즉위하면서 첫 일성이 '어진 정치를 펴겠다'는 것이었다. 이는 왕 독단의 정치가 아니라 공론의 정치를 펴겠다는 약속이다. 그 약속대로 세종은 정책 결정에 앞서 여론을 충분히 수렴하는 절차를 밟았다. 먼저 조정 내 만백관의 의견을 골고루 청취했다.

　그것이 어떻게 가능했을까? 먼저 백관이 교대로 왕과 정사를 논하는 윤대법輪對法을 만들었다. 흔히 독단적인 왕 주변엔 '문고리 권력'이 기승을 부린다. 이들은 왕과 다양한 사람들과의 만남을 차단하거나, 특정 의견만 접하게 하여 공정성을 상실케 하는 경우가 많다. 맨체스터 유나이티드 왕국을 만든 퍼거슨도 한 번 맺은 인맥은 끈질기게 관리하며 정보 취득원으로 삼았다. 특히 현직은 물론 전직 경영진까지 꾸준히 연락하며 다양한 정보를 모았다.

왕이 지식과 지혜가 많으면 다양한 의견을 경청해도 옥석을 가려낼 수 있다. 세종은 책벌레였다. 그러다 보니 워낙 박식해 대학자인 변계량卞季良 정도 되어야 임금과 토론이 가능했다. 보통 지식이 뛰어난 왕은 주변 말을 잘 안 듣고, 듣는다 해도 참고 수준에 머무는 수가 많다. 그러나 세종은 자신보다 부족한 신하들의 견해를 무시하지 않고 끝까지 들어주었다. 신하가 자기 말을 이해하지 못해도 나무라지 않았다. 그가 이해할 때까지 끝장 토론을 즐겼다. 그래서 신하들은 자기 소신과 다른 결론이 나도 전심을 다해 동참했다. 또한 신하들의 지적 수준을 높이기 위해 집현전을 만들고 대제학에 변계량을 임명했다.

세종이 집권 후반기에 세자가 직접 국정을 대리 운영하는 첨사원詹事院 제도를 만들고자 할 때, 이사철李思哲이 사헌부와 정갑손鄭甲孫, 허사문許斯文 등과 함께 반대 상소를 올렸다. 이때도 세종이 이사철을 불러 토론하며 설득한 끝에, 이사철이 첨사원의 동첨사同詹事를 맡았다.

이런 사례가 《세종실록》 곳곳에 나온다. 세종은 태조와 태종이 마상에서 만든 조선을 문화의 나라로 만들고 싶었다. 문화는 각자의 자질을 마음껏 표출할 수 있을 때 발전한다. 그래서 세종은 신하들에게 늘 '절실강직切實剛直'을 주문했다. 그는 신하들이 절실한 현안인데도 임금이 싫어하면 포기하고, 절실치 않은 문제라도 임금이 좋아하면 억지로 주장하는 태도를 버려야 한다며 책망했다. 달리 말해 임금의 낯빛을 고려하지 말고 문제가 절실하면 강직하게 주장하라는 말이다. 세종이 싫어하는 회의 태도는 신하가 임금의 의중을 살피며 대세를 추종하는 것이다. 그 대신 왕의 면전에서도 틀릴망정 과감하게 쟁간爭諫하는 신하를 좋아했다. 그의 재위 32년 동안 경연經筵 횟수는 한 달 평균 2회씩, 총 1800여 회에 달했다.

조선 왕은 기상 후 간소한 미음이나 죽을 먹고, 바로 웃전에 문안을 드린다. 그리고 신료들을 만나 약식조회를 겸해 경연을 연다. 경연 후에 비로소 국정을 돌본다. 경연은 왕과 신하가 공부하며 국정을 논하는 자리로서 왕에 따라 자주 열기도 하고 아예 열지 않는 경우도 많다. 세종은 가능한 한 많은 경연을 열어 신하들과 더불어 학식을 갖추는 동시에 국정도 충분히 논의했다.

"내 맘대로 결정할 수 없다. 그러니 경들의 의견을 말해보라(不敢自 斷 부감자단, 願聞卿等之言 원문경등지언)."

국정을 논하는 자리에서 세종은 위와 같은 종류의 말을 자주 했다. 이처럼 세종은 지위고하를 막론하고 자유롭게 말하도록 언로를 터주었다. 신하가 무슨 말을 하든지 일단 끝까지 경청했다. 그리고 신하가 신이 나도록 임금이 그 말에 긍정하는 태도를 보였다.

"그대의 말이 참 좋도다(卿言甚嘉경언심가)."

생사여탈권을 쥔 절대군주가 이런 식의 반응을 보인다면 어떤 신하가 성심을 다해 섬기지 않겠는가. 신하의 말이 옳으면 임금 자신의 의견도 내려놓았다. 세종 6년(1424) 2월 6일 열린 어전회의에서 청주에 귀양 가 있던 양녕대군을 이천으로 옮기는 사안에 대해 논의했다. 왕은 청주에 내려간 형 양녕이 누추한 초가집에 거처하는 것이 마음 쓰여 이천에 저택을 지어 주고 편하게 해주기를 원했으나 먼저 신하들의 의견을 듣고자 했다. 이에 좌의정 이원李原과 이조판서 허조許稠가 아뢰었다.

"전하의 우애가 극진하시오나, 양녕은 본시 종사宗社에 죄를 지어 경전輕典에 따라 궁벽한 고을에 폐처廢處시킨 것이옵니다. 오늘날 옛 버릇을 뉘우치고 고친 듯하나 이천으로 오면 서울에 드나들며 예전 짓을 반복할 것이옵니다. 대소신료가 반드시 법에 따르려는데 정으로 어찌하시렵니까? 양녕을 이천으로 돌아오게 함은 불가하옵니다."

이후 세종은 같은 사안을 다시 꺼내지 아니했다. 형에게 베풀고 싶은 사사로운 정마저도 공공성에 위배된다면 포기하는 세종이었다. 그래서 신하들이 부담을 갖지 않고 발언했다. 세종이 화를 낸 빈도는 평균 18개월에 한 번 정도인데 그것도 개인적인 것이 아닌 공적인 일이었다. 특히 신하가 불손한 발언을 했다며 문제 삼은 적은 없었다.

이조판서 허조는 끝까지 자기 주장을 펴기로 유명했다. 자기 의견이 옳다고 생각하면 누가 무슨 말을 해도, 왕까지 나서도 잘 듣지 않았다. 이런 허조를 보고 세종은 혀를 차며 "참 고집불통이구려"라고 말하면서도 끝까지 감싸주었다. 이는 허조가 사심이 없었기 때문이다. 세종은 너그러워야 할 때 한없이 너그러웠다. 그의 치세 31년 중 실제 왕 노릇한 기간은 약 20년 정도다. 왕이 된 후 태종이 상왕으로서 군사권과 기타 중요 결정권을 갖던 4년간은 일종의 임금 수업 기간이었고 마지막 8년은 신병 때문에 문종이 대리청정했다. 이 치세 기간에 평양 대성산성을 쌓던 백성들이 일으킨 폭동, 역모 등 여러 사건들이 많았으나, 방화범만 처벌했을 뿐 반란 혐의로 처벌된 백성은 단 한 명도 없었다.

세종은 토론하는 자리에서만큼은 신하들과 평등했다. 그래서 세종 시대에 왕궁에서 왕조 역사상 가장 격렬한 논쟁이 벌어졌다. 물론 화를 내야 할 때는 냈다. 신하들이 사리사욕으로 법과 제도를 변경시키려 할 때, 내시들이 교묘하게 의사소통 과정을 왜곡시킬 때 등 공적인 분야에서는 냉정했다. 국가의 보존에 대해서도 단호했다. 여진족이 북방 지역에 수시로 침입하자, 신하들이 별 쓸모없는 땅이라며 포기하자고 건의했다. 그러나 세종은 한마디로 거부했다.

"조종祖宗의 강역彊域은 마땅히 지켜야지 축소시키거나 물러서서는 안 된다."

평안도 절제사 이천李蕆을 시켜 만주 깊숙한 곳까지 여진족을 추격해 치게 했다. 너그러울 때와 단호해야 될 때를 잘 구분하는 것이 현명한 리더이다. 맨유의 퍼거슨 감독에게 선수들이 붙인 별명이 '헤어드라이어'다. 개성이 강한 선수들을 통솔하기 위해 질책해야 할 때는 열풍처럼 몰아쳐 그 입김에 선수들 머리카락이 휘날렸다는 뜻이다.

세종이 학문을 좋아했으나, 그렇다고 조선이 말만 많은 서생書生의 나라가 되는 것은 원치 않았다. 학문을 위한 학문, 토론을 위한 토론이 아니라 생산적 결과를 원했다. 그렇기 때문에 자기 지식을 과시하려는 현학주의를 싫어했다. 세종이 경연장에서 한 신하에게 고전에 관해 묻는데 우물거리자 이렇게 말했다.

"어리석은 자(庸流용류)가 누구냐? 스스로 알지 못하는 것이 없다고 하는 자들이다. 무릇 식자들도 모를 때는 모른다고 하는 것이 옳다."

세종의 소통원칙은 자유로운 토론을 통해 공선후사公先後私의 결론을 내리는 것이었다. 이런 원칙이 인사, 재정, 국방 등 국정 전반에 걸쳐 동일하게 적용되었다. 조선에서 이런 공감과 소통의 정치가 펼쳐지자, 북쪽 강 건너의 여진족과 남쪽 현해탄 밖의 왜인들도 세종 아래에서 살고 싶다며 수십 명씩 집단으로 귀화하는 행렬이 줄을 이었다. 귀

순자가 날로 늘어나자 신하들 사이에 더 이상 환대는 어렵지 않느냐는 논란이 있었다. 그러자 세종은 즉위 19년(1437) 9월 9일 '접대하는 예도는 후하고 넉넉히 해주는 것이 좋다'며 이민족 포용정책을 지속했다.

　조선이 주변국 사람들이 살고 싶어 하는 나라가 되자, 제일 곤혹스러운 입장은 명나라였다. 당시 명황제 영락제는 궁인 어씨魚氏가 관관과 간통했다 하여 친히 국문하고 2800여 명을 죽일 만큼 잔인했다. 명은 이런 일이 극동에 알려지는 것을 극도로 경계했다. 그들의 우려는 자애로운 세종과 냉혹한 영락제가 비교되어 요동 지역 전체가 조선으로 넘어 가게 되고, 이러면 조선이 중국을 대신해 세계적 중화中華의 나라가 될 수 있다는 것이었다.

유사 이래 첫 국민투표를 하다

　　　　　　　　　　세종의 소통 범위는 광범위했다. 신료, 백성, 중앙과 지방의 여론을 골고루 들었다.

　세법을 개정할 때는 통계까지 내가며 민심을 청취했다. 고려 말부터 조선 초까지의 조세제도는 답험손실법踏驗損失法이었다.

　세금을 매기기 위해 관리가 논밭에 직접 나가서 소작물 현황을 파악하는 것이 '답험'이다. 이 제도에 의하면 공전公田은 수령이, 사전私田은 전주가 답험을 했다. 이때 수령과 전주가 농간을 부려, 부자에게 세금을 조금 부과하고, 가난한 자에게 더 많이 부과했다.

　세종은 이런 폐단을 없애고자 선비부터 시작해 백성의 의견을 수렴했다. 세종 9년(1427년) 인정전 뜰에서 치른 문과시험에 책문策問으로 '공법貢法'을 냈다.

　"예부터 제왕의 정치는 일대一代의 제도를 마련하는 것이다. 그러면

전제田制의 법은 어느 시대에 시작되었는가?"

이렇게 묻고 각 왕조마다 시행했던 세법을 열거해 주고, 답험손실법의 폐단을 없애려면 산과 습지가 많은 조선에 어떤 징세제도가 맞는지를 답해보라고 했다.

"다스림의 요체는 애민愛民이고, 애민의 시초는 올바른 제도이다. 맹자도 인정仁政은 경계經界(조세제도)로부터 시작된다 했다. 내가 비록 덕이 적으나 그대들에게 간절한 뜻이 있으니 숨김없이 모두 진술하라. 장차 내가 선택해서 시행하겠노라."

이처럼 세종은 신 조세제도를 마련하기 전에 과거에 시행했던 징세제도를 출제하여 젊은 선비에게 현행법의 모순을 알려 주고, 대안을 마련해보게 했다.

여론 조성에는 하향식(top-down)과 상향식(bottom-up)의 두 방식이 있다. 오늘처럼 열린사회는 기층 여론부터 조성해 대세를 형성할 수도 있으나, 세종 대처럼 닫힌사회에서는 하향식만이 사용된다. 왕이 한다면 층층시하로 그 아래로 내려가면서 시행하는 시대였다. 이런 시대에 세종은 여론을 상향식으로 수렴했다. 과거에 조세를 출제한 그해부터 3년 뒤인 세종 12년(1430)에 답험손실제도를 폐지하는데, 그때까지 꾸준히 세법 개혁의 여론을 모았다. 그러고 나서 세종이 내놓은 신 조세법안은 모든 토지를 상중하로 나누고 1결당 10두씩 징수하되 풍수재해를 입었을 때는 면제한다는 내용이었다. 이렇게 되면 고을 수령과 땅 부자들이 농간을 부릴 여지가 사라진다. 이런 좋은 법안을 시행하기에 앞서 누구도 상상하지 못한 명령을 내린다.

"신 조세법에 대해 정부 육조와 각도의 수령부터 여염閭閻의 세민細

民까지 모두에게 가부를 물어 아뢰어라."

세금을 걷는 관료는 물론 백성들까지 모조리 의견을 들어 보라는 어명이었다. 이 어명에 따라 그해 3월 5일부터 8월 10일까지 다섯 달 동안 전국 백성들의 의견을 취합했다. 요즘 현장조사요원과 같은 관리들이 백성의 집을 가가호호 방문했다.

당시 일반 백성이 왕에게 자기 의견을 전달할 방법은 없었고, 툭하면 관청에 불려 다니며 곤욕을 치르던 때였다. 이런데 관리가 왕명을 받들어 백성의 의견을 듣겠다고 일일이 찾아오니 백성들의 기분이 어떠했겠는가.

이때 유행한 노래가 〈봉황음鳳凰吟〉이다.

산하천리국山河千里國에 가기 충울울佳氣 鬱悤悤히 샷다
(이 나라 천리산하에 아름다운 기운이 가득하구나)

금전구중金殿九重에 명일월明日月시니
(금빛 나는 궁궐 안에 일월 같은 덕을 밝히시니)

군신천재群臣千載예 회운룡會雲龍이 셔터
(뭇 신하들이 천년 동안 구름처럼 모여 임금을 모시었다)

희희서속熙熙庶俗 춘대상春臺上이어늘
(밝고도 기쁜 백성의 풍속은 봄날 같으니)

제제군생濟濟群生 수성중壽城中이 셔터
(성을 잘 지켜 만백성을 다스리심이로다)

제제군생濟濟群生 수성중壽城中이 셔터
(성을 잘 지켜 만백성을 다스리심이로다)

유행가는 백성이 자발적으로 좋아하는 노래다. 세종의 백성은 진심으로 태평성대를 노래했다. 8월 10일 백성의 여론을 조사한 결과가 세종에게 보고되었다. 여론조사에 응한 백성이 17만 명이었다. 당시의 인구 규모, 납세의무가 없던 노비와 여자를 제외한 것, 관리 앞에서 속마음을 쉽게 드러내지 않았던 서민의 정서를 감안하면 엄청난 규모였다.

그 결과 찬성이 많은 지역은 비옥한 평야가 많은 전라도, 경상도, 경기도 등이었고, 반대가 많은 곳은 척박한 산지가 많은 강원도, 함경도 평안도 등이었다. 전체적으로 찬성 여론이 더 높았으나 압도적이지 않았다. 찬성 9만 657명, 반대 7만 4148명. 이것이 우리나라 최초의 국민투표 결과다. 과반 이상이 찬성한 것은 그만큼 관료들이 답험손실법을 빙자해 서민의 고혈을 짰다는 것이다.

우리나라에서는 1962년 11월 5일 헌법 개정을 위한 국민투표가 실시되었는데 무려 530년 전에 이미 세종이 첫 국민투표를 실시한 것이다.

김홍도의 《단원풍속도첩》 중 〈논갈이〉
농사는 백성의 생명 그 자체였다

여론 결과를 보고받은 세종이 이렇게 말했다.

"백성들이 흔쾌히 찬성하지 않으면 보완해야 한다."

이처럼 세종은 자신이 보기에 아무리 좋은 제도라도 백성이 적극적으로 원치 않으면 무리하게 밀어붙이지 않았다. 그리고 불만이 큰 지역의 의견을 더 참고해서 보완책을 내놓았다. 먼저 세종 18년(1436)에 공법상정소貢法詳程所를 설치해 각 도의 토지를 3등급으로 차등해 세율을 정했다. 여기서 발견된 결함을 또 보완하여 세종 6년(1444) 신 공법제도를 확정했다.

백성에게 소통의 도구를 허하라

　　　　　　조선 역사는 물론 고려, 삼국시대까지
통틀어 왕과 신료, 백성들이 함께 행복한 시대가 세종 때였음은 역사
가 인정한다. 그럴 수밖에 없었던 이유 중 하나가 왕 자신의 눈높이를
백성에 맞춘 것이다. 그는 백성을 '비록 어리석으나 지극히 신명神明
한 존재'라 보았다.

　왕과 신료가 쓰는 문자와 언어로 백성들과 소통할 수 없다면 통치
집단의 이기적 언어 표명에서만 맴돌게 된다. 통치 집단에 속한 사람
일수록 지킬 것이 많기 때문에 자기합리화에 능숙하다. 객관적 시각이
확보되지 않는 한, 백성은 늘 전전긍긍하며 살아야 한다. 세종은 백성
이 자기 목소리를 낼 수 있을 때 조선의 통치 집단인 사대부가 조금이
나마 객관적 시야를 확보할 필요성을 느끼게 될 것이라 여겼다.

　'임금이란 백성을 위한 존재이다. 그렇다면 한 명의 백성이라도 억

울한 일이 없도록 돌보아야 한다.'

그렇다고 임금이 일일이 백성들을 다 만날 수도 없다. 제일 좋은 방법이 양반만 사용하는 문자를 백성에게 돌려주는 것이었다. 이런 소신을 가진 세종이기에 사대부 안에서만 맴도는 정보를 온 천하에 유통할 정보 혁명을 강구했다. 거기서 언문言文을 만들겠다고 결심했고, 그 후 10여 년의 세월이 흐른 뒤에야 결실을 맺었다. 그만큼 정보를 독점하려는 사대부들의 반발이 심했다. 그래서 세종 25년(1443) 12월에 창제한 《훈민정음訓民正音》을 세종 28년(1446) 9월에 이르러서야 반포했다.

《훈민정음》 한글은 모음 10개와 자음 24개로 구성되어 있다. 이 단순한 한글이 만 개 이상의 글자를 만들며 무궁무진한 표현이 가능하다. 세계는 한글에 대해 찬탄하며 세계 유네스코 유산으로까지 지정하였다. 유네스코에서는 문맹 퇴치에 공헌한 사람에게 '세종대왕 문해상'을 수여한다.

한문은 한글과 효율성 면에서 경쟁이 되지 않는다. 고작 24개의 자모음만으로 한없이 표현할 수 있는 한글에 비해 한자는 글자 하나마다 각기 뜻이 달라 적어도 5000개는 익혀야 의사소통이 가능하다.

세종이 한글을 만들기 전에도 군현제를 개편해 왕명이 전국의 백성에게 도달하기는 하였다. 하지만 백성이 한문을 모르는데 무슨 소용이 있으랴. 문자는 의사소통의 도구다. 현실에서 의사소통이 곧 문화 전파이며 경쟁력인데 조선 백성과 지도층 간에 의사소통이 이루어지지 않고는 세종이 바라는 문화 조선을 이룰 수 없었다.

세종이 한글을 만들었지만 최만리를 필두로 신하들이 반대하기 시작했다. 세종 26년(1444) 2월 20일 최만리가 올린 한글 반대 상소의 요지는 다음과 같다.

첫째, 조선은 중국과 다른 문자를 만들면 사대모화事大慕華에 어긋난다. 스스로 몽골, 서하, 여진, 일본처럼 이적夷狄이 되려는 것과 같다.

둘째, 소리로서 글자를 합하는 용음합자用音合字가 옛것과 반대된다. 신라 설총이 만든 이두吏頭는 한자를 익히는 데 도움이 되지만 언문은 전혀 그렇지 못하다.

이런 이유를 들어 한글 사용을 반대했으나, 속셈은 표음문자인 한글을 사용하면 사대부들이 표의문자인 한자로 독점해온 지식과 정보가 유통될 것이 두려워서였다.

이처럼 임금과 다른 생각으로 격렬하게 저항하는 신하를 세종은 어떻게 대했을까? 설득과 격려를 병행했다. 우선 최만리의 반대 상소에 대해 적극적인 반론을 펴 한글 사용의 정당성을 확보했다.

"용음문자가 옛글에 위배된다고 하나 설총薛聰의 이두吏讀도 역시 음이 다르다. 이두가 백성을 편리하게 만든 것처럼 언문도 그렇다. 너희가 이두는 옳다며 임금이 하는 일을 그르다 하는 까닭이 무엇이냐?"

이렇게 논리적으로 반박하여 소모적 논쟁을 막은 다음 최만리, 정창손, 김문에게 일시적 구류 처분, 또는 파면 등 비교적 가벼운 징계를 내렸으나 다음 날 모두 복직시켰다. 그 후 《훈민정음》으로 《용비어천가》《월인천강지곡》 등을 펴냈다.

한글이 탄생함으로써 통치의 대상인 일반 백성들도 역사의 주체로 진입할 통로가 열렸다. 그 효과는 역사의 흐름과 함께 서서히, 그러나 확실히 나타났다. 한글을 만든 동기가 그렇듯, 한글을 사용하면 신분

간의 단절을 뚫고, 공동체 의식이 함양되게 되어 있다. 그래서 사대부와 명나라가 한글의 반포를 막으려 했다. 이들 불통의 세력이 백성과 소통하려는 세종에 맞섰으나 결국 지고 말았다. 한글 덕분에 조선은 수시로 상향식 여론 형성이 가능해졌다. 이처럼 백성과 눈높이를 같이한 세종의 충신 허조는 죽으며 이런 말을 남겼다

"나는 여한 없는 인생을 살았다. 이 나라 임금은 세종이지만, 내가 나라의 주인이었다. 대왕은 우리가 간하면 들어주시고 행해주셨다."

유능한 인물은 훌륭한 왕을 필요로 한
다. 기나긴 조선 역사 가운데 세종과 정조 때 유달리 인재도 많았고,
그에 따라 문화와 백성의 삶이 함께 윤택해졌다. 왜 하필 이 시대에 이
렇게 많은 인재들이 나타났을까? 갤럽 조사에 의하면 '탁월한 인재들
은 훌륭한 리더를 필요'로 한다.

　달리 말해 왕이 형편없을 때면 제아무리 탁월한 인물도 빛을 발하기
어렵다. 특히 왕 바로 옆에 인재가 있을 때, 왕이 그를 어떻게 대하느
냐가 인물의 능력 발휘에 큰 영향을 미친다.

　조선 어느 시대인들 왜 인재가 없었겠는가, 조선 27명 왕들 주변에
뛰어난 재능을 가진 신하들은 많았다. 그러나 세종과 정조처럼 유능한
신하의 기를 살려주고, 재능을 꽃피우도록 여건 조성을 해주어야 비로
소 두각을 나타낸다.

어떻게 두 왕은 주변의 인물을 '인물'이 되게 만들 수 있었을까?

먼저 본인들이 영민했다. 왕이 굳이 최고의 지식과 재주를 가질 필요는 없으나, 인물을 잘 식별하여 주변에 두고 방향을 올바르게 잡아주어야 한다. 세종과 정조가 영민했다는 말은 어떤 인재도 포용할 만큼 그릇이 컸고, 그 인재들이 역량을 국가 부흥에 집중할 수 있도록 분별력 있는 방향 설정을 해주었다는 의미다.

세종과 정조는 충분히 준비된 왕이었다. 누구의 강요를 받아서가 아니라 본인들이 통치자로서의 자질을 어려서부터 갈고닦았다. 두 왕을 보면 2006년 노벨경제학상 수상자인 애드먼드 펠프스가 떠오른다. 펠프스는 학창 시절 도서관의 책을 제목 A부터 Z까지 차례차례로 반복해 읽었다고 한다.

세종과 정조도 왕자 시절을 그렇게 보냈다. 통찰력 있는 리더, 영민한 리더가 되어 자기가 하고 싶은 일을 이루려면, 우선 그 분야에 통달할 때까지 반복학습과 경험을 거듭해야 한다. 보통 1만 시간 정도 꾸준히 거듭하면 뇌가 그 분야에 최적화 상태가 된다. 이때 '누적적 효과'가 나타나 비로소 그 분야의 천재 반열에 서게 된다.

세종, 즉 이도李祹는 건국 후 태어난 첫 세대이다. 그는 태조 6년 (1397), 조선 건국 5년째 되던 해에 태종의 셋째아들로 태어났다. 첫째 양녕대군은 워낙 술과 여자, 잡기를 좋아했고 매 사냥을 즐겼다. 그러는 바람에 세자의 자리에서 밀려났다. 둘째 효령대군도 자질이 미약했다. 늘 모자란 듯 빙긋이 웃기만 하고 일처리를 제대로 하지 못했다. 이래서 셋째인 충녕대군이 태종 18년(1418) 후계자가 된다.

충녕은 어려서부터 두 형과 달리 배우기를 좋아했다. 효성과 우애도

돈독했으며 서예와 예기에도 정통했다. 풍채도 의젓했으며 외국 사신을 접할 때 존중하면서도 그 언사에 권위가 있었다. 음주를 무익하게 알면서도 사신을 만나면 한두 잔은 즐겁게 마실 줄도 알았다.

태종은 이런 충녕의 모습을 가상히 여겼다.

"충녕은 비록 술을 잘 마시지 못하나 적당히 마시고 그친다(忠寧雖不能飮 適中而止 충녕유불능음 적중이지)."

자신은 비록 술을 즐기지 않지만 필요한 자리에서 적당히 마시고 그칠 줄 알았다. 그러나 양녕은 술잔만 잡으면 인사불성이 되었고, 효령은 한 모금도 마시지 못해 술자리를 어색하게 만들었다. 태종은 '적중이지', 즉 매사에 알맞게 처신하고 지나치지 않는 충녕이 마음에 들었다.

태종은 충녕이 '책벌레'라는 소리까지 들어가며 추위와 더위를 아랑곳하지 않고 밤 새워 독서에 몰두하자, 건강이 상한다며 밤에 책을 보지 못하도록 명령까지 내렸다.

그러면 충녕이 본 책은 어느 정도일까? 왕실 내의 경서, 역사책, 외교 문서까지 섭렵하고 심지어 태종이 가지고 있던 책도 가져다가 습득했다. 그렇게 습득한 지식을 정책 제안에 활용했다. 충녕이 헌의獻議하는 사안마다 태종이 미처 생각지 못했으나 합당한 것들이었다. 태종은 충녕이 비록 자기 아들이지만 경외심마저 들었다. 유학을 나라의 근본으로 삼은 터라, '함흥 무장 집안' 출신인 태종은 학문에 대해 약간의 자격지심이 있었다. 이를 말끔히 없애준 자식이 충녕이었다. 태종이 노회한 신하들과 시구 잇기 시합을 할 때도 충녕 덕분에 난해한 경전 구절을 자유자재로 인용해 이길 수 있었다.

그럼 왜 이렇게 충녕은 학습에 몰두했을까? 그는 유년 시절에 일어난 두 왕자의 난에 대해 듣고 겪었다. 이처럼 냉혹한 권력 다툼의 현장인 궁중에서 자기 연마의 중요성을 깨달았다. 사실 궁궐은 어린 왕자들에게 어울리지 않는 공간이다.

자연스럽게 커야 할 시기에 권력 구도의 전개 방향에 따라 달리 바라보는 주위의 시선을 경험해야 한다. 이래서 양녕은 '일반 백성처럼 살고 싶다(欲處百姓之家용처백성지가)'고 했다. 이런 욕구를 누르지 못하고 여염집 아내를 겁탈하는 등 일탈 행동을 하다가 폐위당했다. 둘째 효령은 궁중 현실에 눈을 감고 불교에만 심취했다. 이들과 달리 충녕은 역사서를 탐독하며 살벌한 세태를 분별하는 지혜를 배웠고, 경전을 읽으며 예법을 익혔다. 그리고 아버지 태조가 중대한 결단의 기로 앞에서 망설일 때 명쾌한 소견을 내놓았다.

이렇게 하여 왕이 된 세종은 비록 태종의 뜻에 따른 것이기는 하지만, 두 형을 제쳤다는 정통성의 시비에서 마음이 편치 않았다. 게다가 즉위 후에도 맹수 같은 상왕 태종과 주변의 노신들을 늘 배려했고, 흉년까지 겹쳐 민심도 흉흉했다. 태종은 세종 즉위 후에도 4년간 더 살면서 군 인사권과 통솔권을 장악했다. 그래서 왕이 된 후에도 세종은 습관적으로 독서 삼매경에 빠져들며, 현실 문제의 답을 찾았다. 그리고 그 문제를 풀어줄 신하가 누구인지를 정확하게 짚어냈다.

인재는 발견하고 기르는 것

　　사마천은 사기에서 '재승덕才勝德하지
말고 덕승재德勝才하라'고 했다. 능력은 있으나 덕이 부족한 왕은 독
선적이라 단기성과는 낼 수 있으나, 끝이 안 좋다는 뜻이다. 초패왕 항
우가 그랬다. 자신을 너무 과신해 타인을 믿지 못했다. 그의 신하 중에
범증范增이라는 천하제일의 책사가 있었는데 자꾸 의심하자 떠나고
말았다. 리더는 재주보다는 덕이 더 많아야 한다. 항우와 4년간 전쟁
을 벌인 끝에 천하를 통일한 한고조 유방의 말을 들어보자.

　　"나의 계책은 장량에 미치지 못하고, 행정은 소하에 미치지 못하고,
전투는 한신에 미치지 못한다. 하지만 나는 이 세 영웅의 능력을 잘 활
용해 천하를 제패했다. 그러나 역발산기개세力拔山氣蓋世의 능력을 지
닌 항우는 범증 같은 지략가를 활용하지 못해 사면초가四面楚歌를 자
초했다."

항우는 개인적 능력으로 한때 세상을 풍미했으나 덕이 모자라 인재들이 곁에 있지 못했다. 결국 항우의 최후는 자살이었다. 이것이 능력 있는 독불장군의 비극이다. 조직의 성패는 유능한 인물 확보와 그 인물을 적재적소에 배치하는 것이다. 그래서 성군의 제일 덕목이 인사의 적합성과 공정성이다.

만일 왕이 항우처럼 용렬하면 주변에 간신만 남게 된다. 유방처럼 포용력이 있을 때 능력 있는 인물들이 편하게 모인다. 옛말에도 '하늘이 인물을 만들 때 먼저 그릇부터 만든다'고 했다. 왕은 인물됨이 우선이고 재주가 그 다음이다. 이 순서가 바뀌면 안 된다.

세종은 영민한 왕이었고 그 그릇은 더 컸다. 끊임없이 인물을 발굴하고 아낌없이 대우해주었다. 세종은 집현전을 통해 인물을 기르며 활용했다.

세종의 인재 산실인 집현전은 어떤 곳인가. 고려 때부터 집현전이 수문전修文殿, 보문각寶文閣과 더불어 존재해왔으나 유명무실했다. 세종은 이름뿐인 세 기관을 집현전으로 집중하여 새롭게 개설했다. 이처럼 세종은 선택과 집중을 통해 유사한 기관을 통폐합했다.

조선 건국과 통치의 기본인 유교적 제도와 의례의 확립, 문풍의 진작을 위한 기관은 집현전으로 합쳤고, 천문학 등은 서운관으로 통일했다. 또한 관상감은 과학을 전담케 하니, 세계적 발명품인 측우기, 물시계, 해시계 등이 나왔다.

세종은 각 분야별로 선택과 집중을 한 뒤에, 직접 그 기관을 둘러보며 활기를 주었다. 편전인 천추전 옆에 흠경각欽敬閣을 짓고 수시로 드나들며 천체를 관찰하고 농사지을 시기를 파악해 백성들에게 알려주

《용비어천가》

었다.

집현전에는 젊고 학식 있는 관원을 학사로 임명했다. 학사들이 연구에 전념하도록 필요한 도서를 인쇄해 보관토록 했고, 휴가와 함께 경비를 주어 산사山寺에 머물며 학문을 전반적으로 통섭할 여유를 주었다. 또한 학사들의 연구가 현실과 연결되지 않을 경우 추상적 담론에 빠진다고 보고, 시관試官, 사관史官, 서연관書筵官, 경연관經筵官 등의 직책을 겸직토록 했다. 학사들의 관직을 변경해야 할 경우에도 왕이 일방적으로 하지 않고 본인 의사를 존중하여 연구 분야와 관련 있는 분야로 보냈다. 이런 영향으로 집현전 출신의 많은 학사들이 이상理想을 실현한다며 정치로 진출했다.

집현전에서 법률, 무학, 역사, 지리, 어학, 유학, 의학, 천문, 역학 등 다양한 서적을 출간했다. 그중 가장 뛰어난 업적은 한글 제정이었다. 집현전에서 한글을 만들 때 명나라와 조정 대신들은 사사건건 방해했다. 이런 내외풍을 만날 때마다 세종은 '과거를 떨치고 밝은 미래로 가는 싸움'이라며 막아주었다. 왕의 발은 땅을 딛고 있으나, 왕의 눈은 조선의 미래를 향했다.

"조선의 말은 있으되, 글은 중국 것이니 어찌 자주국이라 할 수 있겠는가."

이렇게 하여 조선말을 하는 조선 백성이라면 누구나 쉽게 깨칠 수 있는 조선 글이 만들어졌다. 이로써 조선 백성도 비로소 인간다운 권리를 주장할 소통의 도구를 갖게 되었다.

정인지 등 집현전 학사들은 든든한 방풍림이 되어준 세종에 감읍하여 《용비어천가》를 지어 바쳤다. 그 가사 대로 한글을 갖게 된 조선왕조는 '어떤 바람에도 쉬 흔들리지 않고 꽃피고 열매 맺는 뿌리 깊은 나무'처럼 500여 년이라는 장구한 세월을 유지했다.

세종 초기의 집현전은 학문 연구와 법제 정비 중심이었다가 차츰 국가정책을 창안해 왕에게 제공하고 간쟁, 탄핵 등 언론 활동도 수행하게 되었다.

단점은 버리고 장점을 취했다

인재는 인재가 알아본다. 뛰어난 왕은 인재가 누구인지 식별한다. 보통 사람의 10퍼센트가량을 인재로 본다면, 그 10퍼센트를 알아보는 사람은 1퍼센트 정도다. 그만큼 인재를 인재로 알아보는 리더가 많지 않다. 인재를 인재로 알아보고 활용할 줄 아는 사람이 탁월한 리더다.

세종은 어느 날 총애하는 후궁이 인사 청탁을 하자 그날로 그녀를 멀리하고 두 번 다시 만나지 않았다. 이런 세종이기에 황희, 맹사성, 김종서 등과 같은 명신이 나올 수 있었다.

세종 29년(1447) 과거시험 문제를 왕이 친히 출제했다.

인재천하국가지극보야人才天下國家之極寶也인데, 왕이 인재를 쓰지 못하는 세 가지 경우가 있다. 첫째가 인재를 알아보지 못함

이요(不知부지), 두 번째가 인재의 필요성을 절실하게 느끼지 못해서요(부절不切), 세 번째가 왕과 인재의 뜻이 맞지 않아서이다(부합不合). 이처럼 인재 활용의 핵심은 왕의 태도에 달려 있다(인재지본재정이사人材之本 在政而已). 이러한데 인재를 구해 쓰는 방법은 무엇이 있겠는가?

이 시험에서 강희맹이 장원급제를 했다. 그의 답안은 이렇다.

> 흥성하는 시대는 반드시 인물이 있기 때문이고 쇠퇴하는 시대는 그만한 인재가 없기 때문입니다. 임금이 올바른 도리로 구하면 언제나 인재는 있습니다. 세상에 완벽한 사람은 없으니 합당한 자리에 기용해 기르고(爲才위재), 전능한 사람도 없으니 일을 맡겨 능력을 기르도록 해야 합니다(爲能위능). 인재를 구하는 원칙은 단점은 버리고 장점을 취하는 것입니다(棄短錄長기단녹장). 이렇게 하면 탐욕스러운 사람이든 청렴한 사람이든 부릴 수가 있습니다.

그러면서 다음과 같은 요지의 인재론을 펼쳤다.

산에 나무도 어떻게 깎아 쓰느냐에 따라 그 가치가 달라진다. 신하도 왕이 어떻게 다루느냐에 따라 인재가 되기도 하고 둔재가 되기도 한다. 왕은 인재가 없음을 탓하지 말고, 평범한 사람도 인재로 만들어가야 한다. 심지가 굳고 절도에 얽매이지 않으며 누구보다 성실하면서도 명예욕이 없는 사람이 국가의 명운을 맡을 만한 인물이며, 반면 돈과 정욕에 빠지고도 수치를 모르는 사람, 정의감도 없으면서 무자비한 사람은 아무리 능력이 있어도 반드시 멀리해야 할 사람이다. 이들은 독충과 같이 없애야 할 존재들이며, 외의 나머지는 모두 교회敎誨의 대상이다. 즉 교육과 적재적소의 직임을 맡겨 단련시키면 나름대로 인재가 될 수 있다.

세종도 강희맹과 같은 의견이었으나 '인재가 없지는 않으나 인재의 종류가 너무 많아' 분간하기란 쉽지 않았다. 진시황제는 좋은 인물이라며 들어오는 서류를 저울과 추로 헤아려야(衡石程書형석정서) 할 정도였다. 진시황이 서류로 사람을 평가하다 보니 실용적 인사정책을 펴지 못해 멸망을 재촉했다. 이런 전례를 잘 아는 세종은 신하들에게 당부했다.

"어찌 나 한 사람이 여러 사람의 어질고 어질지 못함과 장단점을 창졸간에 알 수 있겠는가. 경들이 정청에 물러가 침착한 마음으로 자세히, 되풀이 살펴 상고한 후, 나도 다시 살펴 선택하겠다."

세종이 사람을 쓰는 기준은 '어짊'과 '능력'이었다. 즉 인성과 역량을 겸비한 사람이라면 누구든 등용했다. 황희는 태종의 뜻을 거슬러 양녕 폐세자와 충녕 책봉을 반대하고 남원으로 4년간 귀양 갔다. 태종이 죽기 전 세종을 불러 황희의 어짊과 능력을 말하며 중용할 것을 당부했으나 세종은 묵묵부답이었다. 그 후 5년이 지난 후 강원도에 대흉년이 들었다. 도민 3분의 1이 유리遊離해 사라졌고, 토지 절반 이상이 황폐화되었다. 당시 강원도의 책임자는 세종의 총애를 받던 이명덕이었으나 속수무책이었다. 이에 세종이 황희를 강원도 관찰사로 보냈다. 황희가 내려가 우선 기민饑民들을 구제하려고 관청 창고를 보니 거의 텅 비어 있었고 장부에만 곡식이 허위로 기록되어 있었다. 그래서 거짓 장부를 작성해 농간을 부린 아전衙前들과 이들을 묵인한 고을 수령들을 숙청하고, 차츰 기근을 극복해냈다. 이후에도 황희는 세종 9년(1427) 사위인 서달의 살인 사건과, 세종 12년(1430) 태석균의 치죄治罪 사건에 연루되어 일시 파면당했으나 세종은 24년간 정승으로 기용했다.

세종은 전혀 어울리지 않는 인재들도 조화롭게 일하도록 이끌었다. 황희와 맹사성은 둘 다 청백리였으나 성품은 전혀 달랐다. 황희는 명확하고 강직했고 맹사성은 예술가 스타일로 부드럽고 어질며 섬세했다. 이처럼 상반된 사람을 부릴 줄 아는 리더가 그리 흔치않다. 세종은 성향이 다른 두 신하가 별다른 충돌을 일으키지 않도록 각자에게 맞는 일을 맡기며 잘 이끌었다. 이처럼 이질적 신하들이 협력하게 하는 능력을 세종이 지녔기에 태평성대를 보낼 수 있었다.

정확한 권한 위임은 리더의 자세

조직이 클수록 리더의 성공 여부는 적합한 위임과 이에 따른 분명한 관리를 할 줄 아느냐에 달려 있다. 적절한 위임과 후속 관리를 잘한 왕은 성군이 되었고 그렇지 못한 왕은 폭군이 되거나, 세도정치에 휘둘리는 무능한 임금이 되었다. 세종은 업무와 신하의 궁합을 잘 맞추어준 다음, 이행 여부를 반드시 살폈다.

세종은 사람 쓰는 기준이 분명했는데, 첫째가 그 직무를 잘할 수 있느냐였다. 그렇다면 왕에게 불충한 신하일지라도 등용했다. 만기친람萬機親覽하려는 왕일수록 업무에 맞는 신하가 아니라 자기 마음에 맞는 신하를 고른다. 그래야 편하게 간섭할 수 있기 때문이다.

두 번째, 세종은 업무를 맡겼으면 의심하지 않았다. 첫 번째가 인재 활용의 실사구시實事求是라면 두 번째는 무실역행務實力行이다. 이 두 가지는 연속적이어야 한다. 세종은 사실을 토대로 인재를 등용하고,

실속 있게 일을 하도록 했으며. 과학도 이론을 실제와 접목했다. 천문학을 연구하는 서운관에서 별들을 관찰하고 기록했다면, 그것을 기초로 장영실 같은 기능인이 백성의 실생활에 도움이 되는 측우기, 물시계인 자격루와 옥루, 해시계인 양부일구 등을 만들도록 했다. 이처럼 왕이 과학기술을 장려하니 신하들이 자부심을 갖고 성과를 속속 내놓았다.

이와 함께 집현전을 통한 학문창달에도 힘을 썼다. 세종은 인문적 성찰과 과학기술의 발달이 함께 이루어져야 함을 잘 알고 있었다. 인문적 성찰 없이는 정신적 금수禽獸의 나라가 되기 쉽고, 과학기술의 발달 없이는 궁핍함을 벗어날 길이 없다. 그래서 세종은 인문적 명분과 기능적 실리를 함께 추구했다.

온전한 왕조는 학문을 장려하면서 동시에 국가의 영토와 실용적 기술을 개발해야만 한다. 세종은 국토를 개척하고 확장했다. 세종은 즉위 후 곧바로 이종무를 시켜 왜구의 본거지인 대마도를 토벌했다. 정벌전에 나서기 전 먼저 부산포와 내이포의 왜관을 폐쇄했다. 사나운 왜인들은 아예 죽이고 591명은 감금하여, 왜인과 대마도 사이의 연락을 끊었다. 5월에 조선 수군 1만7285명이 거제도의 견내량에 집결했다. 이들은 227척의 배를 타고 물살이 썰물로 바뀌자, 그 흐름을 타고 대마도로 접근했다. 당시 세계 최고의 전함에 화약, 쌀과 미숫가루 등 65여 일분의 전투 식량과 물을 실었다. 해류를 타고 하루 만에 대한해협 건너의 대마도에 도착한 이종무의 정벌군은 상륙전을 감행했다. 양측이 수백 명의 사상자를 내는 치열한 전투를 벌인 지 10일째였다. 대마도 도주가 마침내 조선 수군에게 항복했다. 이후 조선의 국왕이 대마도를 관리했다. 왜구에게 벼슬도 내리고 무역을 허락해주었다.

원래 대마도는 삼국시대부터 내려온 조선 땅이었으나 차츰 왜인들이 들어와 살면서 조선 침략의 발판으로 삼고자 했다. 영조 26년(1750)에 제작한 해동지도에도 "조선의 지형은 북쪽이 높고 남쪽이 낮다. 하여 머리는 백두이며, 척추는 태백산맥이 되고, 양발은 영남의 대마도와 호남의 탐라이다"라고 기록되어 있다.

그러나 애석하게도 일본이 고종 5년(1868), 대마도를 자국 영토로 편입했다. 당시 일본은 명치유신明治維新을 마치고 탈아론脫亞論을 내세우며 중국대륙으로 진출하기 위해 조선을 정복해야 한다는 정한론征韓論이 한창이었다. 조선은 척왜정책斥倭政策을 고집하며 격식만 따지느라 대마도를 되찾을 생각을 못 했다.

어쨌든 세종은 대마도뿐 아니라 북방도 정벌한 후 요새를 튼튼하게 만들었다. 세종 14년(1432) 최윤덕을 평안도 도절제사로 삼고 여진족을 물리친 후 사군四郡을 설치했고 3년 뒤 김종서를 함길도 도절제사에 임명해 조정 신하들이 불가능하다던 6진六鎭개척에 성공했다. 이로써 압록강과 두만강, 그리고 대마도까지 확실히 조선 영토가 되었다. 율곡 이이는 조선이 세종 덕분에 일련의 위기를 극복하고 만년의 기틀을 닦았다고 평가했다.

세 번째, 세종은 권한 위임을 할 때 그 한계를 분명히 해주었다. 세종은 일단 신하를 긍정하고 믿어주는 편이었다. 이처럼 임금이 신하를 믿어주면 불신할 때보다 역량이 3배 정도 더 발휘된다. 따라서 리더가 누구냐에 따라 같은 신하도 현명해지거나 어리석어질 수 있다.

그러나 신하들이 월권을 하는 경우는 단호히 제지했다. 조정 신료로서 사적 이익을 도모하거나 신하들이 담합해 공적 대의를 저버리는 경우, 세종은 말했다.

"경들이 합심해 간하니 매우 가상하다. 그러나 그 말은 따를 수 없다."

이처럼 세종은 권한을 위임해야 될 부분과 지켜야 할 부분을 잘 분별했다.

세종이 훈민정음을 만들 때이다. 한글을 만들고 반포하는 과정까지 극비였다. 정인지, 최항, 신숙주, 성삼문 등 젊은 나이의 소장파가 참여하여 한글을 만든 후 공장 工匠 수십 명이 언문을 각본 刻本해 발표했다.

그러자 집현전의 최고 책임자 격인 최만리를 중심으로 신석조, 김문, 장창손 등 원로학자들이 반대상소를 올렸고 관료들도 집단으로 반대하기 시작했다.

"언문을 만드는 것은 풍속을 바꾸는 큰일입니다. 마땅히 재상으로부터 모든 신하들에 이르기까지 함께 의논하되, 나라 모든 사람이 옳다 해도 다시 세 번 더 생각하고 중국에 부끄러움이 없는 후에 시행해야 합니다. 넓게 의논도 않고 급하게 반포하시니 옳지 않습니다."

임금이 왜 국가 대사를 신하들과 의논도 않고 일방적으로 발표하느냐는 것이다. 여기에 대한 세종은 확고하게 반박했다.

"너희가 운서 韻書를 아느냐? 사성칠음 四聲七音과 자모 字母가 몇인 줄 아느냐? 내가 운서를 바로잡지 않으면 누가 할 것이냐? 내가 언문으로 삼강행실 三綱行實을 번역해 민간에 반포하면 모두 쉽게 깨달아 충신, 열녀가 반드시 무리지어 나올 것이니라."

권한을 위임한다고 하여 매사를 공론화하는 것은 바람직하지 않다.

가능하면 소통을 원칙으로 하되 비공개적으로 추진해야 결과적으로 모두에게 이로울 때도 분명히 있다. 이것은 지도자만이 담당할 '고독한 몫'이다. 공론의 장에는 항시 상대가 있다. 이 상대가 공론을 형성할 자질이 부족하거나 의도적으로 왜곡시킬 자인지 아닌지를 잘 분간해야 한다.

만일 세종이 한글 창제를 앞두고 공청회를 열어 조선 팔도의 의견을 수렴했다면 결코 성공하지 못했다. 사대주의에 물든 사대부가 중국까지 연계해 반대할 경우 조선의 글씨는 결코 탄생할 수 없었다.

세종은 이를 간파했다. 그래서 신진학자들을 중심으로 조용히 훈민정음을 만들었다. 그리고 세종 자신이 언문에 대해 어느 언어학자보다 해박한 지식을 갖추었다. 그래서 신하들이 설총은 옳으나 세종이 틀리다고 할 때, 왜 그 지적이 이율배반인지를 설명해주었다. 백성을 편하게 하려 이두를 만든 설총이 옳으면, 역시 백성을 이롭게 하려고 한글을 만든 임금도 옳은 것이다. 이에 신하들은 한마디도 반박하지 못했다.

세종의 박학다식은 경연장에서도 종종 드러났다. 신하들이 올린 상소문을 보고 틀린 표현을 지적해주기도 했다. 이처럼 신하들을 지식적으로 압도한 세종이지만 경서를 글귀로만 공부하는 것만큼은 경계했다.

"경서를 글귀로만 공부하는 것은 도움이 안 되니, 반드시 마음으로 공부해야만 유익하다."

이런 세종의 지혜는 외교에서도 빛이 났다. 명나라가 조선에 2만 필의 말과 막대한 금은을 요구했을 때이다. 감당할 여력이 없던 조선은 고민에 빠졌다. 세종은 신하를 불러 명의 수도 남경에 가서 금강산 인

삼의 효능이 얼마나 탁월한지를 소문내라고 지시했다. 머지않아 명나라가 말과 금은 대신 조선 인삼을 보내 달라고 했다.

조선 외교사 중 세종시대가 가장 사대적이며 동시에 가장 자주적이라는 역설적 평가를 받는다. 그만큼 세종의 외교는 실리 중심이었다. 책봉과 조공관계에서 사대적인 것 같으나 영토 확장과 문화 창달에서는 자주적으로 실리를 취했다.

세종의 리더십은 일을 맡은 신하에게 '힘을 실어 주되', 전체적으로 균형감각을 유지하며 자기 주견을 가지고 필요한 정책을 힘 있게 추진했다.

군주의 약함도
죄다

왕이 갖추어야 할 자질은 여러 가지다. 총명, 성실, 넓은 아량, 결단력 등과 함께 연민(compassion)도 중요하다. 애민의 군주 세종은 백성에 대한 연민으로 공부했고 인재를 등용했으며 과학을 발전시켰다.

백성이 아플 때 왕이 같이 아파해야 백성의 아픔을 해결할 방안을 찾으려 노력한다. 그래서 왕은 몸과 마음이 강건해야 된다. 만일 그 반대라면 어떻게 될까? 왕이 백성을 걱정해주고 그 걱정을 덜어주려 노력하는 것이 아니라 백성이 왕을 걱정하고 동정하고 연민하게 된다면 그 나라는 혼돈에 빠질 수밖에 없다. 백성의 연민을 받고 존재하는 왕은 지도자에게 절대 필요한 '시대를 읽는 능력'이 결여될 수밖에 없다.

문종과 단종은 어질고 성실했으며 명석했다. 그러나 심신이 강인하

지 못했다. 그들의 통치기간 내내 왕을 염려하는 백성의 눈에 눈물이
마를 날이 없었다. 착하디착한 두 왕이 시대를 읽기는커녕 자기 한 몸
추스르기도 벅찼다. 이와 같이 리더가 '자기 연민'을 유발할 때 그 조
직은 '퇴보적응(regressive coping)'하게 된다. 아무리 강한 왕이라도 주
변에서 어느 정도의 감정적 응원을 해줄 필요가 있겠지만 기본은 왕이
신하와 백성을 위무해야 한다. 왕이 백성을 대하는 마음가짐은 한결같
아야 한다.

'그대들이 나보다 더 훌륭한 왕을 만날 수도 있겠으나 나보다 그대
들을 더 사랑하는 왕은 만나기 어려울 것이다.' 리더라는 자리는 사랑
받기보다 사랑을 주는 자리이며, 자기 고뇌를 수시로 표출하기보다 타
인의 고뇌를 위로해주고 해결해주는 자리다.

동서고금의 어느 역사에도 만년 태평성대는 없다. 하지만 문종文宗
(1450~1452)과 단종端宗(1452~1455)이 왕으로서 중심만 잡아주었어도 수양의 찬
탈도 없었을 것이고 조선의 태평성대는 조금 더 지속될 수 있었을 것이다.

리더는 강해야 한다. 체력적 강함과 신념적 강함을 겸비해야 진정한
리더가 될 수 있다고 문종과 단종은 생을 통해 역설한다.

제5대 문종, 제6대 단종 가계도

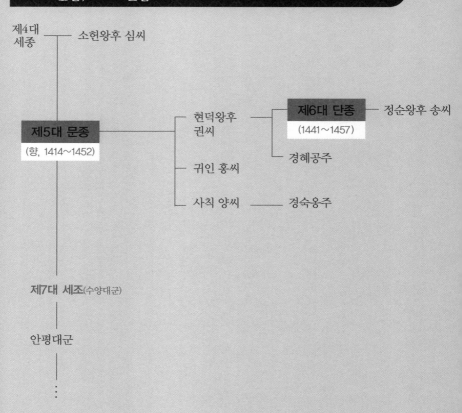

제4대
세종 ─── 소헌왕후 심씨

제5대 문종 ─── 현덕왕후 ─── **제6대 단종** ─── 정순왕후 송씨
(향, 1414~1452)　　　권씨　　　(1441~1457)
　　　　　　　　　　　　　　　　　└─ 경혜공주
　　　　　　　├─ 귀인 홍씨
　　　　　　　└─ 사칙 양씨 ─── 경숙옹주

제7대 세조(수양대군)

안평대군

⋮

병약은 자기 책임

문종은 비록 세종이 충녕대군이던 시절에 태어나 원자는 아니었지만, 세종의 장자로서 정통성에 하자가 없었다. 그러나 한 나라를 책임져야 하는 왕으로서 문종은 너무나 병약했다.

문종은 어려서부터 몸이 약했다. 그러나 군사 훈련을 직접 감독하고 활을 쏘면 백발백중이었을 만큼 군사 지식을 갖추었다. 더불어 색色을 멀리하고 성리학, 천문, 역상 등을 파고들어 모르는 것이 없을 만큼 해박했다.

문종에게 두 가지 아쉬운 점은 건강과 가정이었다. 문종의 세자 시절 맞이한 첫 번째 아내 휘빈 김씨는 시기가 많았다. 문종이 다른 궁녀와 만나는 것을 참지 못했다. 총애를 받는 궁녀의 신발 코를 잘라 가루로 만들어 먹이면 사이가 멀어진다고 하여 그렇게 해봤으나 소용이 없었다. 다시 뱀 가루를 먹이면 세자빈 처소에 자주 온다는 말을 듣고 문종에게 먹였으나 효험이 없었다. 이런 소문이 궁중에 떠돌자 조정대신들의 탄핵을 받아 본가로 쫓겨났다. 두 번째 세자빈으로 들어온 순빈 봉씨는 시녀들과 동성연애를 하다가 발각되어 쫓겨났다. 세 번째가 현덕왕후 권씨로 단종을 낳고 사흘 만에 죽었다. 문종은 불행의 연속인 가정생활을 하면서도 지극한 효자라 세종이 당뇨합병증으로 자주 병상에 눕자 섭정을 하느라 몸이 크게 쇠약해졌다.

세종의 첫째 아들이 문종이고 둘째가 수양대군, 셋째가 안평대군인데 문종은 성품이 세종을 닮아 착하고 어질기만 했다. 이와 달리 수양대군은 무인적 기질이 넘쳐, 일부러 소맷자락을 크게 하여 펄럭이며 다녔다. 또한 말을 탄 채 굵은 팔뚝을 과시했고 말에서 내릴 때도 날렵하게 뛰어내렸다.

당시 에너지와 카리스마가 넘치는 수양대군을 보며 세종은 늘 마음이 편치 못했다. 문종은 동생들을 대수롭지 않게 여겼으나 세종은 수양대군의 야심과 수단 방법을 가리지 않는 냉혹함을 알고 있었다.

세자 시절 문종이 단종을 낳았을 때 세종은 이 아이를 품에 안고 집현전 뜰을 거닐다가 마침 성삼문, 신숙주를 만나, 세손을 부탁했다.

세종은 승하하는 날에도 세손의 손을 어루만지며 세자 문종에게 세손을 보필할 신하로 김종서, 성삼문을 거명하였다. 왕이 된 문종은 약한 몸을 견디지 못하고 결국 2년 3개월 만인 39세에 요절했다. 그날 모든 신하들이 목이 쉬도록 통곡했고, 거리의 행인들도 울부짖었다.

과연 누구를 믿어야 하는가

　　　　　　　　문종의 뒤를 이어 12세에 왕이 된 단종을 궁궐 내에서 지켜줄 사람이 아무도 없었다. 어머니 현덕왕후는 단종을 낳은 지 사흘 만에 죽었고, 조모는 여섯 살 때 죽었다. 단종을 키워준 세종의 후궁 혜빈 양씨는 내명부의 궁인 출신으로 궁궐에 뒤늦게 들어와 아무 힘도 없었다. 문종이 이를 알고 고명대신들에게 단종을 부탁하는 유언을 남겼다.

　고립무원의 단종 주변에 단종을 보필한다는 명분으로 왕족들과 고명대신이 두 그룹으로 나뉘어 대치했다. 단종 즉위를 앞두고 고명대신들이 모여 수양을 비롯한 대군들의 야욕을 막기 위해 즉위교서에 분경奔競금지조항을 넣기로 했다.

　단종이 즉위하는 날 교서를 받아본 수양은 깜짝 놀랐다. 모든 대군의 집과 의정부 당상에 분경금지령이 내려졌다. 인사 청탁을 하는 엽관$\scriptsize{關}$ 운동이 분경인데, 이를 막는다며 대군의 집을 감시하기 시작한 것이다. 수양대군이 제일 먼저 반발하고 나섰다.

이미 종친들의 정치 관여는 조선의 법전인 속육전續六典에 금하고 있었고, 태종은 분경 행위를 가장 엄하게 다스렸었다. 수양대군은 안평대군을 데리고 영의정 황보인을 찾아가 항의했다. 대군들의 분경금지를 굳이 즉위교서에 넣은 이유는 대군들을 의심하는 것이며, 이런 의심을 받고 어찌 얼굴을 들고 세상에 다닐 수 있겠느냐는 것이다. 황보인은 워낙 수양대군이 강력하게 항의하자 겁을 먹고 대군들에 대해서는 분경금지를 해제하도록 했다. 이후 수양대군은 많은 인재들을 모아 탄탄한 측근을 구성했다. 분경금지 해제로 인해 단종 치세 초기는 엄청난 피로 물들게 된다.

그만큼 고명대신들은 수양보다 정치적 감각이 뒤떨어졌다. 아무리 큰 둑도 작은 구멍을 방치하면 결국 무너진다. 수양대군처럼 기가 세고 세몰이에 능한 사람은 작은 기회만 있어도 크게 확대시켜서 자기 영역을 확대해간다. 당시 고명대신들은 분경금지 해제 정도야 무슨 후유증이 있겠느냐며 가볍게 여기는 분위기였다. 당시 영의정 황보인과 우의정 김종서가 '황표정사黃標政事'를 하고 있어 더 안심했다. 즉 어린 단종은 두 대신이 노란 딱지를 붙여주는 문서만 결재하고 있었다.

황표정사를 하며 왕권을 능가하는 신권을 가졌다고 고명대신들이 과신하는 동안 분경금지가 해제된 종친들이 세력을 키워갔다. 그중 수양대군과 안평대군이 큰 세력을 형성했고 이 양대 세력이 끝내 다툼을 벌이며 계유정난 癸酉靖難이 일어났다.

이때 안평대군 주변에 모인 고명대신들이 거의 참살당했고, 영의정에 오른 수양대군이 전권을 쥐었다. 그 뒤로 단종 주위의 금성대군과 여러 종친, 궁인들, 신하들은 모두 죄인으로 몰려 유배를 가야만 했다.

수양이 단종의 주변을 하나씩 쳐내자 심적 압박을 견디다 못하고 단종은 15세에 왕위를 내놓고 상왕으로 물러났다.

단종은 나이가 어린 탓도 있겠지만 한없이 무기력한 모습만 보여주었고, 백성의 동정심만 불러 일으킨 것이다.

오직 목적이
이끄는 삶

조선 제 7대왕 세조世祖(1455~1468)처럼 결과 중심의
지도자는 기회가 오면 도덕성을 따지지 않고 승리를 쟁취한다. 조선왕
27명 중 훌륭한 성품을 갖추고서 성공한 임금은 세종과 정조뿐이다. 그
마저도 정조는 미완의 개혁 군주로 남았다. 이처럼 성공과 성품은 다르
다. 그러나 역사의 승자들은 자신을 미화할 힘이 있다. 그 이면을 들춰보
면 피비린내 나는 이전투구가 깔려 있다.

태종의 아들 세종은 조선 최고의 성군이나 손자인 세조는 조선 최고
의 패륜 군주가 되었다. 사실상 세종의 아버지 태종과 세조는 여러 면
에서 닮았다. 태종과 세조는 둘 다 장자가 아니기 때문에 왕이 될 수
없었다. 그런데도 개인의 뛰어난 지력과 집념으로 왕이 되었다.

소련의 스탈린은 장개석이나 모택동 중 어느 한쪽으로 힘이 실리는

것을 원치 않아, 1948년 양쯔강을 경계로 두 개의 중국을 만들 계획을 세웠다. 이듬해 모택동이 인민해방군을 이끌고 한밤중에 양쯔강을 건너 국민당을 중국대륙에서 밀어냈다. 허를 찔린 스탈린에게 모태동이 말했다.

"주석은 우리가 양쯔강을 넘지 않길 바랐겠지만, 우리는 넘었소. 승리한 자를 아무도 비난할 수 없소."

세조는 가히 권력욕의 화신이었다. 그러나 권력 장악이라는 것이 개인의 욕심만 가지고 되지는 않는다. 비록 세조가 쿠데타를 통해 비정상적 집권을 했지만, 창조적 상상력과 위기관리 능력, 인재를 알아보고 등용하는 포용력이 있었다. 단종 즉위 이후, 국내 정세가 불리한데도 모두의 예상을 깨고 명으로 가는 사은사를 자청했고, 미천한 한명회를 한눈에 알아보고 핵심 참모로 중용하며 이렇게 말했다.

"내 비록 운우지정을 나누는 중이라 하더라도 그대가 오면 버선발로 나가 맞으리."

이런 세조 아래서 명참모 한명회는 목숨을 건 진언을 했고 그 진심을 세조는 받아주며 권력을 획득할 수 있었다. 세조가 비록 쿠데타를 통해 많은 피를 흘리며 비정상적으로 왕이 되고 공신을 중용해 여러 폐단도 낳았으나 나름대로 여러 업적은 남겼다.

세조처럼 권력쟁취라는 목적에 이끌리는 리더들에게 과정과 절차란 목적을 이룰 수 있을때만 가치가 있다.

제7대 세조 가계도

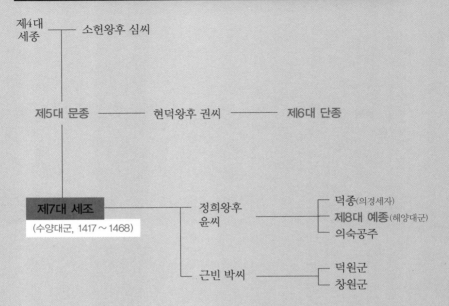

제4대
세종 ——— 소헌왕후 심씨

제5대 문종 ——— 현덕왕후 권씨 ——— 제6대 단종

제7대 세조
(수양대군, 1417 ~ 1468) ——— 정희왕후
윤씨
  ┌ 덕종(의경세자)
  ├ 제8대 예종(해양대군)
  └ 의숙공주

근빈 박씨
  ┌ 덕원군
  └ 창원군

숨어 있는 인재를 발견하다

　　　　　　왕이 되는 과정에서 태종이 형제와 아
버지의 최측근들을 죽였다면, 세조는 동생과 조카를 죽였다. 태종에게
하륜이 있었다면 세조에게 한명회韓明澮가 있었다. 본래 왕 자리가 자
신의 것이 아닌데 차지하려면 엄청난 지략을 가진 책사가 필요하다.
그 책사는 주군의 왕 자리를 마련해주기 위해서라면 법과 제도와 윤리
에 얽매이지 않는 파격적 구상을 내놓을 수 있어야 한다. 그래야 비정
상적인 왕권 찬탈이 가능하다.

　세조도 어려서부터 무예에 능했고 다재다능해 어느 왕자보다 능력
이 출중했으나 장자가 아니기에 정상적으로 선위받기는 어려웠다.

　세종은 능력이 뛰어난 아들 수양대군과 국정 전반에 대해 자주 의논
하면서도 내심 몸이 약한 세자 때문에 늘 걱정이었다. 왕이 약하면 누
군가 그 자리를 노리게 되어 있다. 세종은 이를 염려해 평소 김종서 등

을 불러 병약한 문종과 단종을 부탁했었다. 그리고 임종 무렵 여덟 살짜리 세손을 안고 집현전 학사들을 불러 '경들이 이 아이를 보호하라'고 당부했다.

몸이 매우 약한 세자 아래 여덟 동생이 있었는데, 당시 왕위를 찬탈할 만한 인물은 수양대군과 조선의 3대 명필인 안평대군 두 사람이었다. 두 대군은 세종의 건강이 악화될 무렵부터, 문종도 오래가지 못하리라 보고 각자 세력을 기르고 있었다. 이로 인해 궁정 주변이 늘 흉흉했다.

아니나 다를까. 32년간 조선을 통치하던 세종이 1450년에 승하했고 뒤이어 즉위한 문종도 2년 3개월 만인 1452년에 세상을 떠났다. 문종도 집현전 학사들과 영의정 김종서, 좌의정 황보인들에게 '어린 임금을 부탁한다'는 유언을 남겼다. 당시 고관들은 양대에 걸쳐 단종을 지키라는 고명을 받았다. 그런 가운데 왕이 된 어린 단종을 제대로 지켜줄 궁중 내의 어른이 한 사람도 없었다. 수렴청정해줄 만한 대왕대비나 왕대비 또한 모두 사망한 상태였고, 결국 왕권은 극도로 약화되고 신권이 정국을 주도하게 되었다. 신하들도 문종의 고명을 받드는 고명대신파와 왕족을 대표하는 수양대군파로 나뉘었다.

힘없는 단종은 자신을 보필할 왕족의 대표로 직계혈족의 최고 어른인 수양대군, 금성대군을 지목했다. 금성은 실제 수양의 동생이지만 일찍이 태조의 여덟 번째 아들 방석의 양자로 입적되어, 가법상 수양의 당숙뻘이었다. 금성대군은 주변 세력도 없었고 정권욕도 없는 담백한 사람이었다. 하지만 수양대군은 달랐다.

고명대신들은 수양의 개입을 차단하고 단종을 지켜야 한다며 의정부의 권한을 강화했다. 세종 때 정착한 왕권이 단종에 이르러 크게 약화되고 의정부의 대신들에게 권력이 집중되기 시작했다. 주요 관리를 임명하고 정책을 결정할 때 의정부에서 김종서, 황보인 등이 해당 사안에 노랑 표시를 한 것만 단종은 허락하였다.

정국이 이렇게 흐르자 수양이 위축될 수밖에 없었다. 게다가 고명대신들이 안평대군과 손잡고 본격적으로 수양을 압박하자 수양도 더 이상 좌시할 수 없었다. 사실 수양대군은 단종이 즉위하기 이전부터 여러 기회를 이용해 자신의 세력을 은밀히 규합하고 있었다.

세종은 국방을 튼튼히 할 목적으로 둘째 아들 수양대군에게《역대병요歷代兵要》를 엮도록 했다. 이 과정에서 집현전 교리 권람權擥과 가까워졌다. 이 권람이 한명회가 당대의 기재奇才라며 장자방으로 삼으라고 권면했다. 한명회와 권람은 망형우亡形友(지위, 재산 등을 묻지 않는 관계)였다. 몰락한 가문에서 칠삭둥이로 태어난 한명회는 과거에 거듭 낙방하고 겨우 음서蔭敍로 경덕궁 문지기 노릇을 하고 있었다. 수양은 이런 한명회를 만나더니 등을 두드리며 격려했다.

"자고로 영웅은 처세하기가 쉽지 않다. 지위의 높낮음이 무슨 소용이 있겠느냐. 그대가 이 세상에 뜻이 있다 하니 계책을 말해보라."

"안평대군이 고명대신들과 결탁한 것은 누구나 다 알고 있습니다. 그러니 역모의 증거를 찾아낸 뒤 공기무비攻基無備로 단번에 전멸시켜야 합니다."

한명회의 말에 수양은 속으로 쾌재를 불렀다. 이처럼 수양은 신분 고하를 막론하고 숱한 사람을 모았다. 단종 즉위년(1452) 자기 집 앞을 지나는 신숙주를 보더니 웃으며 '어찌 과문불입過門不入하는가'라며 들어오게 하여, 자신의 야심을 은밀히 내비쳤다. "장부가 집안 아녀자의 수중에서 편히 죽는다면 세상물정을 모르는 자입니다." 이후 신숙주는 수양의 일에 적극 동조했다. 무인인 양정楊汀, 홍달손洪達孫, 유수柳洙 등도 수양에게 포섭되었다. 이러니 고명대신들이 수양대군을 의심하지 않을 수 없었다. 수양 측과 고명대신 측의 신경전은 점점 더 살벌해졌다. 이런 가운데 수양대군이 9월 10일 갑자기 명나라에 사은사謝恩使로 다녀오겠다고 했다.

명나라가 단종의 즉위를 인정한다는 고명을 보내왔으므로 조선도 답례로 사은사를 보내야 했는데 수양이 자청하자 수양의 측근들은 반대했다. 지금 수양이 중국에 가면 조선은 고명대신들의 세상이 된다는 것이다. 그러나 수양의 속셈은 다른 데 있었다. 일단 고명대신의 경계를 누그러뜨리고, 그 다음 거사할 생각이었다.

스스로의 힘으로 왕이 되다

명나라에 다녀온 수양은 6개월 만인 단종 원년(1453) 10월 10일 계유정난을 일으켰다. 이 정난의 총책임자는 낙방거사 한명회였다.

정난을 일으키기 바로 직전에 수양대군이 측근을 후원에 모았다. 그 자리서 화살을 쏘며 처음으로 거사하겠다고 밝혔다. 당황한 일부가 수양의 옷자락을 잡으며 두세 번 만류했다. 심지어 북문으로 슬금슬금 도망가는 자들도 있었다. 당황한 수양은 한명회에게 물었다.

"대다수가 불가하게 여기니 장차 어떤 계교를 내놓겠는가?"

"집을 길가에 지으려 하면 3년이 지나도 이루지 못합니다. 작은 일도 그러한데 하물며 큰일은 어떻겠습니까? 이미 모의謀議가 정해졌으니 의견이 다르더라도 여기서 그만둘 수 없습니다. 공公이 분연히 일어서면 다 따르게 되어 있습니다."

그러자 수양은 크게 노를 발하며 소리쳤다.

"너희들, 가서 다 일러바쳐라. 나는 너희를 의지 않겠다. 따를 자는 따르고 갈 자는 가라. 내 한 몸에 종사가 달렸으니 운명을 하늘에 맡긴다. 사직을 위해 장부가 죽음을 겁내랴. 빠른 천둥과 번개 소리는 귀로도 가리지 못하는 법이다. 군사는 신속함이 제일이다."

그리고 석양에 중문을 나오니 부인 윤씨가 갑옷을 입혀주었다. 수양은 홍달손, 양정 등 당대의 최고 무사들을 이끌고 달려가 제일 먼저 김종서를 죽였다. 다음에 단종을 찾아 경혜 공주(단종의 누나)의 집으로 몰려갔다. 단종은 평소 누나를 많이 의지해 자주 향교동 경혜 공주의 집을 찾았는데 정난 당일에도 누나의 집을 찾았던 것이다. 침실에 누워 있던 단종은 수양대군이 핏발선 눈으로 들어와 '나라에 위급한 변란이 났으니 모든 대신들이 즉시 입궐하도록 초패招牌를 돌리라'고 강요하자 그대로 따랐다.

초패를 받은 신하들이 허겁지겁 궁궐로 들어서는 순간, 한명회는 대궐 문 곁에 앉아 미리 작정한 '살생부殺生簿' 가운데 살부에 적힌 신하들은 남김없이 철퇴로 때려죽이게 했다.

이들의 죄목은 '김종서와 함께 안평대군을 추대하려는 역모를 꾸몄다'는 것이다. 하룻밤 사이에 세상이 뒤바뀌었다. 김종서 부자, 황보인, 이양, 조극관 등등이 모두 길거리에서 한밤중에 효수梟首되었다.

실록에는 그날 밤, 하늘의 달과 유시流矢가 떨어졌다고 기록되어 있다. 병사들이 놀라니 이계전李季甸이 수양에게 나팔을 불어 진정시키기를 청했다. 그러나 수양이 호탕하게 웃었다.

"무어 그까짓 것을 괴히 여기는가? 조용히 진압하거라."

계유정난에 성공한 수양은 친동생 안평대군을 강화도로 유배시킨 뒤, 다시 교동으로 보내 사사賜死했다. 그리고 스스로 영의정부사領議政府使, 겸판兼判 이병조吏兵曹, 내외병마도통사內外兵馬都統使 등에 앉아 백관에 대한 통솔권과 병마권을 한 손에 쥐고, 좌의정에 정인지, 우의정에 한확을 임명했다. 정란에 대한 공으로 한명회·권람·신숙주·윤사로·계양군桂楊君 증增·익현군翼峴君 곤璭은 일등공신, 정인지·홍달손·최항·양정·내시 전균 등 12명은 이등공신, 삼등공신에 성삼문·정창손·홍윤성·이휘를 비롯한 25명이 책봉되었다.

원래 조선왕실의 종친은 관직을 가질 수 없었다. 태종을 지나 세종에 이르면서 종친은 종친부에 속해 충분한 녹봉을 주어 넉넉한 생활은 보장해주되, 명목상의 벼슬만 주어 정치에 관여하지 못하게 했다. 수양대군은 이 법을 깨고 조정의 힘 있는 벼슬은 모두 독차지했다.

계유정난으로 수양대군은 왕권과 신권을 완전히 장악했다. 이쯤 되니 수양은 허수아비로 전락한 단종을 당장 폐위시키기보다는 자신을 미화하는 데 이용할 필요를 느꼈다. 집현전에서 수양대군 찬양의 교사를 지어 널리 반포하게 하면서, 자신을 주나라(1050~1256)의 주공 단旦에 비유했다.

주공은 형 무왕武王을 도와 은나라를 멸망시켰고, 무왕이 죽자 어린 조카 성왕成王을 끝까지 보호했다. 반란을 일으킨 관숙, 채숙 두 재상을 진압했으며, 주공 자신도 왕위 찬탈의 유혹을 누르고 천년왕조의 기틀을 닦았다. 이 때문에 공자는 주공을 성인으로 추앙했고 모든 유학자가 꿈에서라도 보기 원할 만큼 흠모했다. 수양도 두 마음이 없다는 뜻에서 자신을 주공과 같다고 말했으나, 그의 행동은 전혀 달랐다.

단종이 즉위한 지 1년째 되던 원년(1453) 5월 18일, 수양이 양녕과 함께 단종에게 왕비를 맞으라고 권했다. 단종은 부친 문종의 삼년상이 지나지 않았다며 거절했다. 그러나 수양이 강요해 다음해 1월 21일 송현수의 딸을 왕비(정순왕후)로 삼았다.

수양이 단종 혼례를 강행한 이유는 두 가지 속셈 때문이다. 하나는 어린 왕을 생각하는 왕실 어른의 모습을 보여주려는 것이고, 다른 하나는 상중인 단종을 혼인케 함으로써 그가 불효자라는 인식을 백성들에게 심어주기 위해서였다.

수양은 단종에게 충성하는 세력들을 하나씩 없앴으며, 불안해하는 단종에게 '모두가 조카를 위한 일'이라 말했다. 수양대군의 넷째 동생 금성대군, 궁중 내시 엄자치 등을 참소하여 유배 보냈다. 계유정난이 일어난 지 1년 9개월째인 단종 3년(1455) 6월 11일, 단종의 마지막 보루였던 혜빈 양씨, 상궁 박씨, 매부 정종 등도 유배 보내는 교시를 내렸다. 수양대군은 단종에게 가장 힘이 되는 신하들부터 제거했다. 그러자 단종 주변에 남은 사람은 모조리 수양의 사람들뿐이었다. 그날 단종은 내시 전균田畇을 불러 수양대군에게 왕위를 양위한다는 뜻을 써주었다.

경회루 대청에 문무백관 200여 명이 도열한 가운데, 수양대군은 단종 앞에 엎드려 울면서 양위받을 수 없다며 극구 사양했다. 이는 이방원을 답습한 행동이다. 예의상 한두 번 사양하고 마지못해 선위를 받는 형식으로 왕에 등극하는 것이다. 왕이 될 수 없다는 수양에게 단종이 대보大寶를 잡아 주니 수양이 겨우 이를 받고, 근정전으로 가서 조선의 제7대 임금으로 즉위하였다.

사육신과 생육신

　　　　　　태종을 제일 많이 닮은 세조는 자기의
권력 구도에 장애가 되는 인물을 정확히 파악하여 거침없이 제거했다.
　두 임금의 차이점은 태종은 거시적 원칙에 따라 과감하게 최측근도
버린 반면 세조는 측근 중심의 정치를 펼쳤다는 점에 있다. 세조의 측
근에는 지략을 제공하는 한명회, 권람 등의 모사 그룹과 홍달손, 양정
등 무력을 제공하는 무사 그룹이 있었다. 이 두 그룹이 좌우에 포진하
여 계유정난을 성공시켰다. 이후 수양은 김종서의 측근을 정리하기 시
작했다. 그 과정에서 함길도 절제사 이징옥李澄玉을 파면하고 박호문
을 임명하자, 이징옥이 이에 반발해 박호문을 죽이고 스스로 대금황제
大金皇帝라 칭하며 난을 일으켰으나 곧 진압되었다. 이에 대세가 기울
어진 것을 안 단종이 자의반 타의반으로 왕위를 물려주었다. 이때 세
조의 나이 39세였다.

하지만 여전히 민심은 어린 상왕에게 있었고 절개를 생명처럼 여기는 충신도 있었다. 이들이 세조 2년(1456) '단종복위' 운동을 일으켰다. 두 임금을 섬길 수 없다며 일어난 민심의 반영이었다.

조정은 한양에 온 명나라 고명칙사誥命勅使의 귀국을 앞두고 창덕궁 광연전廣延展에서 송별회를 준비했다. 이 자리에 세조와 문무백관은 무론 상왕인 단종도 참석할 예정인데, 마침 세조의 경호책임인 운검雲劍을 성삼문의 부친인 성승成勝과 유응부俞應孚가 맡기로 했다. 이 기회를 이용하고자 집현전 학사 출신인 성삼문, 박팽년, 하위지, 이개, 유성원 등과 유응부, 성승 등 일부 무인들이 모였다. 이 모임에 뒤늦게 김질金質도 동참해 유응부와 성승이 세조의 목을 벤 다음 한명회, 권람, 정인지를 제거하기로 했다.

드디어 송별회가 열리는 아침, 눈치가 빠른 한명회가 세조에게 운검 취소를 건의해 허락받았다. 유응부와 성승이 세조 곁에 갈 수 없게 되자 당일 거사 계획은 큰 차질을 빚게 되었다. 성삼문은 유응부를 만나 '모사가 누설된 것 같으니 거사를 미루자'고 했다. 그러나 유응부는 '한 번 결정한 일, 대장부답게 그냥 밀고 나가자'고 했으나 성삼문이 극구 반대해 결국 미뤘다. 그날 행사가 아무 일 없이 끝나자, 김질이 지레 겁을 먹고 장인 정창손을 찾아가 비밀을 털어 놓았다. 정창손은 그 자리에서 일어나 곧바로 세조에게 달려가 사위 김질까지도 모두 극형에 처해야 한다고 아뢰었다.

세조는 뉘우치고 고변한 김질은 놓아두라 명한 다음 한명회를 불러 형틀을 마련하게 했다. 성삼문과 관련자 전원이 압송되어 오자 세조가 한 명씩 친국했다.

먼저 성삼문부터 심문했다. 성산문은 대답했다.

"내가 총지휘자이외다. 어찌 역적모의요. 단종의 신하된 당연한 도리요."

성삼문의 인품과 학문을 아끼는 세조는 성삼문의 생각을 떠보기 위해 이방원이 정몽주를 타살하기 전 지은 시조 〈하여가〉를 보여주었다. 성삼문은 다음과 같은 시조로 불사이군 不事二君의 충절을 내비쳤다.

이 몸이 죽어 가서 무엇이 될고 하니
봉래산 제일봉에 낙락장송 落落長松 되어서
백설이 만건곤 滿乾坤할 제 독야청청 獨也靑靑하리라

세조는 성삼문의 굳은 심지를 보고 아쉽지만 포기했다. 그 아쉬움이 분노로 변한 세조는 직접 인두로 성삼문을 지지는데 인두가 식자 성삼문은 '인두가 차가워졌으니 다시 달궈 오라' 며 인두를 내치기도 했다.

이런 극한 고문 가운데서도 성삼문이 오히려 세조를 추궁했다.

"나리께서 평소 주공과 자신을 곧잘 비유했는데 주공도 어린 조카의 왕위를 찬탈했소?"

성삼문은 대군을 나리라고 불렀다. 세조는 성삼문이 자신을 왕으로 인정하지 않으며 비웃자 형졸에게 소리쳤다.

"저놈의 주둥이를 문질러버려라."

모진 고문 끝에 성삼문은 한강 새남터 형장으로 끌려갔다. 그는 그곳에서 이슬로 사라지기 전 〈절명시 絕命詩〉를 읊었다.

둥둥 울리는 북소리 사람 목숨을 재촉하는구나

(擊鼓催人命 격고최인명)

고개 돌려 바라보니 해도 지려 하는구나

(回頭日欲斜 회두일욕사)

저승 가는 길엔 주막 하나 없다는데

(黃泉無一店 황천무일점)

오늘밤은 뉘 집에서 머물꼬

(今夜宿誰家 금야숙수가)

※ 위 내용 중 회두일욕사를 서풍일욕사西風日欲斜로 표기한 문헌도 있다.

성삼문의 이 시에는 비장감을 넘어 죽음도 초월한 기개가 가득하다. 성삼문과 함께 박팽년, 하위지, 이개, 유응부, 유성원도 처형당해 사육신이 된다. 세조는 이들의 가족 중 남자는 모조리 없애고, 여인들은 모두 관비로 삼았다. 사육신 이외에도 역모에 연루되었다고 의심받은 김문기金文起, 권자신權自慎 등 70여 명의 선비들이 가차 없이 처형당했다.

역모 사건이 마무리된 후, 세조는 42명의 공신을 책록策錄했다. 그런데 김시습, 조려, 원호, 이맹전, 성담수, 남효온은 단종에 대한 충절을 지킨다며 세조의 공신책록과 벼슬을 거부했다. 이들은 절간이나 움막을 돌아다니며 일생을 폐인처럼 살았다 하여 '생육신生六臣'이라 부른다.

단종에 대한 열망이 좀처럼 식지 않자 세조 3년(1457) 6월, 세조는 단종을 상왕에서 노산군으로 강등시켜 영월의 청령포에 유배 보낸다. 이곳은 동, 남, 북 삼면에 서강이 흐르고 서쪽은 험준한 육육봉 암벽으로 막혀 있어 나룻배가 없이는 드나들 수 없는 감옥 같은 곳이었다.

이때 단종을 서울에서부터 압송해 간 의금부 도사가 왕방연王邦衍이다. 그는 어린 임금을 유배지에 놓아두고 귀경하는 길에 〈절의가節義歌〉를 지었다.

천만히 머나먼 길에 그흔 님 여희압고
내마음 둘듸 없셔 냇가에 안샷시니
져 물도 내 안과 같틔여 울어 밤길 예놋다

세조의 잘못을 잘 알고 있지만 현실적으로 충성을 바쳐야 하는 의금부 도사 왕방연의 애달픔이 절절히 배어 있다.

청룡포에 홀로 남은 단종은 궁궐과 정
순왕후의 소식은 물론이고 세상 어떤 소식도 들을 수 없었다. 오직 근
처 농민들이 정성으로 바치는 음식을 받으며 삭막한 하루하루를 보내
야 했다.

같은 해 9월 금성대군이 반란을 일으킨다. 세조의 친형인 금성대군
은 계유정난이 일어난 후 수양대군 일파를 비난한 죄로 경상도 순흥에
유배되어 있었다. 순흥에서 소백산맥만 넘으면 바로 영월이었는데, 마
침 순흥부사가 집현전 출신 이보흠李甫欽이었다. 금성대군과 이보흠은
단종이 강등되었다는 소식을 듣고 단종복위를 모의한다.

금성을 감시해야 할 순흥부사가 단종에게 동정적인 이보흠이란 사
실엔 세조의 냉혹한 모략이 숨어 있다. 아무리 세조라지만 친형인 금
성이 대죄를 범하지 않는 한 없앨 수는 없었다. 그래서 일부러 금성을

이보흠이 있는 순흥으로 보내 은밀히 감시했다. 아니나 다를까 금성과 이보흠이 매일 만나 정국에 대한 울분을 토하더니 끝내 영남 일대에 격문을 돌려 지지자들을 규합해 한양으로 진격할 구체적인 음모를 꾸몄다.

순흥부의 급창及唱인 관노가 금성대군의 시녀를 매수하여 격문을 훔쳐내고 구체적인 행동강령까지 알아냈다. 관노는 격문을 품고 한양으로 달렸다. 이를 눈치챈 풍기현감이 먼저 공적을 세우려 관노를 뒤쫓아 목을 치고 격문을 빼앗았다. 풍기현감은 그 길로 한양으로 달려가 세조에게 일러바쳤다.

세조는 결정적 증거를 확보하자 기다렸다는 듯이 관련자들을 일망타진했다. 몇 달 동안 심문이 지속되었고 주동자들과 순흥 안씨 수천 명이 살육되어 소수서원 앞 죽계竹溪의 물이 피로 물든 채 흘러갔다. 그래서 죽계의 하류 지역을 '피끝마을'이라 불렀다.

이 사건으로 영남 사대부 세력이 크게 위축되었고 당시만 해도 큰 도시였던 순흥부를 없애고 영천, 풍기, 봉화에 분산 귀속시켰다. 한편 조정의 대신들은 세조에게 노산군을 없애야만 세상이 편해진다고 주장하기 시작했다.

세조가 이들의 주청을 짐짓 물리치는 듯하자, 세조의 속마음을 아는 신하들이 더 강력하게 단종 처형을 건의했다. 신숙주, 정인지 등이 '노산군이 반역의 주역'이라며 법대로 처리해야 한다고 주장했다. 심지어 양녕대군과 효령대군까지 나서서 법대로 처결하라고 청했다.

이런 요구가 빗발치자 세조는 신하의 청을 마지못해 들어주는 척했다. 세조는 단종이 영월로 떠날 때 동행했던 금부도사 왕방연에게 사약을 주어 다시 영월로 보냈다.

단종이 한양에서 온 금부도사를 맞이하러 나오자 약사발을 든 왕방
연은 차마 고개를 들지 못하고 흐느끼기만 했다. 그날 단종은 17세로
삶을 마감했다. 백성들은 내놓고 말은 못했지만 세조는 조카와 형을
죽인 패륜군주라고 수군댔다.

모든 권력이 '나'를 향하도록

　　　　　흉흉한 민심을 누르기 위해 세조는 왕
권을 더욱 강화했다. 먼저 충절의 학자를 배출해온 집현전을 없애고,
정국 현안을 토론하던 경연도 폐지했다.

　또한 국정의 문제를 지적하고 규제하던 대간의 기능을 약화시키고,
대신 왕명의 출납을 담당하는 비서실인 승정원의 기능을 강화했다. 이
처럼 공식 라인보다 비선 라인을 선호하면 '권한을 가진 사람'과 '책
임지는 사람'이 분리되어 공적 책임의 소재가 흐려져 권력남용이 더
쉬워진다.

　조정의 제도도 대폭 바꾸었다. 원래 조선은 건국 초 고려의 제도를
따라, 도평의사사都評議使司에서 나라의 중대사를 결정했다. 그런데
정종 2년(1400) 도평의사사를 없애고 의정부를 신설했다. 의정부는 정
치를 총괄하는 영의정, 관리와 외교를 통솔하는 좌의정, 육조六曹의 일

을 처리하는 우의정으로 구성되었다. 육조는 이조, 호조, 예조, 병조, 형조, 공조를 말한다. 그밖에 임금의 비서기관인 승정원, 관리들의 비리를 파헤치는 사헌부, 언론 기능의 사간원이 조선 초기 조정의 기구였다. 이런 의정부서사제 체제에서 의정부 삼정승의 권한이 막강해졌다. 삼정승은 육조판서가 보고한 내용에 대해 경중을 가려 임금에게 올리고, 그에 대해 임금이 결정한 교지를 다시 육조로 보내 시행하게 한다.

이 때문에 왕권을 중시하는 태종은 즉위 14년(1414) 육조의 판서들이 업무보고를 의정부에 하지 말고 직접 왕에게 하라고 했다. 이것이 육조직계제인데, 왕이 직접 결제하면서부터 의정부의 역할이 줄어들었다. 그러나 왕의 직무가 너무 과중하고 정승들도 반발하는 바람에 세종 18년(1436)에 다시 의정부서사제로 돌아갔다.

이후 세조가 다시 의정부서사제를 없애고 육조직계제를 시행했다. 태조 때부터 사용하던 영의정부사領議政府使는 영의정으로, 사간대부司諫大夫는 대사간으로 변경하여 대간과 의정부의 기능이 왜소해졌다. 나랏일을 승정원 중심으로 운영하고 이를 육조가 뒷받침했다. 승정원과 육조는 세조의 심복들인 정난공신들로 채웠다. 병조판서 한명회, 예조판서 신숙주, 호조판서 조석문은 동시에 승정원에도 봉직하여 왕명출납까지 맡았다.

세조의 심복들은 현직에서 물러나도 정무에 참여하도록 부원군 자격을 부여받았다. 세조의 통치는 철저히 의리로 뭉친 심복 중심이었다. 이로써 세종과 문종 시대에 양성된 청류 관료들은 모두 사라졌다. 세조에게 충성한 대가로 자리를 차지한 훈구파가 명종 때까지 이어지면서 조선은 성리학적 원리는 명분으로만 남고 속으로 문벌과 개인의 이익만 추구하는 가식적인 사회로 변해갔다.

세조는 자신을 비판하는 세력은 누구라도 가차 없이 제거하고, 따르는 인물에게는 관대했다. 계유정난 공신 중 양정楊汀은 지나가는 말로 세조의 퇴위에 대해 몇 마디 했다가 바로 참형당했으나, 공신 홍윤성洪允成은 숙부를 구타해 죽이고도 세조의 몇 마디로 나무람으로 끝났다. 이처럼 같은 공신이라도 역모에 대해서는 냄새만 나도 처벌했으나 그 외에는 어떤 잘못도 감싸주었다.

세조는 조정은 공신들을 중심으로 방어막을 쳤고 궁궐 밖 백성들은 호패법號牌法과 오가작통법五稼作統法으로 철저히 통제했다. 특히 중앙 출신 우대 정책을 펴 지방 출신들은 심한 홀대를 당했다. 여기에 반감을 품고 함길도의 호족 이시애李施愛가 반란을 획책했다. 그는 먼저 세조 측근들을 분열시키기 위해 '한명회, 신숙주가 강효문과 결탁해 반란을 도모했다'며 '이를 응징하려 일어났다'는 상소를 올렸다. 한명회와 신숙주는 졸지에 역모 혐의를 받고 투옥되어 큰 고초를 겪었다. 음모로 왕위를 찬탈한 세조라, 아무리 측근이라도 역모 혐의만 보이면 믿지 못했다. 이시애는 세조 13년(1467) 지방민을 규합하여 길주에서 반란을 일으켰다. 이들은 한때 함흥까지 차지하며 기세를 올렸으나 조정에서 3만 대군을 이끌고 달려온 구성군龜城君 준浚과 남이南怡 장군에게 진압되었다. 이시애의 반란이 끝난 후, 비로소 한명회, 신숙주의 혐의가 풀렸다.

구성군 준은 세종의 넷째 아들인 임영대군臨瀛大君의 아들이며, 남이 장군은 태조 이방원의 외손자이며 권람의 사위로서 세조 시대의 최대 국난인 이시애의 난을 평정하고 적개공신敵愾功臣 1등에 책록되었다. 이어 서북변의 여진족을 정벌하고 백두산 정상에 앉아, 과연 태종의 핏줄답게 기개가 넘치는 시를 짓는다.

백두산 바위는 칼로 갈아 없애고
(白頭山石磨刀盡백두산석마도진)

두만강 물은 말이 마셔 없애리
(頭滿江水飲馬無두만강수음마무)

사내 나이 스물에 나라를 평정 못 하면
(男兒二十未平國남아이십미평국)

후세에 누가 대장부로 칭하리오
(後世誰稱大丈夫후세수칭대장부)

측근만은 확실히 챙긴다

       세조의 왕위 찬탈은 군사부일체와 장유유서를 중시하는 조선 사회에 엄청난 충격을 주었다. 혈통 중심 사회에서 가족을 해치는 짓은 결코 용서받지 못할 최악의 패륜이다. 이런 패륜을 저지른 사람이 통치하다 보니 조선인의 정체성과 기존 가치관에 혼란이 왔다. 왕은 세종처럼 더 이상 백성의 귀감이 되고 선도하는 존재가 아니라 억압하는 존재로 비쳤다.

  태종이 세종의 시대를 위해 공신을 제거했다면 세조는 공신들의 이익을 위해 왕권을 이용했다. 이에 따라 태종 때부터 세종에 이르기까지 백성들의 삶이 나날이 좋아졌다면, 세조 통치기는 공신들의 사적 이익을 위해 백성들이 동원되며 나날이 고달파졌다.

  태종이나 세조 모두 권력 제일주의의 임금이지만, 그 권력을 사용하는 방향은 달랐다. 태종이 왕조의 번영을 위한 기초 닦기에 몰두했다면

작자 미상의 세조 어진

세조는 자기 권력을 유지하는 데 더 집중했다. 세조는 국가 대의大義보다 소의小義를 더 중시했다. 이렇게 형성된 특권층이 소위 훈구파勳舊派다.

세조도 나름대로 치적은 많이 남겼다. 의정부 정책결정권을 폐지하고 육조직계제를 실시해 왕권을 대폭 강화한 뒤, 신숙주를 두만강 건너에 보내 야인野人을 소탕하게 하는 등 북방을 개척했고, 하삼도下三道의 주민을 이북에 이주시켜 국토를 균형 발전시켰다. 종래에 현직, 휴직, 정직 관원들에게까지 땅을 주던 과전법科田法을 없애고 현직에게만 주는 직전법直田法을 실시해 국가의 재정을 늘렸다. 또한 민생의 안정을 위해 공물 대납 행위를 전면 금지시켰고, 궁중에 잠실蠶室을 만들어 왕비와 세자빈이 친히 양잠을 하게 하여 백성과의 친밀감을 높였다.

조선 역대 왕 중 세조가 유일하게 후궁을 한 명만 둔 임금이었다. 그만큼 부부금슬이 좋아 왕이 주색을 멀리하자 대신들도 따라야 했다. 정치는 독재였으나 가정생활만큼은 모범적이었다.

전제적 왕권을 추구하는 세조와 유교적 이상주의 아래에서 관료 지배 체제를 원하는 집현전은 상극일 수밖에 없었다. 결국 반 세조의 온상이던 집현전은 폐지되었다. 그러나 《경국대전》《오륜록五倫綠》 등 많은 서적을 편찬했고, 민족의식을 고취하는 《국조보감國朝寶鑑》《동국

통감東國通鑑》등도 펴냈다. 세조의 이런 치적들은 집권 과정의 오점에
도 불구하고 크게 인정받는다. 그래서 만일 세조가 정상적인 절차로 왕
이 되었다면 세종 못지않은 현군賢君이 되었으리라 추측하기도 한다.

권력자도 피해가지 못한 죄책감

태종과 세조는 목적에 의해 이끌리는 임금이었다. 주변의 악평은 개의치 않는다. 사람을 움직이는 동기도 고상한 이념이 아니라 두려움과 보상이라고 본다. 중국의 후흑학厚黑學에서도 난세에 승리하려면 '면후심흑面厚心黑'을 갖추라고 했다. 현실에서 이런 사람들이 대부분 권력을 잡는다.

기나긴 역사에서 이런 부류의 리더들이 필요한 시기도 있다. 아직 대중의 의식이 덜 성숙한 상황에서, 의견이 하나로 합쳐지지 못할 때, 사회적 안정을 위해 카리스마적 리더가 요구되기도 한다. 2차 세계대전 때 일본에 원폭을 투하했던 투르먼 대통령은 말했다.

"모세가 홍해를 건너고자 했을 때 여론 조사를 했더라면 결코 건너지 못했을 것이다."

사실 태종이나 세조 같은 독재형 왕들은 카리스마가 통치 기법인데,

그 카리스마가 유지되기 위해서 의리는 물론 명분과 종교까지도 초월해야만 한다. 태종이 그랬다. 서운관에 있던 도참圖讖(앞날의 길흉을 예언하는 술법, 또는 그런 내용을 적은 책) 등에 관한 장서를 불태웠고, 미신을 타파했다. 불교를 탄압하며 절과 승려의 숫자, 절의 노비수를 대폭 줄였다. 그 대신 오부학당五部學堂을 설립했다. 한성의 동부, 서부, 남부, 북부, 중부에 각 학당을 세웠다. 태종이나 세조나 예리한 통찰력과 남다른 결단력을 지닌 인물이었다. 특히 태종은 회의를 할 때 대신들이 우회적이거나, 형식적 답변을 하면 즉시 정곡을 찔러 주의를 환기했다.

이런 태종이 보기에 아들 세종 같은 덕인德人은 '차마 어찌하지 못하는 인정'에 끌리기 쉽다. 이에 태종은 세종이 편하게 치세하도록 심온을 비롯해 여러 중신들을 없앴다. 그리고는 아버지를 잃은 소헌왕후의 상심도 달랠 겸 신하들의 반대를 뿌리치고 내불당을 건립해주었다. 금슬 좋은 세종과 소헌왕후는 8남 2녀를 두었다.

세종은 둘째아들 수양대군이 12세가 되자 배필을 찾기 위해 감찰궁녀를 윤번의 집에 보냈었다. 감찰궁녀가 윤번의 큰딸을 선보는데, 열한 살짜리 여동생이 다가왔다. 그녀의 어머니 이씨가 '네 차례가 아니다'라며 내쫓았으나, 궁녀가 그녀를 보더니 범상치 않게 여겨 세종에게 언니 대신 추천했다. 그녀가 후에 정희왕후가 된다. 세조도 아버지 세종처럼 중전과 금슬이 매우 좋았다. 명색이 왕인데도 후궁을 한 명밖에 두지 않았고, 국가적 행사는 물론 사냥할 때도 대동하여 나란히 말을 탔으며, 매사를 함께 의논했다.

세종 28년(1446) 소헌왕후가 위독하자 수양대군을 비롯해 왕자들이 산천, 산사, 불사를 들러 소신공양燒身供養(몸의 일부를 불에 지지며 기원하는 것)을 드리며 기원했으나 전혀 차도가 없었다. 끝내 소헌왕후가 수양대군의 집에서 숨지자 영의정 황희가 국장도감을 맡아 장례를 치렀다.

예조에서 '그동안 중국처럼 소나 말로 시신을 운반하는 유거柳車의 풍습이 있으나 조선은 산과 내가 많으니 어깨에 메는 상여로 하자'고 해 그때부터 상여 메는 장례풍속이 시작되었다.

소헌왕후 사후에 세종은 상심을 달래려 불교에 심취했으며 수양대군에게 《석보상절釋譜詳節》을 편찬토록 했다. 세종이 이 책을 보더니 크게 감탄하고 〈월인천강지곡月印千江之曲〉의 노래를 만들었다. 이런 세종인지라 아내 곁에 묻어 달라는 소원을 남겨 소헌왕후와 함께 영릉에 묻혔다. 세조는 부모로부터 이런 영향을 받고 자신의 안녕과 미래를 종교적 신심으로 해결하고자 했다.

세조가 조카를 내쫓고 왕위에 오른 지 2년째 큰아들 원경세자가 20세의 나이에 요절했다. 백성들은 아비의 죄 때문에 아들이 벌을 받은 것이라고 수군거렸다. 야사에 의하면 세조는 아들이 죽을 무렵 단종의 어머니 현덕왕후의 혼령에 시달렸다며, 현덕왕후의 무덤을 파냈다고 전해진다. 또한 세조의 꿈에 현덕왕후가 나타나 침을 뱉은 후 피부병으로 큰 고생을 했다는 이야기도 있다. 그러나 꿈이란 신령한 것이 아니다. 인간 무의식 속에 축적된 경험과 원망이 자아가 약해진 수면 시간에 나타난 것에 불과하다. 세조는 죽은 세자의 명복을 빌기 위해 손수 《금강경》도 필사했다. 이처럼 통치자가 특정 종교에 함몰되어 정치하면 회고적 감정에 얽매이게 되고, 현안을 판단할 때 명분이나 인연에 얽매여 현실적 판단력이 흐려진다.

사실 태종도 세조 못지않게 많은 사람을 죽여 왕위를 찬탈했다. 그런데도 태종의 아들들은 건강하게 아주 오래 살았다. 태종은 종교 위에서 통치했고 세조는 종교 아래서 통치했다. 태종이 지은 패륜이나 세조의 패륜이나 별 차이가 없다. 그렇다면 그들이 받을 업보도 비슷해야 한다. 그러나 태종 시대에는 이 업보라는 말 자체가 거의 나오지 않았고 세조 시대는 업보라는 말이 크게 유행했다. 그만큼 태조 시대는 평온했고 세조 시대는 변고가 많았다.

세조 14년(1468) 5월 사정전思政殿에서 잔치가 벌어졌는데 기생 8명이 세조 앞에서 〈월인천강지곡〉을 불렀다. 감성이 풍부한 세조는 부왕 세종을 생각하며 한동안 눈물을 흘렸다. 세조가 가장 존경한 사람이 신미대사信眉大師였다. 세조는 신미대사를 꼭 존자尊者라 불렀다.

세종대왕이 다섯째아들 광평대군과 일곱째아들 평원대군을 연이어 잃고 다음해 소헌왕후까지 잃자 인생무상이란 생각이 들어 허탈감에 빠져 있었다. 이때 신미대사가 자기 동생 김수온과 함께 궁궐에 내원당을 짓고 법요를 주관했다. 신미대사는 세종이 병환으로 누웠을 때는 약을 써 낫게 했다. 이 시절부터 신미대사와 수양대군은 각별하게 지냈다.

세조는 말년이 될수록 자책감에서 무상감까지 들어 정신적 안식처를 신미대사에게서 찾았다. 세조가 신미대사를 만나려 속리산 복천사를 찾아갈 때의 일이다. 신숙주 등의 신하를 대동하고 청주에서 이틀 밤을 묵은 뒤 말띠재를 넘다가 아름드리 낙락장송을 보고 정2품의 벼슬을 주기도 했다. 복천사에서 신미대사의 설법을 들으며 세조는 법열을 느꼈다. 이후 신미대사가 세조에게 오대산 상원사를 중수해 공덕을 쌓으라고 권하자 쾌히 승낙했다. 또한 속리산에서 문수동자文殊童磁를 만나 병이 나았다고 주장하기도 했다.

물론 세조가 불교 친화적 정책을 편 데는 신앙적 이유 이외에 정치적 이유도 있었다. 예의와 명분을 중시하는 유교의 입장에서는 패륜을 저지른 세조를 용납하기 쉽지 않다. 이런 조선의 정서를 잘 아는 세조는 불교 진흥책을 사변적 성리학에 투철한 학자들을 견제하는 수단으로 삼았다. 실제로 세조는 '공자는 석가의 발뒤꿈치도 못 따라 간다'라고 말해 사대부들의 항의를 받은 적도 있었다.

세종이 불교를 친애한 이유는 세조와 크게 다르다. 세종은 한글을 창제하면서 성리학의 이기이원론理氣二元論과 같은 이분법적 사고방식에서 한계를 절감했다. 세종은 수양대군이 번역한《능엄경》을 애독했다. 이 경전에는 마음의 실상과 깨달음의 본질이 무엇인지 수록되어 있다. 인간은 색色, 수受, 상想, 행行, 식識에 지배받는데, 이 중 색은 인간의 몸이고 나머지는 정신이다. 그러나 실상은 이 둘이 하나이며 모두가 허망한 것이다. 이를 깨달아야 해탈을 할 수 있다. 이런 일원론적 세계관을 접하며 세종은 흑백 논리적 세계관의 고단함에서 벗어난 원융무애圓融無碍의 맛을 보았다. 세종이 자신의 품성과 맞는 세계관을 만나기 위해 불교를 접했다면, 세조는 평생 시달린 권력의 정당성을 확보하고 괴로운 마음을 달래기 위해 불교를 찾았다.

리더는 집권 과정의 정당성도 중요하지만 그보다 집권 후의 업적과 어진 후계자를 세우는 일이 훨씬 더 중요하다. 그러나 왕이 스스로 자책감에 빠져 허우적댄다면 금세 심신이 약해져 제대로 된 후계자를 준비할 여력이 없어진다.

세조도 14년(1468)에 드디어 체력의 한계를 느끼고 원상제院相制를 도입한다. 이는 승정원에 한명회, 신숙주, 구치관의 세 중신이 상시 출근해 세자와 함께 모든 국정을 처리하는 것이다. 그해 9월 52세의 비교적 젊은 나이에 세조의 파란만장한 생애가 끝났다.

결정하지 못하는 자는
리더가 아니다

태종이 세종을 세웠던 것처럼, 세조도 성군을 후계자로 세우고 싶었다. 그래서 즉위 후 서둘러 맏아들 의경세자를 세웠으나 19세로 요절하자, 해양대군을 세자로 책봉했다.

1468년 9월 예종睿宗(1468~1469) 은 19세의 나이에 왕이 되었다. 충분히 통치할 나이였음에도 불구하고 워낙 건강이 안 좋아 모후 정희왕후와 원로 중신들의 섭정攝政을 받아야 했다. 특히 예종의 치세 뒤에 세조의 아내였던 정희왕후 윤씨의 치맛자락이 있었다. 그녀는 왕과 사대부의 나라 조선에서 최초로 수렴청정垂簾聽政을 펼친 여성정치가로서 여왕의 지위를 누렸다. 그녀는 탁월한 정치 감각과 과감한 결단력을 지녔다. 이런 그녀의 특징은 수양대군이 어린 단종의 측근들을 죽인 계유정난에서 여실히 드러났다. 계유정난을 일으키기 전에 망설이던 수양에게 그녀는 갑옷을 입혀주며 독려했다. 섭정을 시작하면서 그녀는 제일 먼저 종친 정리 작업을 했다. 종친 중 가장 막강했던 세종의 넷째아들 구성군을 귀양 보내고, 종친의 관리등용을 법으로 금지했다.

또한 예종이 갑자기 승하하자, 바로 그날 아들을 잃은 슬픔도 접어둔 채 한명회와 결탁해 둘째 손자 자을산군 者乙山君(성종)을 왕에 앉혔다. 정희왕후의 이러한 탁월한 정세 분석 능력과 과감한 결단력이 있었기에 성종 시대의 각종 문물제도가 완성될 수 있었다.

예종은 어머니 정희왕후의 치마폭에 싸여 왕이 되었고, 통치하다가 그 안에서 요절했다. 정희왕후의 카리스마와 정책적 결단이 워낙 대단했기 때문에 예종은 유약할 수밖에 없었다고 변명을 할 수도 있다. 하지만 조선의 왕은 이미 준비된 군주다. 태어나서부터 리더로 길러진다. 때문에 아무리 어린 나이였더라도 리더의 자세를 갖추고 있었어야 옳았다.

어떤 상황이라도 스스로 준비한 자만이 리더가 될 수 있음을 예종이 보여준다.

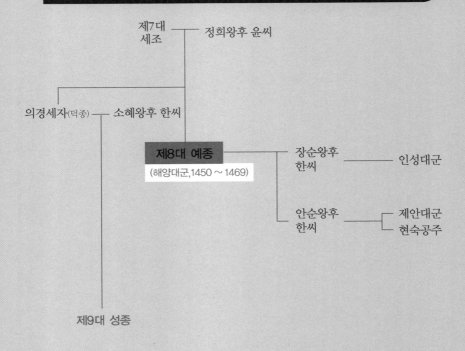

제8대 예종 가계도

제7대
세조 ——— 정희왕후 윤씨

의경세자(덕종) —— 소혜왕후 한씨

제8대 예종
(해양대군,1450 ~ 1469)

장순왕후
한씨 ——————— 인성대군

안순왕후
한씨 ——— 제안대군
          현숙공주

제9대 성종

수렴청정의 희생양

어린 조카 단종을 제거한 세조의 뒤를
이은 왕이 예종이다. 예종은 세조의 두 번째 아들이다. 첫째인 의경세
자가 20세에 요절하고 예종이 세자가 되어 왕위를 계승했다. 19세에
즉위했으나 어머니 정희왕후가 동좌同坐하여 조선 최초로 수렴청정을
하게 되었다. 조선시대의 수렴청정은 6명의 대비가 8차례 걸쳐 행한
다. 정희왕후가 예종 1년, 성종 7년을 수렴청정했고 그 다음은 1545년
12대왕 인종이 즉위 1년 만에 죽고 12세의 명종이 즉위하니, 이후 8년
간 문정왕후 文定王后(중종의 계비)가, 1567년 16세의 선조가 즉위하자 인
순왕후仁順王后(명종의 비)가 수렴청정했다. 1800년 순조가 11세에 왕이
되어 정순왕후貞純王后(영조의 비)의 3년 수렴청정을 받는다. 1834년 헌
종이 8세에 즉위하니 순원왕후 純元王后(순조의 비)가 7년간 수렴청정을
했는데 헌종이 죽고, 19세의 산골 나무꾼 철종이 왕이 되자 다시 2년간

수렴청정을 했다. 마지막은 조선 26대왕인 고종이 12세에 왕이 되자 신정왕후神貞王后가 2년간 수렴청정했다.

예종의 모후는 원상들과 협의해 국정을 처리해야 했다. 원상제도란 세조가 죽기 전에 원로 중신인 한명회, 신숙주, 구치관 등을 원상院相으로 지목해 주요 국정을 상의토록 한 것이다. 이에 따라 예종 즉위 후에도 이들은 막강한 영향력을 행사했다.

태종과 세조의 차이점이 여기에 있다. 태종은 공신 집단을 완전히 제거하고 세종에게 왕위를 물려주었으나, 세조는 그렇지 못했다. 공신 집단을 철저히 제거하는 악역을 자처했던 태종 덕분에 세종의 왕권은 탄탄할 수 있었다. 하지만 세조는 이런 악역을 거절하고 공신 집단을 예종에게 물려줌으로써 이들이 조선 중기 정치와 경제력까지 쥐고 역사 발전에 큰 걸림돌이 된 훈구파의 조상이 되었다.

예종은 짧은 치세에도 불구하고 역사에 남을 사건을 하나 만들었다. 이는 세조의 조카인 구성군과 함께 이시애의 난을 진압했던 남이 장군을 역모로 몰아 죽인 일이다. 세조가 죽고 나약한 예종이 즉위했을 때 원상대신들은 이시애의 난 평정 이후 조선 최대의 영웅이 된 구성군과 남이의 세력에 위협을 느꼈다. 비록 구성군이 왕권을 노리지는 않았으나 만약을 위해 주변 세력을 제거할 필요를 느꼈다. 한명회와 신숙주 등이 지충추부사知中樞府事 한계희韓繼禧를 통해 예종에게 '남이의 인간 됨됨이가 군사를 총괄하기에 맞지 않다'고 아뢰게 했다. 예종도 평소 무술이 뛰어나고 곧은 성격으로 세조의 사랑을 듬뿍 받던 남이를 시기하고 있던 터라, 두말없이 남이를 병조판서에서 해임하고 겸사복장兼司僕將으로 좌천시켰다. 이렇게 밀려난 남이가 어느 날 궐내에서

156

숙직하다가 밤하늘의 혜성을 보고 혼자 중얼거렸다. "허허, 혜성이 나타남은 묵은 것이 사라지고 새 것이 나타나는 징조인데……." 이 말을 우연히 엿들은 유자광이 왕에게 거짓으로 고한다. "남이가 '혜성이 나타남은 신왕이 드러날 징조이다. 왕이 창덕궁으로 이거할 때를 기다려 거사해야겠다' 고 했습니다." 졸지에 역모자로 몰린 남이는 의금부에 잡혀가 극심한 문초를 받으면서 자신의 결백을 주장했다. 그러자 유자광이 남이가 이전에 지었던 '여진토벌 시' 가운데 '남아이십미평국男兒二十未平國 후세수칭대장부後世須稱大丈夫' 의 '평국' 을 '득극得國' 으로 변조해 예종에게 주어 남이를 비롯해 강순, 조경치, 변영수, 문효랑 등 30여 명이 국문을 받고 죽었다.

당시 남이의 부인인 권람의 딸은 요절했고, 권람도 세조 11년(1465)에 죽어 권람의 막역지우였던 한명회도 별 부담 없이 남이를 제거하는 데 앞장 설 수 있었다.

남이를 무고한 희대의 간신 유자광은 그 공로로 예종과 원상대신들의 총애를 받으며 익대공신翊戴功臣이 된다. 그 후에도 유자광은 공신의 자리를 유지하기 위해 억울한 피를 흘리게 한다. 연산군 때에 무오사화를 주도하고 중종 반정 때 일등공신까지 되며 공신 세력의 비호를 받았으나 사림 세력이 끝까지 그를 반대하는 바람에 결국 귀양 가서 죽게 된다.

예종은 14개월의 짧은 치세 동안 억울한 역모 사건만 남긴 채로 20세를 끝으로 세상을 떴다. 당시 예종의 아들은 겨우 4세였다. 이에 정희왕후는 일찍이 작고한 큰 아들 의경세자의 둘째아들인 자을산군을 왕으로 지목하니, 곧 성종이다.

때를 기다릴 줄
알았던 왕

조선 역사상 전 왕이 죽은 날 바로 왕이 된 유일한 왕이 9대왕 성종成宗(1469~1494)이다. 조선의 21대왕 영조英祖또한 선왕을 독살했다는 소문 속에 왕이 되었다. 두 사람 다 억측이 난무하는 속에 왕이 되었고 자신들의 치세동안 별다른 업적은 남기지 못했으나 비교적 태평성대를 만들었다. 성종은 예종이 즉위 14개월 만에 20세로 요절한 1469년 11월 28일 13세의 나이로 왕이 되었다. 그 후 스무 살이 될 때까지 자신의 조모이자 조선의 여걸인 정희왕후의 섭정을 받아야 했다. 그 기간 동안 정희왕후는 손자 성종이 절대적 왕권을 행사할 수 있도록 기반을 닦아주었다. 자신이 독실한 불교신자였으면서도 조선의 정체성을 확립하기 위해 숭유억불정책을 폈고, 그때까지 남은 고려의 풍습인 일부 친인척간 혼인이 사회문제로 대두되자 외가 6촌 이 내의 결혼을 법으로 금지시켰다. 또한 자신의 며느리이자, 성종의 어머니인 소혜왕후 한씨(인수대비)에게 많은 권한을 위임했다.

어릴 때부터 영특했던 성종은 20세가 되어 권력을 넘겨받자 자신의 통치술을 유감없이 발휘했다. 한명회, 신숙주 등 세조 때의 공신들로 구성된 원상제도를 폐지하여 왕명출납과 결재권을 장악했다. 신진 사림 세력의 김종직과 고려 충신 정몽주, 길재의 후손까지 파격적으로 등용해 원상들을 견제했다. 도성 밖 선농단에서 풍년을 기원하는 제사를 친히 올린 후, 소를 잡아 국을 끓인 음식을 백성들과 나누어 먹었다. 이것이 오늘날 '설렁탕'의 유래다. 역성혁명 이후 세종의 출현으로 비로소 백성들도 고려인이 아니라 조선인이라는 생각을 했는데, 세조의 왕위찬탈 후 민심이 다시 흉흉했었다. 성종은 이 민심을 가라앉히고 풍요로운 나라를 만들어 백성들도 왕에게 마음을 열고 어버이처럼 따르게 되었다.

성종도 정희왕후의 수렴청정을 받아야 하는 것은 예종과 마찬가지였다. 하지만 다른 점은 그 기간을 수련의 시간으로 삼았다는 것이다. 갑자기 왕이 되었지만 왕이 된 운명을 받아들이고 그에 걸맞은 준비를 했다.

리더의 자질은 스스로를 자각하는 순간부터 향상되기 시작한다.

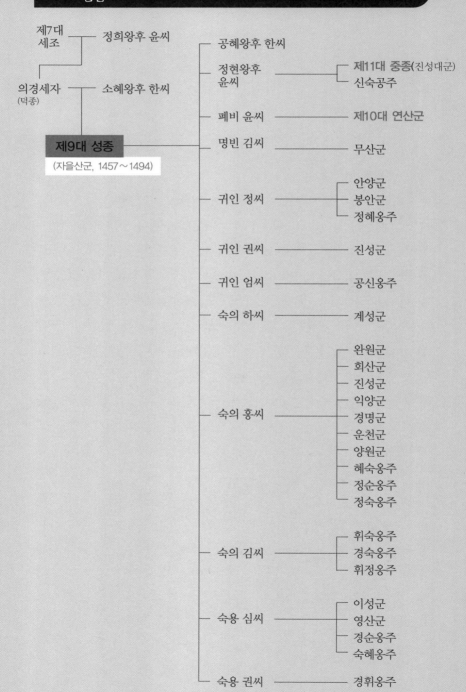

제9대 성종 가계도

제7대 세조 ─── 정희왕후 윤씨 ─┬─ 공혜왕후 한씨

정현왕후 윤씨 ─┬─ 제11대 중종(진성대군)
             └─ 신숙공주

의경세자(덕종) ─── 소혜왕후 한씨

폐비 윤씨 ─── 제10대 연산군

제9대 성종 (자을산군, 1457~1494)

명빈 김씨 ─── 무산군

귀인 정씨 ─┬─ 안양군
          ├─ 봉안군
          └─ 정혜옹주

귀인 권씨 ─── 진성군

귀인 엄씨 ─── 공신옹주

숙의 하씨 ─── 계성군

숙의 홍씨 ─┬─ 완원군
          ├─ 회산군
          ├─ 진성군
          ├─ 익양군
          ├─ 경명군
          ├─ 운천군
          ├─ 양원군
          ├─ 혜숙옹주
          ├─ 정순옹주
          └─ 정숙옹주

숙의 김씨 ─┬─ 휘숙옹주
          ├─ 경숙옹주
          └─ 휘정옹주

숙용 심씨 ─┬─ 이성군
          ├─ 영산군
          ├─ 경순옹주
          └─ 숙혜옹주

숙용 권씨 ─── 경휘옹주

밀실 담합으로 왕이 되다

예종이 승하하자 재상들은 예종의 어머니이자 세조의 부인인 정희왕후에게 달려갔다. 그 자리에서 정희왕후는 숨 쉴 틈도 주지 않고 '세조의 유명'이라며 의경세자의 둘째아들인 자을산군을 지목했다. 예종의 원자인 제안대군은 겨우 네 살로 너무 어리고, 예종의 형으로서 세조 즉위 초기에 죽은 의경세자의 큰 아들 월산대군은 병약해 대통을 잇기 어렵다는 것이다.

사실 정희왕후는 몸이 약한 예종이 오래가지 못하리라 보고 왕권 찬탈을 막기 위해 한명회 등의 원상들과 은밀히 논의했다. 이 과정에서 정희왕후가 의경세자의 큰아들인 월산대군을 지목했으나 한명회가 반대하여 자을산군으로 정했졌다.

한명회가 자을산군을 지지한 데는 이유가 있다. 한명회의 큰 딸은 세자 시절 예종과 결혼했으나 예종이 왕위에 오르기 전에 요절했고 후

은퇴 후 한명회는
강남에 압구정鸭鷗亭이라는 정자를
짓고 편히 여생을 보냈다.

에 정순왕후에 추존되었다. 그리고 둘째 딸이 자을산군과 혼인했다. 정희와후나 한명회에게는 자신들의 입지를 튼튼하게 보호해줄 새로운 왕으로 자을산군이 적임자였다. 이로써 한명회는 조선 역사에서 유일하게 두 왕의 장인이 되었다.

정희왕후가 자을산군을 서둘러 왕에 지명한 것도, 왕위 계승자의 논의가 길어질 경우 예법에 어긋나는 왕위 계승이라며 종실이 반대하고 나설 것을 우려해서였다. 사실 자을산군은 왕위 계승 서열 3위로 왕이 되리라고 누구도 예측하지 못했다. 예종의 외아들이며 원자인 네 살짜리 제안대군이 왕위 계승의 적통이지만, 너무 어려 안 된다면 그 다음 순위는 당연히 세조의 장손인 열다섯 살의 월산대군이 되어야 한다. 이것이 가법에 맞다. 왕위 승계가 예법에 맞으려면 적통이 먼저이고, 안 되면 가법에라도 맞아야 한다. 그러나 성종은 둘 중 하나에도 맞지 않는다. 이처럼 정통성이 떨어지는 자을산군을 왕에 세워 놓고 스무 살이 될 때까지 8년간 정희왕후가 수렴청정했다.

조선 최초로 수렴청정하게 된 정희왕후도 본래 왕비가 될 입장은 아니었다. 11세 때 언니를 제치고 수양대군과 결혼한 뒤, 37세에 왕비가 되었다. 성종 즉위 직후 수렴청정을 시작한 정희왕후에게 가장 시급한 일은 위협이 될 만한 왕실 세력을 약화시키는 것이었다.

그 중심에 영의정인 구성군이 있었다. 세조의 친조카이며, 예종과는 사촌 간인 구성군은 문무를 겸비해 세조에게 크게 총애받았고 이시애의 난도 평정해 백성의 신망도 높았다. 이런 구성군이기에 종친들도 절대적으로 그의 말을 따랐다. 그만큼 정희왕후와 한명회에게 위험 인물로 비쳐 예종 때 구성군의 최측근인 남이 장군을 역모로 몰아 제거했다. 이들은 세조가 어린 조카 단종의 왕위를 찬탈하는 과정을 익히 알고 있었기에 지레 겁을 먹은 것이다.

대간들도 정희왕후와 한명회의 의중을 읽고 집요하게 구성군을 탄핵하기 시작했다. 구성군은 왕위에 욕심이 전혀 없었으나 마침내 정희왕후에 의해 유배당했고 유배지에서 생을 마쳐야 했다.

성종이 즉위하여 궁궐에 들어올 때, 어머니 소혜왕후 한씨도 동행했다. 12년 전 의경세자가 죽자 세자빈이었던 한씨는 세 아이들을 데리고 궁궐을 떠나야만 했다. 그러나 둘째아들이 왕이 되자, 하루아침에 인수대비가 되어 궁중의 어른으로 돌아온 것이다. 정희왕후는 진즉부터 신뢰했던 며느리 인수대비와 힘을 합쳐 어린 성종을 도왔다.

정희왕후는 8년간 수렴청정을 하면서 남편 세조와는 정반대로 불교 4대 금지(도성 내 염불금지, 사대부 부녀자 출가금지, 도성 내 승려 출입금지, 불교의 화장풍습 금지) 정책을 펴 유교 문화를 강화하고자 했다. 이는 세조가 속죄의 방편으로 불교를 지나치게 의지하자 유교학자들의 반발이 컸기 때문이다. 이런 과정을 원상들인 한명회, 신숙주 등이 주도했다.

인수대비가 왕의 형수인 수빈 시절 머물던 중화전

구성군 사건 이후 정희왕후는 수양대군이 허용했던 종친의 정치 참여와 관리 등용을 법으로 금지하여 신권이 국정을 주도하는 계기를 만들었다. 이후 왕족들은 술과 여자에 친해지거나 산천경계를 유람하며 인생을 보내야 했다.

정면충돌하는 대신 기회를 조성했다

성종은 왕이 된 후에도 서두르지 않고 뜻을 펼친 때를 만들었다. 성종은 태어난 지 두 달 만에 아버지 의경세자가 죽자 세조의 손에서 자라게 되었다. 세조가 어린 성종과 함께 거니는데 갑자기 내리친 번개로 시종하던 환관이 죽었다. 모두 혼비백산해 우왕좌왕하는데 어린 성종은 얼굴빛 하나 변하지 않고 의젓했다. 이를 본 세조가 그 기상이 태조를 닮았다며 칭찬했다. 이런 태연자약하는 성품이 통치할 때도 계속되었다.

특히 정희왕후가 섭정하던 8년 동안 공신들이 쥐고 흔들었으나 어린 성종은 섣불리 나서지 않고 자신의 기회를 조성해 나갔다. 공신들과 불필요하게 부딪치지 않는 대신, 백성들을 어루만지는 대외적 유화정책을 폈다. 즉위 직후 호패법을 폐지해 민간에 대한 관청의 감시를 줄여주고, 고리대금업인 내수사의 장리소 560개를 절반으로 줄여 235

개만 남겼다. 유교 국가라는 이름에 걸맞게 전국 유생들에게 '삼강행실三綱行實'을 가르치게 했고, 고위 관료들이 도성 내에 거주토록 하여 고유 업무에 집중하도록 했다.

전라도에 뽕나무 밭을 조성하고, 황해도에 목화밭을 만들어 지역에 맞는 특산물을 생산하도록 장려했으며, 각 도마다 잠실을 만들어 농민들이 농사 외에도 잠업을 병행해 소득이 향상되도록 했다. 성종은 농민의 수고로움을 알아야 한다며 대궐에 농지를 조성해 친히 경작하고, 궁내 여인들도 누에를 치고 길쌈을 하도록 했다. 이처럼 젊은 왕답지 않게 백성을 다독이는 너그러움이 곳곳에 배어났다. 성종은 25년간 통치하면서 넓은 도량을 지닌 리더의 족적을 많이 남겼다. 그중《연려실기술練藜室記述》에 나온 사례 중 두 가지만 살펴보자.

조선의 왕들은 매 사냥을 즐겼다. 성종도 예외가 아니어서 궁궐 안에 사냥에 쓸 매를 기르기까지 했다. 성종 3년(1472) 한 신하가 매 사육을 문제 삼았다.

"지금 온 나라가 가뭄으로 난리입니다. 이러한데 전하께서 대궐 안에 매나 기르십니다. 이는 놀기 좋아하는 군주라는 증거이며 군주의 도리와 맞지 않습니다."

성종은 이런 불경스러운 말을 하는 신하에게 화를 내는 대신 대궐 안의 매를 모두 날려 보내며 말했다.

"옛말에 하늘의 태양과 달과 같은 임금이 잘못하면 일식 월식과 같다 했소. 앞으로 매를 기르지 않으리다."

또 한 번은 성종의 명을 받은 고위 관료가 지방을 순시하다가 비단 열 필을 뇌물로 받고 수령의 잘못을 숨겨주었다. 이 소문을 성종이 들었다. 아무것도 모르는 관료가 돌아와 성종 앞에서 거짓 보고를 하였다. 성종은 후에 조용히 그 관료만 편전으로 불렀다.

"이번 일로 수고가 많았소. 내 듣자하니 그대가 이 물건을 매우 좋아한다기에 준비해두었소. 가져가시오."

그렇게 말하고 관료가 받았던 비단과 똑같은 비단을 내놓았다. 그 비단을 보는 순간 관료는 사색이 된 얼굴로 바닥에 엎드렸다.

"전하 죽을죄를 지었습니다. 잠시 비단에 눈이 멀었습니다. 저를 죽여주옵소서."

이에 성종이 다가가 그를 껴안아 일으켜주었다.

"무엇이 잘못인지 깨달았으면 다시 그 죄를 범하지 않으면 되는 것이오. 이제 그만 돌아가시오."

자기로 인한 시빗거리는 빨리 없애 백성의 신뢰를 받았고, 신하의 잘못은 용서해주되 다시 재발하지 않게 하여 충성스러운 신하를 확보했다. 이러니 백성과 신하가 성종을 칭송하지 않을 수가 없었다.

성종 치세하에서 사관이 꿇어 엎드려 기록하는 관례도 개선되었다. 어느 날 성종이 엎드린 사관을 보더니 분부했다.

"사관의 일이 임금의 언행을 기록하는 일인데 그처럼 엎드리면 힘들어서 제대로 기록이 되겠소? 앞으로 허리를 쭉 펴고 임금을 자세히 살피어 가감 없이 기록하도록 하오."

이때부터 비로소 사관이 앉아서 기록하게 되었다. 또한 국기일國忌日을 맞아 종묘에서 제사를 드리고 도성에 들어오는데 너무 고요했다. 이에 왕이 주위에 명을 내렸다.

"앞으로는 국기일이라도 백성들이 마음껏 풍악을 치며 놀 수 있도록 허락하라."

임금이 이렇게 인자하니 나라 안 백성들도 덩달아 춤과 노래를 자유롭게 즐겼다. 이뿐 아니라 역모죄를 지은 자들에게도 다른 왕들이 삼족을 멸하던 것과는 달리 전혀 다른 처분을 내렸다. 역모죄를 지은 일당이 잡혀 왔다는 보고를 들은 성종이 태연히 말했다.

"그중 임금 노릇 해보고자 한 놈만 내게 데려 오고 나머지는 다 풀어주어라. 괜히 주리를 틀어보아야 겁먹고 거짓 자백을 하면 애매한 사람들도 다치게 된다."

이 분부대로 주모자가 왕 앞에 끌려오자 데리고 내전으로 들어갔다.

"왕 자리가 그렇게 탐이 나드냐? 가히 대장부가 품어볼 만한 기상이로다. 왕후장상에 어찌 씨가 있을까 보냐. 이제부터 너와 함께 지내보아, 네가 나보다 이 자리에 더 적합하면 물려주겠다."

신하들이 위험하고 불경하다며 극구 만류하여도 성종은 그날 역적의 괴수와 침식을 같이 했다. 성종은 평소처럼 자리에 누워 코까지 골며 잤으나, 괴수는 불안해 잠을 못자고 덜덜덜 떨기만 했다. 다음 날 아침 산해진미가 들어 와도 감히 먹지를 못하고 '죽여 달라고' 간청하기만 할 뿐이었다.

"이놈, 너는 임금이 될 자질이 못 된다. 그런 담력으로 어찌 왕 노릇을 하겠느냐. 이제 그만 가거라. 또 왕 노릇하고 싶거든 그릇을 키운 후 역적질을 하거라."

이 말을 들은 신하들이 역적을 죽여야 한다고 맹렬히 주장했으나 성종은 선선히 방면해주었다. 성종은 이처럼 백성에게 처음부터 끝까지 한량없이 너그러워 백성들의 칭송이 자자했다.

왕의 세력을 만들다

　　정희왕후는 수렴청정하면서 한명회 등 원로대신들과 더불어 통치했고 권력을 쥔 대신들은 토지를 늘리고 가산을 엄청나게 불렸다. 이를 잘 알면서도 성종은 백성과 정서적 교감을 강화하며 정중동靜中動의 세월을 보냈다.

　즉위 7년(1476) 성종이 스무 살이 되자, 정희왕후의 섭정이 끝났다. 왕은 편전을 장악하는 즉시 권신들로부터 왕명출납과 서무결재권을 회수하여 원상제도를 폐지했다. 세조는 패륜적 왕권을 유지하기 위해 동참한 공신들을 과보호해야 했고, 그러는 바람에 왕조차도 공신들을 제어하기 어려운 지경이 되었다. 정희왕후의 섭정이 끝나자 성종은 마치 기다렸다는 듯이 결재권을 장악하고 과도한 권한을 갖고 있던 권신들을 견제하기 시작한 것이다.

　성종은 당시 재야 세력으로 있던 김종직金宗直 등의 사림 출신 문인들을 측근으로 중용했다. 김종직은 정몽주, 길재吉再, 김숙자金叔滋로 이어져온 정통주자학의 계보를 이은 사람이다. 이들은 조선 창업과 단종 폐위 사건을 겪으며 훈구파들에게 밀려나 낙향해서 제자 양성에 힘을 쏟는 한편, 일종의 자치 단체인 유향소留鄕所를 만들어 부패한 관리를 감시했다. 이 기반으로 사림이 성장한다. 원래 고려 말에 시작된 유향소는 왕권 강화의 일환으로 태종 때 일시 폐지되었다가 세종 때 시골 풍속을 교화하는 데에만 역할을 한정하며 부활되었다. 유향소는 관료제의 모순을 혁신하는 기능과 함께 향촌 질서를 성리학적으로 재확립하는 소리 없는 기능을 담당했다. 이를 눈치챈 세조가 왕권에 누가 된다며 다시 없앴던 것이다.

사림과 훈구파는 대립했다. 사림은 훈구파가 권모술수에 능한 소인배이며, 권력과 타협하는 기회주의자라 비판했고, 훈구파는 사림이 세상물정 모르는 메뚜기처럼 혼자 잘났다고 날뛰는 미숙한 자들이라고 무시했다. 공신을 비롯해 훈구파는 주로 국가 학문 공인기관인 성균관이나 집현전을 통해 배출된 학자들로 문장과 실용을 중시했고, 사림은 낙향한 학자들에 의해 길러진 재야인사들로 시와 도학을 중시했다.

신진 사림 세력이 조정에 진출하기 시작하자 유자광, 임사홍 등이 파당을 만들어 방해하기 시작했다. 이에 성종은 조정의 기강을 흐리게 한 책임을 물어 의주로 이들을 귀양 보냈다. 성종은 여기서 한걸음 더 나아갔다. 사림 학맥의 뿌리인 정몽주와 길재의 후손까지 찾아내어 녹祿을 내리고 후대했다. 조선 건국을 반대하고 산림에 숨어 살던 이들의 후예를 찾아내 꾸준히 조정에 등용했다.

성종이 무조건 훈구 세력을 배척한다거나 사림이라 하여 함부로 등용하지는 않았지만 어느덧 조정에서 훈구 세력이 조금씩 후퇴하여 신진 사림 세력과 균형을 유지하게 되었다. 사림 세력은 근왕勤王 세력으로 성장해 왕권이 한층 안정되었다. 사림들은 주로 사헌부, 사간원, 홍문관 등 청요직淸要職에 배치되어 대신들의 불법 행위를 규찰하고 집중 공격하는 역할을 맡았다. 또한 춘추관 같은 학술 기관을 장악해 개혁을 이론적으로 뒷받침했다. 반면 구세력인 훈구파는 일반 행정기관인 이조, 호조, 예조, 병조, 형조, 공조를 장악해 여전히 실권의 일부를 쥐고 있었다. 성종은 훈구파와 사림파를 적절히 지원하며 정국을 이끌어 갔다. 성종 18년(1487)에는 세조 대의 마지막 원상인 한명회와 정창손이 죽었다.

성종은 이처럼 권력의 양분화를 통해 최종 조정자로 자기 권위를 확실하게 굳히면서 한편으로 조선 변두리의 불안 요소를 없애 백성들을 안심시켰다. 성종 10년(1479) 좌의정 윤필상尹弼商이 압록강 건너의 야인 마을을 소탕했고, 성종 22년(1491)에는 함경도 관찰사 허종許琮이 두만강 건너의 야인 부락을 완벽히 정벌했다. 또한 남방의 왜구들도 외교적으로 관리해 조선의 위아래 변방이 어느 때보다 안정되었다.

성종은 성리학에 심취했다. 성종 20년(1489) 향시에서 '불교를 통제하기 위해 불교를 믿는다'는 답지를 낸 유생을 귀양 보낼 정도로 불교를 멀리했다. 그 바람에 사대부 집안의 부녀자는 비구니가 되지 못하게 막았고, 불교의 장례방식인 화장火葬도 금지했다. 이로써 고려 때부터 내려온 화장 문화가 사라졌다. 또한 숭유억불정책의 일환으로 양반 중 경학이나 강의만 잘해도 자신의 벗으로 삼고, 관리로 특채했으며 젊은 관리에게 독서와 저술에 전념하라며 휴가까지 주었다.

성종의 업적 중 빼놓을 수 없는 것이 《경국대전》을 완성한 일이다. 조선이 개국할 때 정도전은 고대 중국 육전六典을 기초로 《조선경국전》을 만들었으나 그 후 시간이 흐르며 새로운 법이 추가되어야 했다.

이에 세조는 고려와 조선 초의 1백년에 걸쳐 반포된 수많은 법령과 교지를 종합한 통일 법전을 만들기 시작했다. 이 방대한 작업이 성종 때 완료되었다. 이로써 조선은 군주국가이면서 법치국가로 자리 잡을 수 있었다. 성종 시대에 《경국대전》 이외에도 《동국여지승람》《동문선》《동국통감》《악학궤범》 등 다양한 서적이 출간되었다.

분란의 불씨를 만든 사생활

　　　　　　성종의 후덕한 리더십 때문에 전반적으로 사회가 안정되기도 했으나 때로 엉뚱한 일이 벌어지기도 했다. 유흥을 즐기는 분위기가 만연했고, 왕 자신도 답답한 궁을 밤중에 몰래 빠져 나와 기방을 출입하는 야행夜行을 즐겼다. 심지어 성종이 조선시대 최대의 간통사건을 일으킨 어우동과도 즐겼다는 야사도 전해 내려온다.

　사림이 득세한 후부터 공신들은 거의 사라지고, 사림끼리 인맥, 학맥을 따지며 선후배로 얽히자 매사 적당히 지나가는 분위기가 형성되었다. 세종이 이룩한 풍요로움이 성종 때까지 이어지면서 사회 전방에 여유가 있었다.

　그런데다가 본래 성종이 인정도 많고 한량 기질이 있어 조선 왕 중 부인을 제일 많이 두었다. 12명의 부인과 16남 12녀의 자녀를 두고서도 끝없이 여색을 탐하며 궁중 잔치를 자주 열었다. 잔치 자리의 춤과 장구 소리에 맞춰 술 마시기를 좋아했다. 술자리에서는 일반 궁녀들이 무슨 말을 해도 함께 웃으며 이해했다. 이런 일이 빈번해지자 투기가 많은 왕비 윤씨가 더욱 표독해져서 성종에게 거칠게 대했다.

성종의 어머니 인수대비는 며느리의 이런 성품을 잘 알고 항상 왕비의 주위를 살폈다. 원래 성종의 정비는 한명회의 둘째딸인 공혜왕후 한씨인데, 성종 5년(1474) 17세의 나이로 죽었다. 당시 왕비 윤씨는 성종의 후궁으로 총애를 받다가 공혜왕후가 죽자 왕비로 책봉되었는데, 바로 그해에 왕자 융(연산군)을 낳았다. 왕이 규방 출입을 자주 하며 자신을 멀리하자 투기에 몸서리치던 왕비는, 어느 날 왕이 아기를 보러 오자 숨겨두고 저주하는 눈빛으로 노려보았다. 이때 수라상이 들어오자 왕비가 상을 밀쳐 왕에게 음식이 쏟아졌다. 화가 난 왕은 왕비에게서 아기를 격리시켰다. 둘 사이에 언쟁이 높아지며 몸싸움까지 벌어져 밖에 서 있던 궁녀들이 몸 둘 바를 몰랐다. 잠시 후 성종이 편전으로 돌아왔는데 인수대비가 용안을 보니 손톱자국이 깊게 패여 있었다.

'지엄한 왕의 용안에 상처를 내다니 용서할 수 없다.'

인수대비가 폐비를 결심하던 때, 왕의 얼굴에 상처를 낸 왕비는 겁을 먹고 자작극을 꾸몄다. 성종에게 투서를 보내, 후궁 정씨와 엄씨가 세자를 해치려 한다는 음모를 꾸민 것이다. 이 투서를 받아본 성종은 왕비의 소행임을 직감하고 왕비의 방을 뒤져보니, 저주용 주문이 적힌 서적 한 권과 극약인 비상이 발견되었다. 이 두 가지 일로 왕비는 서인 庶人으로 강등되고 궁궐에서 내쫓겨 친정으로 돌아갔다. 이때 왕이 내건 폐비 명분이 칠거지악七去之惡 중 하나였다. '윤씨는 말이 너무 많

174

앗고, 투기가 심했으며, 순종하지 않아서 쫓아낸다.'

민가로 쫓겨난 윤씨의 생활을 내시가 염탐하고 반성의 빛이 전혀 없다고 성종에게 보고했다. 그러자 성종과 대비들은 후일의 근심을 미리 예방하기 위해 사약을 내리기로 했다. 연산군의 나이 네 살 때 윤씨가 폐출되었고, 일곱 살 때 사약을 받았다. 폐비 윤씨는 사약을 마시고 토한 피를 묻힌 수건을 어머니 신씨에게 전해주며 부탁했다. '내 아이가 자란 후에 내 원통한 사연을 알려주시오.' 이 사건은 연산군 때에 이르러 갑자사화라는 정쟁의 불씨가 된다.

성종은 성종 14년(1483) 인수대비와 주변의 반대에도 불구하고 여덟 살이 된 연산을 세자에 책봉했다. 그리고 연산이 열세 살이 된 해, 폐비 윤씨 대신 왕비가 된 정현왕후가 진성대군(중종)을 낳았다. 성종은 1494년 37살에 갑자기 요절하는 바람에 세자 융이 조선 10대 왕이 된다.

만백성 위에
군림한 군주

조선은 제10대왕 연산군燕山君(1494~1506) 이후 하
향세로 돌아서고, 11대 왕 중종中宗(1506~1544)이 약 40년 정도 통치하
는 동안 조광조라는 인물을 통해 반전의 기회가 왔으나 이를 버리는
바람에 확실하게 내리막길로 들어섰다. 이후 영조 때 방향을 바꿔 정
조 때 잠깐 상승했다가 이후 다시 급전직하했다.

조선은 태조가 문을 열고, 태종이 기반을 닦았으며, 세종 때 가장 융
성했다. 바로 그 풍요로운 여파가 세조를 지나 성종 때까지 이어졌다.
하지만 태평성대가 지속된 탓인지 치세 후기에 퇴폐풍조가 조장되었
고, 여색을 밝힌 성종 주변의 여인들끼리 갈등이 생겨, 후대 대학살의
빌미가 된다. 조선 군주 가운데 가장 포악했던 연산군, 그보다 더 많은
사람의 피를 흘린 중종은 공포를 조성해 강력한 군주 노릇을 하고자 했
다. 연산은 견제 세력을 깡그리 없애버리려 했고, 중종은 우유부단하고

무능한 자신을 커버하기 위해 어이없게도 개혁의 파트너였던 조광조를 비롯해 수많은 사람들을 형장의 이슬로 보냈다. 두 왕이 통치한 기간만 연산 12년, 중종 38년이니 합쳐 50년이나 된다. 이 반세기가 조선의 미래를 암울하게 만들었다. 잘못된 리더 한 사람 때문에 잘나가던 조직이 망가지는 경우가 허다하다.

이래서 리더는 아무나 되어서는 안 된다. 리더의 조건은 혈통도 아니고, 외모도 아니고 학벌도 아니다. 리더의 제일 조건은 무엇일까? 쉽게 말해 리더 자신의 이익보다 구성원의 행복을 먼저 생각하는 것이다. 어느 리더든 자기 리더십이 발휘되는 것을 원한다. 기본이 바로선 리더는 구성원들이 자기 때문에 행복해하는 것을 보면 자기의 리더십이 제대로 작동하고 있다며 만족해한다.

연산군이나 중종 같은 리더들은 특권을 과시하고 누리는 것으로 리더십을 확인하려 했다. 두 왕처럼 오직 자신의 권력 향유에만 관심을 갖게 되면 신하들도 공적인 일을 대충하고 개인적인 연줄 잡기에만 골몰한다. 조정 내의 합리적 업무 협조는 불가능해지며, 업무의 경중이 공적 가치에 의해 정해지지 않고 왕의 기분에 따라 수시로 뒤바뀐다. 세종이나 정조는 말할 것 없고, 심지어 권력욕의 화신인 태종도 번영과 백성들을 돌보는 데에 힘도 쏟았고, 세조도 측근을 챙기고 백성에게 옳게 보이려고 노력했다. 그러나 연산군과 중종에게 백성은 안중에도 없었다. 그래서 조선중기의 사대 사화 중 연산군 때에 무오사화(1498), 갑자사화(1504)가, 중종 때 기묘사화(1519)가 일어났다. 나머지 을사사화(1544)는 명종 때 발생했다.

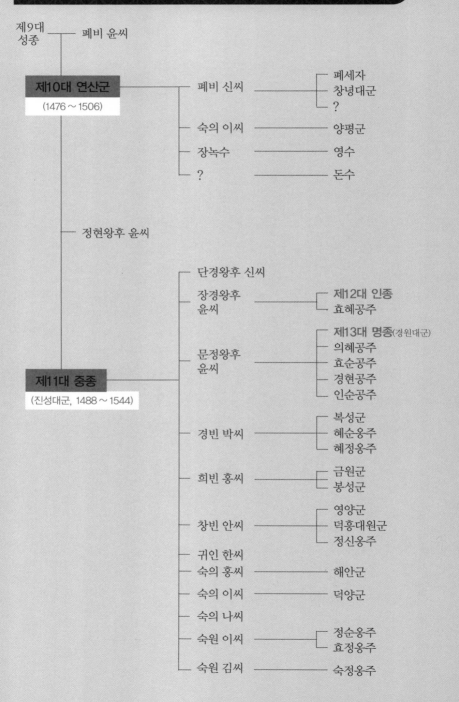

제10대 연산군, 제11대 중종 가계도

제9대 성종 ─── 폐비 윤씨

제10대 연산군
(1476 ~ 1506)

─── 폐비 신씨 ─────── 폐세자
                          창녕대군
                          ?

─── 숙의 이씨 ─────── 양평군
─── 장녹수 ─────── 영수
─── ? ─────── 돈수

─── 정현왕후 윤씨

제11대 중종
(진성대군, 1488 ~ 1544)

─── 단경왕후 신씨

─── 장경왕후 윤씨 ─────── 제12대 인종
                          효혜공주

─── 문정왕후 윤씨 ─────── 제13대 명종(경원대군)
                          의혜공주
                          효순공주
                          경현공주
                          인순공주

─── 경빈 박씨 ─────── 복성군
                          혜순옹주
                          혜정옹주

─── 희빈 홍씨 ─────── 금원군
                          봉성군

─── 창빈 안씨 ─────── 영양군
                          덕흥대원군
                          정신옹주

─── 귀인 한씨
─── 숙의 홍씨 ─────── 해안군
─── 숙의 이씨 ─────── 덕양군
─── 숙의 나씨
─── 숙원 이씨 ─────── 정순옹주
                          효정옹주
─── 숙원 김씨 ─────── 숙정옹주

조언하는 자를 없애고 귀를 막다

　　　　　　　　　　연산군 융은 대궐 안에서 출생했다. 이
는 선대 왕 중 단종을 제외하고 처음이었다. 종친과 대신들이 크게 경
하했고, 성종도 경사라며 대사령을 내려 만백성과 더불어 즐거워했다.
이렇게 만인의 축복 속에 태어난 연산군이 왜 희대의 폭군이 되었을
까? 융은 세 살 때부터 말을 좋아해 성종이 준마駿馬를 하사했다. 그러
면서도 성종은 융이 학식 있는 군주가 되기 원했으므로 당대 최고의
학자들에게 융을 가르치게 했다. 그러나 어쩐 일인지 10년 이상을 가
르쳐도 연산이 문리文理를 깨치지 못했다. 고민 끝에 학자들이 사서四
書를 먼저 익히고 역사서를 보는 교수 방식까지 바꾸어 먼저 사기史記
를 읽게 해도 달라지지 않았다. 성종은 이런 세자를 보며 크게 실망했
고, 사무 처리 능력도 떨어지는 것을 보고 우려했다. 성종은 세종과 함
께 조선의 최고 태평성대를 구가한 임금으로 칭송받지만, 학문과 더불

어 여색, 사냥까지 좋아했다. 연산군은 성종의 성군 기질은 빼고 여색을 밝히는 기질만 닮았으며 어려서부터 음험한 성격을 가졌다. 어느 날 성종이 융에게 임금의 도리에 대해 가르치려는데 성종이 아끼는 애완 사슴 한 마리가 나타나 융의 손등을 핥았다. 융은 부왕이 지켜 보는 데서 사슴의 배를 걷어찼고, 화가 난 성종이 융을 심히 꾸짖었다. 또 한 번은 융이 자신에게 학문을 가르치던 스승인 허침許琛을 성인, 조자서趙子瑞는 소인배라 비유하는 낙서를 써놓았다. 조자서는 융에게 대충 교육을 시켰고, 허침은 빈틈없이 시키려 했다. 후에 융은 왕이 되자 사슴을 쏘아 죽였고, 조자서 역시 죽였다.

연산군은 모친이 폐서인 될 때 겨우 네 살이었다. 그때부터 쫓겨난 모친 대신 곧바로 간택된 정현왕후 윤씨를 친어머니로 알고 자랐다.

성종은 융이 포악스러워 그다지 마음에 들지 않았지만 성종 14년 (1483) 세자로 책봉했다. 당시 진성대군이 태어나기 전이라 성종의 아들이 융 하나뿐이었는데도 인수대비는 폐비의 아들이 세자가 되면 후환이 클 것이라며 반대했다. 당시 연산은 자신을 냉대하는 할머니 인수대비와 성종을 무척 싫어했으나 겉으로 표현하지 못했다. 그 대신 사서삼경 등 효와 충을 강조하는 경전을 혐오했고, 윤리성이 약한 시를 좋아했다.

소통을 차단하다

　　　　　연산군의 통치 초반부는 세종 대부터의 태평성대 분위기가 이어져서, 왕실은 물론 민가에까지 사치풍조가 만연해 있었다. 학문 연구가 목적인 성균관에 명문가의 자녀들이 단순히 과거시험 준비를 하러 들어와 오만하고 건방지게 행동하고 다녔다. 또한 귀중품인 담비털이 유행했고, 애경사에 거금이 들었다. 이 시기 연산군은 성종 말기 호시절의 부작용으로 나타났던 지방수령들의 부패를 바로잡기 위해 어사를 팔도에 보내 퇴폐풍조를 일신했다. 물론 이 시기에도 연산의 사나운 성격은 가끔 드러났다. 부군 성종을 증오하는 연산은 성종의 후궁들을 죽이고, 성종이 기르던 사슴을 구워 먹으며 성종의 영정에 화살까지 쏘았다.

　　그러면서도 별시문과別試文科를 실시해 인재를 확충했고 북방을 침입하는 여진족을 회유해 변방의 안정을 꾀했다. 왕권을 능가할 힘을 가졌던 공신 세력을 제거해서 탄탄한 권력 기반을 다졌다. 이렇게 조정을 장악한 연산군은 드디어 본래 기질을 드러내기 시작했다.

처음에 궁녀들과만 놀더니 만족스럽지 않았던지 조선 팔도에 채홍사採紅使를 보내 기생들을 징발했다. 이들을 매일같이 불러 궁궐에서 향연을 열었다. 이때 불러들인 기생을 흥청興淸이라 했으며, 여기서 '흥청거린다' 란 말이 나왔다. 기녀와 노는 것도 식상해지자, 채청사採靑使를 두어 유부녀, 처녀를 가리지 않고, 심지어 사대부 처자까지 농락하기 시작했다. 이렇게 끌려온 여자들을 대궐 안에 꾸민 연방원聯芳院, 함방원含芳院에 기거하게 했다. 매일 밤 연산군은 이곳을 돌며 기숙했다.

문신들이 연산의 음탕을 만류하자 귀찮다며 경연을 폐지했고, 사간원, 홍문관 등 여론과 상소를 담당하는 기관도 남김없이 없앴다. 이로써 여론과 관련된 상소, 상언, 경고 등의 제도가 모두 중단되었다.

그뿐 아니라 조선의 학문과 합리적 판단의 전당인 성균관을 주색장으로 만들고 유생들은 모조리 쫓아버렸다. 선종禪宗의 본산 홍천사興天寺는 마구간으로, 세조가 세운 원각사도 주색장으로 만들어 기생 천여 명, 악사 천여 명, 전국 사찰에서 뽑은 비구니 등을 모아 놓고 즐겼다. 또한 민간인들이 한글로 임금을 비판하자 한글 사용 금지령을 내렸다.

이를 보다 못해 세종 때부터 연산군까지 7왕을 모신 내시 김처선金處善이 죽음을 각오하고 직간했다.

"이 늙은 몸이 여러 왕을 모셨고, 경서와 서사를 대강 아옵니다만 고금에 상감처럼 막가는 행동을 하는 이는 없었습니다."

이 말이 끝나기가 무섭게 연산군의 화살이 조선 최고의 충신 김처선의 가슴을 뚫었다. 가슴의 솟구치는 피를 두 손으로 막으며 김처선이 계속 간청했다.

"조정 대신도 마구 죽이시는 전하께서 저 같은 늙은이를 아끼시겠습니까? 단지 전하께서 오래 왕 노릇을 하지 못하실 것이 한이 되옵니다."

이 말에 더 화가 난 연산이 내시의 혀와 다리를 잘랐고, 모든 관리의 이름과 문서에 '처處'가 들어가지 못하게 했다.

이렇게 해도 연산의 폭정을 만류하고 무참한 죽음을 자초하는 신하들이 연이어 나타나자 연산은 다음과 같은 팻말을 신하들에게 나눠주며 옆구리에 차게 했다.

입은 재앙을 부르는 문이며 혀는 몸을 죽이는 도끼
(口是招禍門구시초화문, 舌是殺身斧 설시살신부)

이후 모든 조정 백관은 패를 차고 다녀야만 하는 희극이 벌어졌다. 이런 가운데 연산군의 주변은 간교한 무리로만 가득 차게 되었다. 이들은 주로 훈구파로 유자광, 노사신, 이극돈, 윤필상, 한치형 등이었다. 관료적이며 탐욕적인 훈구파는 연산군이 올곧은 신하들을 싫어하는 성품을 이용해 사림파들을 소탕하려고 기회를 노리고 있었다.

사림의 씨를 말린 무오사화

　　　　　　　　성종은 사림 세력을 각 분야에 포진시
켜 도학정치를 추구했다. 신하들도 연산에게 부왕처럼 성군이 되라고
끊임없이 요구했다. 부왕을 내심 증오했던 연산은 이에 부담을 갖고
있었다. 이런 연산을 이극돈 등 훈구파가 교묘히 정쟁에 이용한다.

　무오년인 연산군 4년(1498), 《성종실록》을 편찬하던 이극돈이 사림파
의 거두 김종직이 지은 〈조의제문弔義帝文〉을 발견하게 되었다.

　40년 전인 세조 3년(1458), 즉 정축년 10월 어느 날 아침이었다. 그전
날 스물여덟 살의 김종직의 꿈에 의제義帝가 나타나 항우에게 자신이
시해당해 강물에 수장되었음을 하소연했다. 다음 날 아침 지난 꿈을
회상하며 초나라 의제를 추모하는 〈조의제문〉을 썼다. 그리고 얼마 후
김종직은 대과大科에 급제했다. 그 후 훈구파에 맞서는 사림파의 리더
로 활동하다가 성종 23년(1492) 62세로 죽었다.

3년 뒤 연산군이 즉위하고 관례대로 전임 왕인 성종의 실록을 편찬하라 명했다. 이에 따라 훈구파가 성종 시대 사관들의 사초史草(실록을 쓰기 위한 초고들을 모아 놓은 것)를 정리하다가 〈조의제문〉을 발견한 것이다. 그럼 왜 김종직 개인의 글이 문제가 되었을까?

김종직의 제자인 김일손金馹孫은 사관으로 있을 때 스승의 글을 사초에 올리면서, 이극돈이 전라감사였던 시절에 세조의 비 정희왕후의 상중인데도 기생들과 놀았다는 내용도 곁들여 적었다. 뒤늦게 이를 알게 된 이극돈이 그 기록을 삭제하려고 노력했으나 실패했다. 화가 치밀어 〈조의제문〉을 들고 사림과 앙숙관계에 있던 유자광의 집으로 찾아 갔다. 유자광도 사림파에 앙심을 품고 있었다. 이는 사림파가 유자광을 서자라며 천대했으며, 김종직이 성종 때 함양 군수를 지냈는데 유자광이 쓴 현판을 보더니 간신의 글이라며 떼어 내어 불로 태워버린 일이 있었다. 이때의 치욕을 품고 있던 유자광은 그 간교한 머리로 김종직과 사림파를 모함할 꾀를 낸다. 〈조의제문〉을 쓴 '정축년 10월'은 단종이 사약을 마신 달이므로, 의제는 단종이며, 항우는 수양을 뜻한다고 풀이했다. 유자광의 해석을 들은 연산군은 단순히 추모에 불과한 김종직의 글을, 세조를 비난하고 노산대군(단종)을 추모하는 불온문서로 몰아갔다. 곧바로 김일손과 그의 문하생들이 잡혀와 문초당하기 시작했다.

이미 죽은 김종직의 시신을 꺼내 부관참시剖棺斬屍했고, 당대의 명유名儒 60여 명도 능지처참했다. 그 외 수많은 사람이 관노로 끌려가거나 불고지죄로 곤장 100대씩 맞고 3000리 밖으로 귀양을 가야 했다. 이런 대학살이 무오년, 사초에서 비롯되었다 하여 무오사화戊午史禍라

한다.

이 사화 이후에 한동안 서당의 글 읽는 소리가 끊겼고, 길거리에 선비 차림의 행인이 사라졌다. 사림이 사라지자 훈구 세력은 외척 중심의 궁중 세력과 의정부, 육조 중심의 부중府中(높은 벼슬아치) 세력으로 다시 갈라졌다. 이제 연산군에게 왕의 도리를 충언할 세력은 완전히 없어졌다.

연산은 더 한층 향락에 빠졌고, 권신들도 왕에게 부화뇌동하며 자기 실리를 챙기기에 여념이 없었다. 심지어 고양군을 왕의 유흥지로 지정해 일반인들이 출입하지 못하도록 금표비禁標碑까지 세웠다. 이렇게 밤낮없이 왕이 과소비하고 다니자 국고가 거덜 나기 시작했다.

갑자사화, 훈구파를 버리다

　　연산은 문리에 둔했고, 그만큼 정치가
뭔지를 몰랐다. 부왕 성종이 왜 사림을 등용했는지를 조금만 살폈더라
면 알 수 있었을 것이다. 성종은 사림을 키워 훈구를 견제하면서 정국
을 요리했다. 탁월한 리더는 다른 견해를 가진 참모들을 두고, 충성 경
쟁을 시킨다. 양 세력을 번갈아 손을 들어 주는 이이제이以夷制夷전략
을 쓰며 소기의 목적을 이루어낸다. 그러나 연산은 자기 향락에 취해
그런 거시적 안목이 없었다.

　연산이 입바른 소리를 하는 사림을 어느 정도 살려 두었어야 이익에
따라 움직이는 훈구 세력과 힘의 균형을 취하며 왕권을 유지할 수 있
었다. 그러나 권력의 양대 축이었던 사림이 완전히 무너지자 일시적으
로 왕권이 크게 강화된 것처럼 보였으나 이는 훈구파의 품 안에 든 참
새 같은 신세였다.

문제는 욕심에서 비롯되었다. 연산이 흥청망청 낭비하자 금세 나라 곳간이 비었다. 연산은 돈을 짜낼 궁리를 한 끝에 공신들에게 공신전을 내놓으라며 짜증을 부렸고 노비까지 몰수하려 했다. 바로 그때부터 공신들의 태도가 급변했다. 공신들은 왕에게 절제하라고 간청하기 시작했다. 당시 주로 공신전을 소유한 부중파 관료들이 공신전 몰수 방침에 반발했다. 궁중파는 이 기회에 정권을 장악하려 했고, 연산군의 처남 신수근과 임사홍이 음모를 꾸몄다. 난세 때는 영웅도 빛을 발하지만 그만큼 간신들도 날뛴다.

　임사홍의 두 아들은 예종과 성종의 딸과 결혼한 왕의 부마였고 신수근은 연산군의 비 신씨의 오빠였다. 신수근와 임사홍이 꾸민 음모는 성종의 두 번째 부인이며 연산군의 친모인 '폐비 윤씨' 사건을 거론하는 것이었다. 성종이 '차후에 이 일을 거론치 말라'는 유명을 남겨, 누구도 감히 이 사건을 발설하지 않고 있었다. 당시까지만 해도 연산은 중종의 생모인 자순대비(정현왕후) 외에 자신에게 다른 어머니가 있으리라고 생각하지 못했다. 임사홍이 연산군에게 '폐비 윤씨 사건'을 밀고하자 그제야 진상을 알고 대로했다. 먼저 성종의 후궁이었던 엄 귀인과 정 귀인을 궁중 뜰에서 직접 참했고 그들의 아들들도 죽였다. 또한 윤씨 폐출을 주도한 인수대비를 머리로 받아 기절시켰다.

　연산군 10년(1504), 인수대비가 죽자 연산군의 외조모인 신씨가 나인을 통해 피 묻은 원삼자락을 연산군에게 전달한다. 이 원삼자락은 폐비 윤씨가 친정에서 사약을 받고 피를 토하며 죽을 때 친모인 신씨에게 '내 아들이 왕이 되거든 이 원통함을 꼭 풀어 달라'며 준 것이다. 그렇지 않아도 포악한 연산군은 어머니의 피 묻은 형겊을 보자 완전히 이성을 잃었다. 당시 사건에 관련된 자들과 방관자들까지 찾아 살육하는 일로 나날을 보내기 시작했다. 이미 죽은 한명회, 정창손을 부관참시했고, 생존해 있던 윤필상, 김굉필, 이극균 등을 극형에 처했다.

이 갑자사화甲子士禍는 연산군 10년 3월부터 10월까지 일어났다. 7개월간 벌어진 이 대학살 사건은 무오사화와 비할 바 없이 참혹했다. 왕의 황음무도한 생활로 국가 재정이 파탄나자 이를 메우기 위해 훈구 대신들의 토지를 몰수하려다가 드러난 생모 윤씨의 폐비 사건으로 엄청난 인명을 살상했다. 하도 많은 사람이 죽어 대간과 시종 가운데 살아남은 사람이 없었다. 이때 포락炮烙(담금질), 쇄골표풍碎骨飄風(뼛가루를 바람에 날리기), 촌참寸斬(토막 내기) 등 온갖 잔인한 형벌이 개발되었다.

모두를 내쫓고, 모두에게 내쫓기다

　　무오사화 이후 연산군의 주변에 궁중파, 즉 핏줄로 연결된 친인척들만 남았다. 연산군은 이들에게마저도 패악한 짓을 저지르기 시작했다. 처음 궁궐 밖 여인들을 탐하다가 다음에는 사대부의 유부녀를 겁탈했고, 이제는 종실 안의 인척까지 유린하기 시작했다. 바로 성종의 친형으로 연산군에게 큰아버지인 월산대군의 부인 박씨를 겁탈한 것이다. 박씨는 이 일로 자결했고, 그녀의 오빠인 도총관 박원종朴元宗이 이때부터 연산군에게 앙심을 품었다.

　　박원종을 찾아와 제일 먼저 거사를 제의한 사람이 성희안成希顔이었다. 그는 성종의 총애를 받던 인물로 지략이 뛰어나 형조판서, 이조참판까지 지냈는데 연산군이 누각에서 연회를 즐길 때 비판하는 시를 지어 바쳤다가 종9품의 말직으로 좌천되는 수모를 겪어야 했다. 두 사람은 당시 덕망이 높던 이조판서 유순정柳順汀을 설득해 동참시켰다. 이로써 지략의 성희안, 군사력의 박원종, 덕망의 유순정이 손을 잡았고, 자순대비 윤씨의 소생인 진성대군을 추대하기로 결의했다.

거사일은 연산군 12년이자 중종 원년(1506) 9월 연산군이 유람 가는 날로 잡았다. 그리고 모의 내용을 은밀히 세 정승에게 통보했다. 영의정 유순柳洵, 우의정 김수동金壽童은 흔쾌히 찬성했으나 좌의정 신수근愼守勤은 유보했다. 신수근은 연산군의 처남이면서 진성대군의 장인이었다. 그의 입장에서 매부가 왕으로 있으나, 사위가 왕이 되거나 별 차이가 없는데, 굳이 큰일을 벌이고 싶지 않았다.

반정 무리는 신수근의 회답을 받고 자칫 누설될 수도 있다는 걱정에 서둘러 거사를 결행했다. 야음을 틈타 미리 약조해둔 각 영문의 장졸들이 훈련원에 집결해, 창덕궁 안으로 쳐들어갔다.

먼저 연산군의 최측근인 임사홍과 신수근 등을 제거하고, 성종의 계비이며 진성대군의 어머니 자순대비를 찾아가 아뢰었다.

"임금이 혼미해 정사가 문란해져 백성이 도탄 속에 빠졌사옵니다. 하여 신들이 거사하였나이다. 이제 민심이 진성대군에게 쏠려 있사오니 허락하여 주시옵소서."

자순대비가 이들의 청을 받아들였다. 연산군은 왕자로 강등되어 강화도 교동으로 귀양 가고 진성대군이 엉겁결에 왕관을 쓰게 되었다.

연산군은 스스로 고립을 자초했다. 리더는 오케스트라의 지휘자와 같은 존재이지 결코 솔로가 아니다. 리더는 기본적으로 세력 관계를 잘 형성해야만 자신의 자리를 유지할 수 있다. 연산은 이를 간과했다. 무오사화에 사림 세력을 제거하고, 갑자사화에 훈구 세력을 제거했다.

조선 초기의 양반 관료 사회는 훈구파와 사림파로 양분되어 있었다.

왕은 이 두 세력을 적절하게 이용하거나 한 세력이라도 우군으로 삼아야 했다. 그러나 연산은 모두를 적으로 돌렸다. 거기에다가 백모까지 겁탈함으로써 왕실 세력까지 적으로 만들었다. 이렇게 연산군은 12년 집권 동안 자기 주변의 세력을 다 쫓아냈다. 그뿐 아니다. 여염집 아낙네를 빼앗고, 왕의 사냥에 방해된다고 민가를 허무는 등 희대의 폭군 노릇을 해, 백성도 연산군에게 환멸을 느꼈다.

신분 사회에서 사대부 계층을 개혁하려면 백성의 마음을 얻든지, 백성의 고혈을 짜내려면 사대부를 결속시켜야 되는데 연산은 위아래 모두에게 신망을 잃었다. 조정 내에 세력이 없는 왕, 백성의 신뢰를 잃은 왕, 연산군은 결국 홀로 남게 되었고 모든 것을 잃었다. 훈구파와 왕실이 결탁해 반란을 일으켰고, 사림은 문장으로 반란을 합리화해주었으며 백성은 전폭적으로 지지했다. 역대 어떤 왕보다 절대 왕권을 행사하며 뭐든 하고 싶은 대로 하고 살았던 연산군이 폐위되기 10일 전에 후원에서 후궁들과 함께 잔치를 열었다. 직접 초금草琴을 불면서 한 편의 시를 남겼다.

> 인생은 초로와 같아, 만날 때가 그리 많지 않다
> (人生如草露인생여초로, 會合不多時회합부다시)

이 시를 읊자 옆에 앉은 장녹수가 눈물을 흘렸다. 이미 연산도 고립무원孤立無援이 되어가는 자신의 처지를 보며 다가올 운명을 감지하고 있었던 것이다.

왕은 백성들에게 절대적 영향력을 끼친다. 하지만 백성이 따르지 않으면 왕은 허수아비가 되고 만다. 왕이 영향력을 끝까지 유지하려면 백성에게 낙관적 영향력을 끼치며 자신감을 고양해야 한다. 연산군은 추종자들을 몰아내고 결국 자기 홀로 남아 리더의 자리에서 탈락한 왕이다.

냉혹한 연산군의 통치를 견디다 못한 신하들이 거사를 일으켰다. 이들이 반정에 성공하고 진성대군을 찾아갔다. 진성대군은 일곱 살 때 부왕이 죽고 이복형 연산이 즉위해 온갖 눈치를 보며 성장했다. 진성대군은 반정군 사이에 전혀 사전 교감이 없었는데 반정군이 찾아와 왕으로 추대하자 극구 사양했다. 본인이 정치에 별 관심이 없었고, 또한 신하가 임금을 선택하는 '택군擇軍'도 못마땅했기 때문이다. 하지만 워낙 공신들의 세력이 막강해 받아들여야만 했다.

이렇게 하여 왕이 된 중종은 성종처럼 태평성대를 열고 싶었으나, 선공후사 先公後私의 자질이 부족했다. 조선은 왕조국가이지만 끊임없이 신권이 왕권을 통제하려고 시도했다. 이를 극복한 태종이나 세조는 절대 왕권체제를 향유하고 후대에 물려주었다.

그러나 성종 때 사림 세력이 조정에 진출해 사변적 성리학을 도구로 붕당정치를 시작한 데다가, 연산군이 신하들에 의해 패륜 군주로 찍혀 쫓겨나고 중종이 왕이 된 후부터 다시 신권이 강해졌다.

의지 없는 리더의 비극

　　　　　리더가 되려는 사람의 기본은 무엇인
가? 리더가 되려는 능동적 의지이다. 본인이 일단 리더가 되려고 해
야, 그 조직을 이해하려 하고 어느 방향으로 나아갈 것인지를 생각하
게 된다. 중종은 왕이 되려는 의지가 전혀 없던 사람이다. 이처럼 수동
적으로 리더가 되는 경우 조직에 대한 통찰력과 조직의 성취에 대한
기대가 적고, 오직 자신의 안위만 최우선 순위로 고려한다.

　진성대군은 반정군들이 반정에 성공하고 동시에 자기 집으로 몰려
와 삼엄한 경비를 펴자 연산이 자신을 죽이려는 줄 착각하고 자살하고
자 했다. 이때 부인 신씨가 말렸다.

　"만일 군사의 말머리가 우리를 향해 있다면 우리를 죽이려는 것이
나, 밖으로 향해 있으면 대군을 호위하려는 것입니다. 잘 살펴보고 난
후에 죽어도 늦지 않습니다."

194

하인을 보내 문틈으로 엿보게 했더니 군마들이 전부 밖을 향해 서 있었다.

반정 세력은 이처럼 우유부단하고 권력 의지가 전혀 없던 진성대군을 왕으로 만들어놓고 국정을 주물렀다. 이들은 조선 최고의 후안무치한 절대 권력을 휘두른 연산군을 쫓아냈다. 그러므로 언제든지 신하가 왕을 무너뜨릴 수 있다는 선례가 되어 중종은 반정 세력 앞에서 더더욱 전전긍긍했다. 당시 반정주도 세력은 연산 이전의 지배 세력인 훈구 세력이었다. 이로써 중종의 조선은 성종 이전의 구체체로 다시 복귀했다.

반정 공신들은 왕이 된 중종에게 제일 먼저 단경왕후 신씨端敬王后愼氏를 '죄인의 딸'이라며 퇴출시키라고 했다. 신씨를 무척이나 사랑하던 열아홉 살의 중종이 애원했다.

"그대들 말이 가당한 줄 아오마는 조강지처인데 어찌해야 하오?"

"그 점은 신들도 충분히 헤아렸사옵니다. 개인일보다 종묘사직의 일을 크게 보아야 합니다."

반정 공신들이 다그치자 중종도 어쩔 도리가 없었다.

단경왕후는 반정 세력에게 역적으로 몰려 죽은 신수근의 딸이다. 반정 공신들로서는 그녀를 왕비로 놓아둘 수 없었다. 결국 단경왕후는 왕비가 된 지 7일 만에 폐출되어 사가로 돌아가야 했다. 이처럼 중종은 말만 왕이지 자기 아내 하나 지키지 못했다. 억지로 헤어진 두 부부의 사랑은 더 애틋해졌다.

중종은 그녀가 사는 집이라도 쳐다보려 높은 누각에 자주 올랐다. 신씨도 이를 알고 매일 자기 집 뒤쪽의 인왕산 바위 위에 올라가 왕비

시절 즐겨 입던 분홍치마를 펼쳐놓았다.

중종이 반정 세력에게 얼마나 비굴했는지를 보여주는 일화가 또 있다.

어전 회의 때면 반정 삼대장인 박원종, 유순정, 성희안이 들어올 때까지 중종은 서 있었다. 또 회의가 끝나고 이들이 물러갈 때면 꼭 자리에서 일어나 문밖으로 나갈 때까지 서 있었다.

불행 중 다행인지 반정 삼대장이 중종 8년(1513)에 모두 죽게 된다. 이때 나이 25세인 중종은 비로소 훈구대신들의 손에서 벗어나고자 사림을 신하로 뽑기 시작한다.

조선 최초 필화사건

　　중종반정은 개인 권력욕으로 반정을 일
으킨 세조 찬탈이나, 광해에 대한 원한으로 일어난 인조반정과는 성격
이 다르다. 즉 중종 개인에게 반정의 책임이나 성공에 따르는 권리가
조금도 없었다. 오로지 반정 세력에 의해서 등극했기 때문에 조정의 실
질적 권력은 박원종 등 반정 공신들이 쥐었다. 이제 조선의 왕권은 반
정으로 왕을 갈아치울 수 있음을 입증한 신권의 눈치를 보아야만 했다.

　이런 가운데에서도 중종은 연산의 폭정으로 흉흉해진 민심을 수습
하려는 노력을 소극적이나마 기울였다. 먼저, 성균관을 다시 개수하
고, 건전한 유학풍을 세우려 노력했으나 척신과 훈신의 위세에 눌려
크게 성공하지 못했다.

　그런데 중종 5년(1510)에 이르러 박원종이 죽고 공신 세력도 위축되
기 시작했다. 이들을 견제할 방도를 찾던 중중은 전대에 화를 입은 신

하들을 복권시켜 주고, 양대 사화에서 귀양 갔던 사림 세력을 정계에 중용하기 시작했다. 이렇게 조정에 등장한 사람들은 유자儒者의 이상인 왕도, 즉 도학정치를 구현해 연산군 같은 왕이 나오지 않게 하고 싶었다.

마침 중종 6년(1511) 조선왕조 최초의 필화 사건이 발생했다. 당대 유학자인 채수蔡壽(1449~1515)가 《설공찬전薛公瓚傳》을 썼는데, 모든 화복禍福이 윤회한다는 내용으로 요즘의 납량특집 같은 귀신 이야기였다. 글자가 약 3000자 정도밖에 되지 않는 단문소설이었다. 줄거리는 순창에 살던 설공찬이 죽어 저승에 다녀온 뒤 형의 아들, 즉 조카에게 들어가 저승 이야기를 전해준다는 내용이었다. 설공찬이 저승에 가보니, 이승에서 비록 천한 신분이라도 글을 좀 하고 바르게 살았다면 저승에서 잘 지내고, 설령 왕이라도 당唐을 무너뜨리고 후량後梁을 창건한 주전충朱全忠 같은 자는 지옥에 떨어져 있었다. 주전충은 인간도살人間屠殺을 즐긴 폭군이었다. 그런 지옥에 특히 간신, 반역자, 충신 등 현세의 권력자들이 많았다. 바로 이 부분이 보기에 따라 중종과 반정공신을 겨냥한 것처럼 보였다. 실제로 채수는 반정공신들의 권력 놀음을 보며 귀신 이야기로 매섭게 꾸짖고자 이 소설을 썼다.

채수는 성종 때 강직한 언관이었다. 당시 기세등등했던 외척 임사홍의 비리를 적발해 탄핵했고, 폐비 윤씨의 복위를 주청奏請하다가 파직당했다. 그 후 경북 상주의 쾌재정快哉亭에서 말년을 보내며 중종반정 이후 공신들의 전횡을 빗댄 설공찬전을 썼다.

추상 같은 언관으로 이름을 날리며 존경을 받던 채수가 한글로 귀신 이야기를 쓰자 뭇 사람들이 호기심에 앞다퉈 읽었다. 이야기는 삽시간에 전국적으로 퍼져 권문세가의 학정에 시달리던 민초들은 내심 통쾌해했다. 훈구파가 크게 반발하며 《설공찬전》은 혹세무민惑世誣民하는 책으로 낙인찍기 시작했다. 중종 6년(1511) 9월 사간원은 '채수의 설공찬전은 매우 요망해 민중을 미혹하고 있다'고 탄핵상소를 올렸다. 며칠 뒤 중종이 '요망한 설공찬전을 불사르라'며 '내놓지 않고 감추는 자도 처벌하라'는 명을 내렸다. 귀신 이야기가 조선 문학에 본격적으로 등장하는 때는 성종 말기부터였다. 그 가운데 가장 단순한 《설공찬전》만이 금서로 규정되었다. 그만큼 지도층을 불신하는 민중의 심정을 대변하고 있었다. 《설공찬전》은 전국 각지에서 무더기로 수거하여 소각됐으며, 채수는 겨우 참수를 면했다. 그 후 몇 년 사이 반정 삼공신이 차례로 병사하며 권력에 공백이 생겼다. 이런 흐름 속에 중종이 왕권을 강화해 보려는 속셈으로 10년(1515)에 조광조趙光祖를 등용한다.

모험 없는 혁신은 없다

　　　　　조광조는 정몽주, 길재, 김종직, 김굉필
을 뒤이은 사림 세력의 대표적 인물이었다. 중종은 명색이 왕인데도
공신에게 사랑하는 아내도 잃고 휘둘리는 상황을 타개하기 위해 조광
조를 앞세워 철저한 유교정치를 시행한다.

　조광조가 내놓은 개혁안은 크게 두 가지로《향약鄕約》과 '현량과賢
良科'였다. 향약은 송나라 학자 여대충의《여씨향약》을 주희가 첨삭하
고 주석한 일종의 민간 자치규범이다. 이 규범집을 사림이 우세한 충
청, 경상, 전라도 등 삼남 지방부터 시작해 조선 팔도에 전부 보급했
다. 아이들에게는《소학》을 널리 읽게 했다. 현량과는 과거제도만으로
인재를 고르기에는 한계가 있으므로, 성품, 기국器局, 재능, 학식, 행
실, 지조, 현실대응력의 일곱 항목을 근거로 인재를 천거한다는 것이
다. 이때 천거된 사람이 28명인데 모두 요직에 임명되었다. 이들은 조

광조의 은혜에 감격해 심혈을 다해 추종하며 구태를 일소하는 작업을 벌였으나 지나치게 급진적이라며 곳곳에서 불협화음이 일어났다. 처음 향약을 실시한 지역의 향촌 세력과 뒤에 시행한 지역의 향촌 세력 사이에도 갈등이 발생했다. 그러자 입지가 좁아진 훈구파가 현량과로 등용된 자들의 행실을 지적하며 대대적인 공세에 나섰다.

이런 가운데 조광조는 도학을 내세워 중종에게까지 압박을 가했다. 당시 조선에 중국 도교사상에 입각한 소격서昭格署라는 관청이 있었는데, 국가적 재해, 즉 수해나 가뭄이 있을 때 성제단聖祭壇을 세우고 기도를 올렸다. 유학자들은 이런 제천행사가 곧 세상을 속이고, 올바른 정치를 방해하는 비합리적인 것으로 보고 혁파해야 한다고 주장했다. 하지만 이 행사가 워낙 오랜 전통을 가지고 민간에 깊이 뿌리내린 것이라며 중종은 받아들이지 않았다. 그럼에도 조광조가 물러서지 않고 수차례 독촉하자 할 수 없이 중종 13년(1518) 9월 소격서를 폐지했다.

이때부터 종중은 조광조가 지나치게 급진적이라며 경계하기 시작했다. 훈구파가 종종의 심경 변화를 잃고 조광조 일파를 일망타진하기 위한 계략을 찾는 가운데, 조광조는 공개적으로 훈구파를 몰아내겠다며 종중14년(1519), 왕에게 위훈삭제偉勳削除를 건의했다. 즉, 중종반정 공신 중에 지나치게 많은 공을 인정받은 76명을 소인배로 규정하며 이들의 위훈을 삭제하라는 것이다. 그러나 누가 뭐래도 반정 공신들은 중종이 왕이 되게 만든 세력이며, 아직도 정권의 핵심이었다. 이들을 모두 소인배로 내몬다는 것은 중종 자신에게도 위험한 일이었다.

그러나 조광조가 누구던가. 그의 거침없는 성격만큼이나 포기할 줄 모르는 집념의 사람이었다. 중종이 조광조가 올린 일곱 번의 상소를 물리치자, 사헌부·사간원·홍문관 삼사가 집단 사직서를 냈다. 이에 중종은 조광조를 불러 설득하며 여러 차례 복직을 권유했다. 조광조와 사림은 이번 기회에 실천은 않고 말만 많으며 치부와 매관매직에 몰두하는 훈구 세력을 쳐내고자 했다. 결국 왕이 한발 물러서며, 반정 공신 중 일부의 공신 등급을 개정하고 위훈 기록을 삭제했다. 그러나 종종은 조광조 식의 도학정치에 염증이 나기 시작했다.

한편 공신 자격을 박탈당한 훈구파의 심정沈貞, 희빈 홍씨의 아버지 홍경주洪景舟, 남곤南袞 등이 희한한 일을 꾸몄다. 희빈 홍씨가 궁녀를 시켜 대궐 후원 나무 잎마다 꿀물로 '주초위왕走肖爲王'이라는 글씨를 쓰게 했다. 며칠이 지나 벌레가 단물이 묻은 곳만 갉아 먹으며 선명한 글자가 나뭇잎마다 나타났다. 궁인이 이 잎사귀를 따들고 중종에게 바쳤다. '주초走肖'가 왕이 된다는 글은 '조趙' 씨 즉 조광조가 왕이 된다는 뜻이었다. 그다지 현명하지 못했던 종종은 이 글자를 보고 크게 불안해했는데, 때마침 홍경주와 남곤, 심경 등이 은밀히 찾아와 조광조 일파가 엉뚱한 음모를 꾸미고 있기에 엄히 다스려야 한다고 아뢰었다.

중종은 결코 개혁 의지가 있는 군주가 아니었다. 연산처럼 사치하거나 환락을 즐기지는 않았지만 의심이 많고 유약했다. 거기에 왕으로서 공사를 구별하는 자질도 부족해 언제든지 기분에 따라 극단적 선택을 하는 인물이었다. 자기 아내까지 내쫓은 훈구파를 견제하려고 스스로 내세운 조광조를 의심했다. 백성의 민심을 독점해 왕권을 도학의 틀에 가두려 한다며 조광조 일파를 내쳤다.

만일 조광조가 차라리 반정 삼대장이 했던 것처럼 기득권이나 탐내면서 왕에게 도학사상에 근거한 철인정치를 요구하지 않았더라면 죽지 않았을 것이다. 그러나 조광조는 반정 삼대장과 다른 인물이었다. 자기의 부귀영화를 탐내 정치하는 사람이 아니라 유교적 이상 정치를 실현하고자 했다. 그 일환으로 국가재정을 좀먹던 공신들을 정리하며 불만을 샀고, 중종에게까지 성군을 강요하자, 소인배 중종과 남곤이 결탁해 한밤중에 조광조 체포 명령을 내린다.

이에 성균관 유생 천여 명이 광화문 밖에 모여 조광조가 억울함을 당했다며 눈물로 호소했다. 중종이 주모자 몇 사람을 잡아가자, 모두가 자기 스스로를 포박해 감옥에 들어가니 감옥이 차고 넘쳤다. 영의정 정광필도 '선비들이 젊은 기백으로 이상적 제도를 실현하려 한 것'이라며 조광조를 두둔하다가 역시 옥에 갇혔다. 후세에 이 기묘사화로 죽은 사람들을 기묘명현己卯名賢이라 하여 추앙했다.

이렇게 터진 기묘사화로 조광조와 70여 명이 사약을 마셔야 했다. 조광조는 임종시臨終詩를 남겼다.

> 나라 걱정이나 집 걱정이나 다를 바 없었다
> (憂國如憂家우국여우가)
>
> 임금을 아비처럼 사랑했네
> (愛君如愛父애군여애부)
>
> 저 태양도 내 충심을 알고
> (白日照丹衷백일조단충)
>
> 환하게 이 땅을 비치는구나
> (昭昭臨下土소소림하토)

이로써 조광조를 통해 4년간 이어지던 중종의 개혁 정치는 종말을 고했다. 중종은 반정 공신을 견제하기 위해 조광조가 필요했고 조광조는 조선의 개혁을 위해 중종이 필요했다. 이처럼 서로 목적이 달랐다.

중종은 위압적인 반정 공신의 힘을 약화시키는 것이 목적일 뿐, 백성을 하늘처럼 섬기며 유가의 가르침을 따르는 성군이 되고 싶은 생각은 없었다. 조광조와 중종은 참모와 왕으로 만나 동상이몽을 갖고 각자의 목적을 이루기 위해 일시적으로 힘을 합친 것뿐이었다.

당시는 왕조시대였다. 조광조는 국왕의 품성을 잘 어루만지며 명분을 세워주었어야 했다. 그는 중종이 어떤 인물인지 잘 몰랐기에 이상만 고집하다가 실패했다. 후에 율곡은 조광조와 사림파가 성공하지 못한 이유를 이렇게 밝혔다.

"밝고 어진 자질로 나라를 다스릴 재주가 있으면서도, 학문이 채 성숙하기 전에 성급히 정치 일선에 나가는 바람에 위로 왕의 잘못과 아래로 구세력의 비방을 막지 못했다."

이처럼 조광조는 정치적 미숙함은 지적받아도 그의 개혁 사상은 큰 공감을 얻었다.

조광조 등 사림이 제거되자 훈구파들이 들어와 권력을 남용했다. 기묘사화를 일으켜 사림을 축출한 심정, 남곤, 홍경주가 함께 정권을 장악했다.

기묘사화 때 조광조 일파와 함께 유배되었던 김안로는 아들이 중종의 장녀 효혜공주孝惠公主와 결혼해 왕의 부마가 된 덕에 풀려났다. 이후 이조판서까지 되면서 심정 세력에 맞서다가 탄핵당해 유배 갔으나 곧 석방되었고, 도리어 중종 27년(1532) 심정과 그의 측근 이항李沆, 김극핍金克愊, 이 세 사람을 간신으로 몰아 처형했다. 이것이 신묘삼간 辛卯三奸이다.

소심한 중종은 후기에 들어 교활해졌다. 조광조를 친 남곤을 영의정으로 삼고 그 세력을 막강하게 키워주었다. 그러나 남곤이 죽은 후, 그 측근들을 김안로를 통해 기습적으로 죽였다.

정권을 다시 장악한 김안로는 허항 許沆, 채무택 蔡無擇과 함께 문정왕후의 폐위를 기도하다가 문정왕후의 숙부 윤안임에게 발각되었다. 이들은 세 흉물 凶物로 지목되어 피살된 후 정유삼흉 丁酉三凶이란 오명을 남겼다. 이처럼 중종은 집권 후기에 기습적인 토사구팽 정치를 했다.

조광조가 떠난 후 중종은 척신과 훈신의 권력 쟁탈 속에 갈피를 잡지 못했고, 설상가상으로 여진족과 왜구의 노략질이 극심해졌다. 중종은 즉위 초반에 공신을 약화시키려고 사림에게 정사를 맡겼으나, 개혁 정책에 의구심을 갖고 숙청했다. 이로 인해 후반기는 외척들이 득세하며 후대에 대윤 大尹, 소윤 小尹이 정쟁을 벌이는 원인이 된다.

중종의 두 번째 부인 장경왕후章敬王后와 세 번째 부인 문정왕후가 똑같이 파평 윤씨였다. 서열상 선임 왕비의 일족인 윤임, 윤여필을 대윤이라 하고, 후임 왕비의 일족인 윤원형, 윤원로, 윤지임을 소윤이라 부른다. 중종의 첫 번째 부인 신씨는 즉위 직후 폐위되었으며 자식을 두지 못했고, 두 번째 장경왕후는 세자 호岵(인종)를 낳고 죽었다. 그 뒤를 이어 중종 12년(1517)에 문정왕후가 들어와 환峘(명종)을 낳았다.

중종은 39년이란 긴 세월 동안 왕 노릇을 했지만 별 다른 업적을 남기지 못하고 57세에 세상을 떴다.

리더는결국
홀로 서야 한다

조선 제12대왕 인종仁宗(1544~1545)은 세종 못지않은 성군 기질이 있었다. 그러나 아쉽게도 즉위 9개월 만에 죽고, 인종의 뒤를 명종明宗(1545~1567)이 이었다. 그도 역시 그악스러운 문정왕후에 눌려 눈물로 용상을 지켰다.

두 왕 모두 효도하는 일과 나랏일을 구분하지 못했다. 물론 효가 중요하지만 두 왕의 분별력 없는 효심이 문제였다. 아무리 왕조시대의 왕이라도 직위만으로 존경받지는 못한다. 왕이 왕다울 때 신하와 백성이 따라간다. 즉 리더란 다른 사람이 인정해주어야 추진력을 발휘할 수 있다. 그러기 위해서 왕이 먼저 자기 미션이 무엇인지 정확이 알고 솔선수범하며 불편부당不偏不黨 해야 한다.

리더가 공선후사 하지 못하면 구성원들에게 명확한 방향 제시를 하지 못한다. 리더의 존재 이유는 기본적으로 구성원들의 행복이다. 이를 위해 나아가야 할 방향을 확실히 알고 있어야 한다.

그러나 공과 사를 구분하지 못하는 리더는 시야가 좁아져 시의 적절한 조치를 취하기 어렵게 되어 반드시 실패한다. 인종과 명종은 한 나라의 왕으로서 백성의 행복을 위해 나아가야 할 방향을 명확히 제시해야 했으나 문정왕후에게 매여 통치기간 내내 마마보이 노릇만 하고 지냈다.

문정왕후는 의붓아들 인종이 왕 노릇하기에는 '너무 착하다'는 점을 간파하고, 매일 인종이 문안인사를 드릴 때마다 '우리 모자를 언제 죽이려느냐?'며 엄청난 심적 스트레스로 압박하여 결국 요절하게 만들었다. 그리고 왕이 된 명종 역시 모후가 외척인 윤원형에게 전권을 주어도 아무 말도 하지 못했다.

오히려 문정왕후에게 얻어맞기까지 하면서 본디 언관 출신으로 사대부를 요리하는 노하우가 풍부한 윤원형의 국정농단을 지켜보는 수밖에 없었다. 두 왕이 '효'라는 딜레마에 빠져 허우적거리는 동안 조선의 공적 권위는 아래로 굴러 떨어졌다.

두 왕은 모후가 부당한 것을 요구할 때 거절하는 것이 참다운 효도이고 나라를 살리는 길임을 망각하고 있었다. 두 왕처럼 공과 사를 구분하지 못하고 혼돈에 빠지는 리더라면 다음의 질문을 던지며 분별력을 되찾아야 한다.

'지금 우리는 어디로, 왜 가야만 하는가? 그곳으로 가기 위해 언제, 무엇을, 어떻게 해야 하는가?'

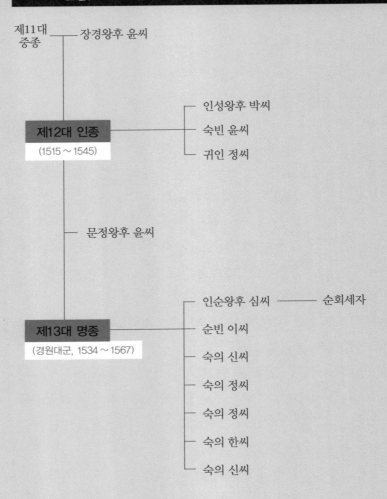

제12대 인종, 제13대 명종 가계도

제11대 중종 ——— 장경왕후 윤씨

제12대 인종 (1515 ~ 1545)
— 인성왕후 박씨
— 숙빈 윤씨
— 귀인 정씨

— 문정왕후 윤씨

제13대 명종 (경원대군, 1534 ~ 1567)
— 인순왕후 심씨 ——— 순회세자
— 순빈 이씨
— 숙의 신씨
— 숙의 정씨
— 숙의 정씨
— 숙의 한씨
— 숙의 신씨

무엇이 공이고 무엇이 사인가

인종은 조선왕 중 가장 짧은 기간 동안 통치했다. 중종이 죽은 1544년 왕위에 올라 8개월 만에 승하했다.

이렇게 짧게 치세했으나 효를 중시하는 조선의 백성들은 그를 성군이라 칭송했다. 인종은 장경왕후 윤씨의 소생인데, 그녀는 산후조리를 하다가 7일 만에 숨졌다. 어린 인종은 계모인 문정왕후 윤씨의 손에 자랐다. 그런데 문정왕후는 성질이 고약하고 질투가 심했다.

문정왕후는 오랫동안 아들을 낳지 못했다. 그러나 인종이 20세 때, 문정왕후가 뒤늦게 아들을 낳아 경원군에 봉해졌다. 문정왕후는 경원군을 왕으로 만들기 위해 무리를 모았다. 이렇게 모인 세력이 소윤이다. 이는 세자인 인종을 낳고 죽은 장경왕후를 따르던 무리 역시 윤씨가 영수였기 때문이다. 문정왕후의 동생 윤원형이 소윤의 영수였고, 대윤의 영수는 장경왕후의 오빠 윤임이었다. 이처럼 죽은 왕비의 오빠와 산 왕비의 동생이 서로 자기 조카를 왕에 앉히겠다고 싸웠다. 이들의 당쟁에 조정이 휘말리면서 중종이 참여한 경연에서까지 서로 삿대질하며 논쟁을 벌였다. 문정왕후는 자기 아들을 왕에 앉히기 위해 몇번이나 세자를 죽이려 했다. 세자가 잠든 사이 동궁전에 불을 놓았는데 뜨거운 열기에 잠이 깬 세자는 세자빈을 깨워 피신하라 하고 자신은 그대로 있겠다고 했다. 누가 불을 질렀는지 알고 조용히 타 죽고 싶은 마음에서였다. 세자빈도 덩달아 피신하지 않겠다고 버티는데 황급히 달려온 중종이 세자를 부르는 소리를 듣고, '죽는 것이 문정왕후에게 효이지만, 부왕에게 불효와 불충이 된다'며 빈궁을 데리고 불길을 헤쳐 나왔다. 이를 '작서作鼠의 변變'이라 부르는데, 쥐꼬리에 불을 붙여 동궁의 처소로 몰아 화재가 일어났다고 해서 그런 이름이 붙었다. 문정왕후는 모르는 척 시치미를 뗐고, 중종도 궁녀의 실수라며 무마했으나 당시 사람들은 왕후의 짓이라 단정했다.

이런 몇 차례의 위기를 겪으며 인종은 30세에 왕이 되었다. 인종 즉위 후 대윤파가 기세를 부리며 이언적李彦迪 등 사림파를 등용했다. 왕이 된 인종은 대비가 된 문정왕후에게 변함없이 효를 다했다. 매일 문안 인사를 올리며 지극하게 받들었으며 문정왕후의 동생 윤원형에게 공조판사를 제수했다. 문정왕후는 이런 인종을 만만하게 보고 심적으로 괴롭히기 시작했다.

어느 날 아침에 문안 온 왕에게 문정왕후가 물었다.

"홀로된 이 계모와 어린 제 아들을 언제 죽이렵니까?"

이런 엄청난 말을 들은 왕은 송구함을 이기지 못해 아침부터 오후까지 뜨거운 햇볕이 내리쬐는 땅에 엎드려 울기만 했으나 문정왕후는 거들떠보지도 않았다.

이런 노심초사가 쌓이며 인종은 심신이 허약해져 갔다. 어느 날 문정왕후가 평소와 다르게 인종을 극진히 대접하고 다과를 내주었다. 이후 설사가 시작되어 자리에 눕더니 그만 숨을 거두었다. 인종은 인선왕후 박씨와 귀인 정씨 등의 부인을 두었다. 하지만 문정왕후의 아들이며 자기 이복동생인 경원대군慶原大君에게 왕위를 주기 위해 자식을 두지 않았다고 한다. 그만큼 오직 효에만 맹목적이었기 때문에 문정왕후의 사악함이 먹혀들어간 것이다. 인종이 위독하자 문정왕후는 '내 잘못은 없지만 다 내 탓만 같아 어쩔 줄 모르겠다'며 괴로워하는 척했다.

인종이 남긴 유언은 한마디였다.

"내 아우 경원대군을 왕으로 세우라."

이처럼 인종은 늘 자기를 못마땅하게 여기는 계모에게 지극 정성을 다해 대효大孝라는 평가를 들었다. 그러나 왕으로서는 부적격자였다. 왕이 공과 사를 분별하지 못하고, 정적인 문정왕후의 모략에 희생당한 것이다.

위에 여왕이 날뛰고
아래 간신이 날뛴다

　　　　　　인종이 죽자 12세의 경원대군이 즉위했
는데 이가 명종이다. 아직 미성년이라 대왕대비 문정왕후 윤씨나 왕대
비 인성왕후 박씨 중 한 명이 섭정해야 했다. 이때 사림파의 이언적이
나서서 의외의 발언을 했다. "어찌 형수와 시동생이 한자리에서 정사
를 볼 수 있겠습니까? 송나라 철종哲宗 때도 태왕태후太王太后가 섭정
한 전례가 있습니다."

　다른 누구도 아닌 사림파 신하가 이렇게 나오니 문정왕후가 대리청
정하는 데 아무도 반대할 수 없었다. 이렇게 하여 문정왕후가 향후 8
년간 수렴청정을 하게 되는데 명종은 허수아비였다. 이언적의 순진한
주청 이후 사림파는 문정왕후가 죽는 날까지 그녀의 발톱에 할퀴며 속
으로 화를 삭여야 했다.

　문정왕후의 본색은 인종의 장례식에서부터 확연히 드러났다. 소윤의

212

이기李芑가 '1년도 넘기기 못한 인종의 장례를 대왕처럼 치를 수 없다'며 빨리 장사 지내는 '갈장渴葬'을 주장했다. 그 결과 장례식은 신속하고 초라하게 마쳤다. 이와 동시에 문정왕후와 동생 윤원형이 대윤 윤임과 사림파를 제거하기 시작했다. 윤원형은 윤임을 반역음모죄로 몰았는데, 종종의 여덟째아들 봉성군鳳城君을 왕으로 추대하려 했다고 무고했다. 이것이 명종 즉위년(1545)에 일어난 을사사화乙巳士禍이다. 이 사화는 무오, 갑자, 기묘사화와 함께 조선 4대 사화에 속한다.

문정왕후와 윤원형은 여기서 그치지 않고 조정 내의 정적을 완전히 제거하려 했는데 마침 '양재역 벽서 사건'이 터졌다. 양재역은 지방에서 한양으로 들어가는 사람들이 한강을 건너기 전에 마지막 머무는 곳이다. 평소에도 벽서가 자주 나붙던 이곳에 명종 2년(1547) 문정왕후를 '여왕'이라 칭하며 비난하는 벽서가 붙었다.

위에 여왕이 날뛰고 아래 간신이 날뛰니 나라가 망할 징조다.

이 벽보로 인해 전에 윤원형을 탄핵했던 송인수宋麟壽를 비롯해 청빈한 선비들이 사사되고, 이언적, 백인걸白仁傑 등 20여 명이 유배되었다. 그 후에도 윤원형은 문정왕후가 죽는 명종 20년(1565)까지 약 20여 년간 왕권을 능가하는 세도를 부렸다.

윤원형의 애첩이 노비 정난정鄭蘭貞인데, 그녀는 윤원형과 공모해 정실부인 김씨를 독살하고 안방마님이 되었다. 정난정은 궁중에 드나들며 문정왕후의 환심을 샀는데, 봉은사의 보우普雨 승려를 왕후에게 소개해 선종판사禪宗判事가 되게 했다. 이 때문에 보우와 문정왕후 사이가 의심받기도 했다.

　명종은 친정을 시작했는데도 윤원형 일파의 세도가 계속되자 견제하려고 이량李樑을 이조판서에 앉혔다. 이량은 명종의 비 인순왕후 심씨의 외삼촌이었다. 그러나 이량 역시 부패한 인물이었다. 자기 세력을 기르고, 부정축재에만 관심을 쏟느라 윤원형을 견제할 겨를이 없었다. 오죽하면 조선의 3흉三凶으로 '윤원형, 심통원沈通源'과 함께 이량을 꼽힐까.

　이렇게 되자 백성들은 많은 사람을 죽인 문정왕후을 '여자 연산군'으로 혹평하다가 명종까지도 멍청한 왕이라고 비난하기 시작했다.

　이처럼 명종은 어머니에게 눌려 왕 노릇 한 번 제대로 못했다. 모후가 종이에 적어 보낸 지시 사항을 보고, 만약 따르지 않으면 호출당해 뺨을 얻어맞았다. 말만 왕이지 어머니에게 휘둘려 지내며 울고 있다해서 '눈물의 왕'이란 별명도 얻었다.

　또 명종 10년(1545)에는 임진왜란에 앞서 을묘왜변이 일어나기도 했다. 당시 왜인들은 조선에 생선 등을 팔고 물자를 공급받아야 했는데, 1년 전 왜인이 일으킨 사량진 약탈 사건에 대한 조치로 조선은 항을 폐쇄했었다. 이에 대해 불만을 품은 왜인들이 전라남도 해남의 달량포로 왜선 60척을 이끌고 쳐들어와 장흥, 진도 등을 점령한 사태가 일어났는데 이것이 을묘왜변이다. 처음에 전라도 병마절도사 원적元積이 병사를 이끌고 막으려 했으나 실패하고, 결국 정예군인 금군禁軍과 모자란 병사를 강제동원해 겨우 왜인을 몰아낼 수 있었다.

　문정왕후가 명종 20년에 64세로 죽자 비로소 명종은 소윤 일파를 정리하며 선정을 펴고자 했으나, 그동안 너무 마음고생을 한 탓인지 2

년 후 34세로 승하했다.

　문정왕후의 악행과 명종의 우유부단함 때문에 민심이 흉흉한 틈에 의적 임꺽정이 등장해 백성들의 환호를 받았다. 명종은 외아들이 13세에 요절해 후계자가 없었다. 이에 명종은 이복동생인 덕흥군의 셋째아들 사성군을 후계자로 지목하였고, 그가 선조다.

제14대

선
조

··

무책임한
잔머리의 왕

조선 제14대왕 선조宣祖(1567~1608) 대의 임진왜란은
조선 역사는 물론 근대 동아시아 최대의 국제 전쟁이었다. 이 조일朝日
전쟁에 동원된 3국의 군사수가 50만이 넘었다. 이런 시기에 왕인 선조
가 무책임하고 비열한 소인배였으니, 백성의 고난이 얼마나 컸겠는가.

위기의 시대를 관리해야 하고 극복해야 할 리더는 어떠해야 하는가.
구성원들이 리더를 '공감'하고 '신뢰'할 수 있어야 한다. 그래야 구
성원들이 일치단결한다. 리더에 대한 신뢰는 리더가 가진 파워를 바르
게 사용할 때 생긴다.

세상의 모든 리더는 두 가지 파워를 가지고 있다. 하드파워와 소프
트파워다. 하드파워는 채용, 승진, 해고 등 눈에 보이는 힘이며, 소프
트파워는 설득력, 매력적 성품, 비전 제시 능력, 조직의 분위기 관리력
등 눈에 보이지 않는 힘이다. 하드파워로만 유지되는 집단은 폭력 집
단과 다를 것이 없고 소프트파워로만 유지되는 집단은 친목 모임에 불
과하게 된다.

스마트한 리더는 이 두 가지 파워를 시의적절하게 구사할 줄 안다. 선조는 어떠했는가? 그가 내놓은 목표란 위기 앞에 선 백성의 공감을 사기는커녕 분노를 일으키는 것이었다. 선조는 망명정부를 구상했고 그런 리더 아래서 신하들은 사분오열되어 당파싸움만 벌였다. 조선시대 중 선조 때 가장 많은 인재가 몰려 있었다. 율곡 이이, 퇴계 이황, 남명 조식, 서애 류성룡 그리고 이순신, 곽재우, 권율, 정기룡, 허균 등. 그래도 왕이 인재를 활용할 줄 모르면 그 잘난 인재들은 재능을 국력 신장에 쏟지 못하고 서로 싸우는 데 쓰게 된다.

선조의 리더십 부재로 붕당이 촉발되어 조선이 정쟁에 휘말리며 7년 대전란을 맞이하게 되었다. 뛰어난 인재는 시대를 보는 눈이 있다. 그래서 율곡 이이는 당시 조선의 상태가 큰 병을 앓고 난 후 아직 원기가 회복되지 못한 허약한 상태라고 보았다. 조선은 마치 서까래가 썩어 토붕와해土崩瓦解 지경인 오래된 폐가와 같다는 것이다. 이런 뼈아픈 진단을 내린 율곡이 내놓은 해법이 바로 '경장更張'이었다. 조선 초에 정착된 왕조의 기본 틀은 지키되, 연산군 이후 민생을 파탄 낸 잘못된 제도와 관습을 바꾸자는 것이다. 이것이 계지술사繼志述事로, 명종 21년에 올린 상소 내용이었다. 이 내용을 선조 6년 경연장에서 율곡이 다시 올렸다. '신분제도의 모순, 공납과 군역의 폐단, 서얼의 청요직 불허 등등을 단번에 고쳐 당장 요순시대를 이루자는 것이 아니라, 한 번에 하나씩 꾸준히 고치다 보면 점입가경이 되옵니다' 했지만 선조가 거절했다. 이후에도 율곡이 여러 차례 이른바 만언봉사萬言封事인 장문의 개혁 상소를 올렸으나 소용없었다.

리더가 자신의 안위에만 몰두하면 어떤 결과가 오는지 선조의 예에서 살펴보자.

제14대 선조 가계도

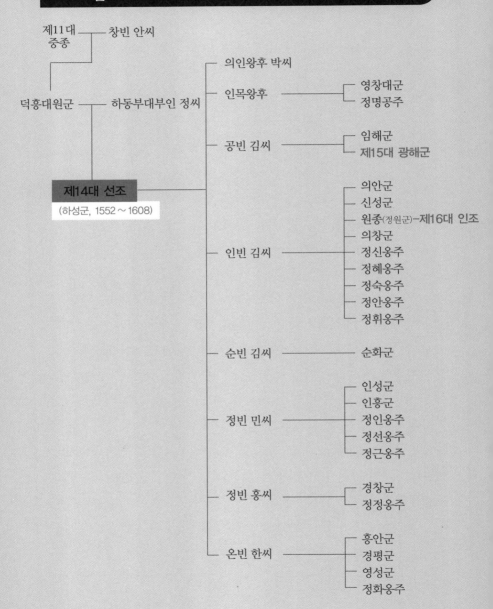

제11대 중종 —— 창빈 안씨

덕흥대원군 —— 하동부대부인 정씨

제14대 선조
(하성군, 1552 ~ 1608)

의인왕후 박씨

인목왕후 ——
- 영창대군
- 정명공주

공빈 김씨 ——
- 임해군
- 제15대 광해군

인빈 김씨 ——
- 의안군
- 신성군
- 원종(정원군)－제16대 인조
- 의창군
- 정신옹주
- 정혜옹주
- 정숙옹주
- 정안옹주
- 정휘옹주

순빈 김씨 —— 순화군

정빈 민씨 ——
- 인성군
- 인흥군
- 정인옹주
- 정선옹주
- 정근옹주

정빈 홍씨 ——
- 경창군
- 정정옹주

온빈 한씨 ——
- 흥안군
- 경평군
- 영성군
- 정화옹주

당쟁의 시초가 된 이조전랑이라는 자리

선조는 시기적으로 조선의 중간 위치에 있다. 그는 중종의 후궁 안씨의 소생인 덕흥군의 셋째아들인데 명종이 후사가 없이 죽으며, 후계자로 지목했다. 원래 명종의 정비 인순왕후 심씨가 명종 6년(1551)에 순회세자順懷世子를 낳았으나, 14세에 죽고 그 후로 자녀가 생기지 않았다. 인종에게도 아들이 없었다. 결국 그 위에 중종의 아들 중에서 골라야만 했다.

중종은 2명의 왕후에게서 두 명의 아들을, 5명의 후궁에게서 일곱 아들을 낳아 모두 9명의 아들을 두었다. 장경왕후는 인종을, 문정왕후는 명종을 낳았다. 다섯 후궁들 사이에 태어난 아들들은 대윤과 소윤의 싸움 속에 화를 입고 목숨을 잃었는데, 다행히 창빈 안씨가 낳은 덕흥군만 살아남았다. 이 덕흥군이 낳은 세 아들 중 막내인 하성군이 제일 총명하여 명종이 세자로 책봉한 것이다. 사실상 선조의 머리는 그

난죽도 선조의 그림

다지 나쁜 편이 아니었다. 다만 무책임하고 시기심이 많아 군주의 그릇은 못 되었다.

선조가 1567년 6월, 16세의 나이로 즉위하자 인순왕후 심씨가 일시 수렴청정을 하다가 이듬해 편전을 넘겨주었다. 즉위 초 훈구와 척신을 밀어내고 사림의 명사들을 대거 등용하였다. 이로써 조선의 정치사는 사대부 정치기, 훈신 정치기를 거쳐 사림 정치기에 접어들었고, 후에 다시 탕평 정치기, 외척세도 정치기로 흘러가게 된다. 명종 때는 대윤, 소윤이 갈려 싸웠는데 선조 때에 동인과 서인으로 갈라졌다.

선조는 평소 성리학적 왕도정치를 신봉했다. 그래서 학문에 정진했고, 이황과 이이를 국부로 존중하며 조정에서 훈척 세력을 몰아냈다. 이처럼 성리학자들이 조정을 장악하면 안정되리라 여겼으나, 이는 선조의 짧은 생각이었음이 곧 드러났다. 정권을 담당한 사림들이 분열하며 붕당을 만들게 되었다. 인순왕후 심씨가 수렴청정할 무렵 왕후의 동생 심의겸沈義謙을 통해 조정에 들어온 사림과, 그 후에 들어온 후배 사림 사이에 다툼이 일어났다. 심의겸을 싸고도는 사림은 동인東人, 그에 반대하는 세력은 서인西人으로 김효원金孝元이 중심이었다. 당시 김효원의 집은 서울 서쪽에 있었고, 심의겸은 동쪽에 있었다. 이들은 똑같은 사림이지만 동인은 주로 영남학파 사람들로서 주리론을 주장하는 조식曹植과 이황의 제자들이며, 서인은 기호학파로서 주기론을 강

220

조하는 이이와 성혼成渾의 제자들이었다.

붕당朋黨은 육조(이조, 호조, 병조, 예조, 공조, 형조) 중에 이조의 이조전랑吏曹銓郎이라는 직책에 누구를 천거하느냐로 심의겸과 김효원이 다투면서 시작되었다.

김효원이 이조전랑에 여러 번 추천되었으나 심의겸의 반대로 번번이 낙마한 끝에 선조 7년(1574)에 비로소 오르게 되었다. 얼마 후 김효원의 뒤를 이어 공교롭게도 심의겸의 동생인 심충겸沈忠謙이 이조전랑의 물망에 오르자 이번에는 김효원이 심충겸은 외척이라며 반대했다.

왜 이들이 5품 중간 관리에 불과한 이조전랑의 자리를 놓고 분당할 정도로 다투었을까? 조선의 관리임명권은 영의정, 좌의정, 우의정이 포진한 의정부에 있지 않고 이조에 있었다. 그래서 이조판서의 영향력이 삼정승 못지않았다. 이런 이조판서의 전횡을 방지하기 위해 관리 중 삼사三司의 추천권만큼은 이조전랑이 갖고 있었다. 이래서 전랑의 역할은 이조판서도 관여하지 못했다. 이조전랑 자리를 놓고 시작된 동인과 서인의 싸움은 서로 공방을 주고받으며 점차 치열해졌다. 이들의 싸움은 차츰 감정의 골이 깊어지면서 대안 마련이 아니라 상대 의견을 반대하기 위해 무조건 반대하는 방향으로 고착되었다.

명나라 망명정부를 구상하다

　　　　　　조정의 인사권을 둘러싸고 당쟁이 격화
되자 율곡 이이가 선조에게 탕평책을 건의했다. 하지만 선조는 후궁에
빠져 정치를 방치했고, 그만큼 국력이 소모되어 국방력이 크게 약화되
었다. 그러자 야인의 출몰이 잦아지고 왜인의 동태도 심상치 않게 되
었다.

　그러던 중 선조 22년(1589) 10월 기축옥사 己丑獄死가 일어났다. 같은
달 2일 한밤중에 황해 감사 한준韓準의 비밀 장계狀啓가 선조 앞에 놓
였다.

　　　정여립鄭汝立의 대동계大同契 인물들이 한강이 언 틈을 타 한양
　　　에 들어와 대장 신립申砬 등을 죽이고 병권을 탈취하려 합니다.

222

선조 3년(1570) 과거에 급제하고 예조좌랑과 수찬修撰을 지낸 정여립은 본래 서인 세력으로 이이李珥의 문하에 출입하였으나 이이가 죽고 나서 동인 세력으로 들어갔다. 이때부터 서인의 미움을 받았고 선조의 눈 밖에 나자 낙향했다. 그 뒤 지역 사람들을 중심으로 대동계를 조직했다. 점차 전국적으로 조직이 확대되었고, 선조 20년(1587)에 전주 부윤 남언경南彦經의 부탁을 받고 대동계를 동원해 전라도 손죽도損竹島에 침범한 왜구를 물리쳤다. 대동계는 반班, 상常, 노奴 등 신분에 구애받지 않고 누구나 가입할 수 있었다. 이들이 표방하는 사상은 '천하공물설天下公物說'과 '하사비군론何事非君論'이었다. 이는 '천하가 공물인데 일정한 주인이 따로 있을 수 없으며, 어찌 임금이 따로 있겠는가'라는 뜻이다. 이는 세습 절대군주를 부인하는 것으로 조선왕조의 기존 가치관에 배치되었다. 결국 대동계는 기축옥사의 빌미를 제공했다.

정철鄭澈 등 서인은 진상이 모호한 역모 사건의 조사를 맡으며 동인을 대량으로 살육했다. 정여립은 서인이 자신을 모반죄로 탄핵했다는 소식을 듣고 바로 자결했다. 훗날 조일전쟁에 큰 공을 세운 서산대사西山大師 휴정休靜과 사명대사四溟大師 유정惟政도 호된 국문을 당하는 등 이 사건으로 숙청된 사람이 1000명에 달했다.

이 사건의 배후에 교활한 선조가 있었다. 그는 당쟁을 이용해 왕권을 강화했고, 그 대신 동인과 서인은 완전히 적이 되었다. 두 당은 왜란이 터질 때까지 번갈아가며 집권한다.

중종의 서자 출신으로 방계승통의 콤플렉스를 가지고 있던 선조는 자신의 후대는 적통승계를 하기 위해 많은 노력을 기울였다. 그러나 의인왕후懿仁王后 박씨가 계속 왕자를 낳지 못하자 선조 24년(1591), 후궁 중에서라도 세자를 책봉해야 할 상황이 되었다. 이때 서인의 거두인 좌의정 정철이 동인인 영의정 이산해의 계략에 빠져, 광해군을 세자로 책봉해야 한다고 선조에게 말했다가 진노를 산다.

이 일로 서인이 실각하고 다시 동인이 득세한다. 동인은 또 기축옥사로 동인을 핍박한 서인을 불구대천의 원수로 보는 강경파인 북인北人과 온건파 남인南人으로 나뉜다. 남인은 정철을 귀양만 보내면 된다고 했고 북인은 사형시켜야 한다고 주장했다. 북인은 나중에 선조 32년(1599) 노장을 중심으로 한 대북大北과 소장들인 소북小北으로 분화한다. 선조는 조선 후기 지독한 당쟁의 씨앗을 뿌리며, 명나라의《대명회전大明會典》에 잘못 기재된 이성계의 호적등본을 고치는 데 국가적 역량을 쏟고 있었다.

《대명회전》에 이성계가 고려 말 권신인 이인임의 후손으로 기록되어 있었는데, 이인임은 이성계가 축출한 인물로서 만약 이대로라면 아버지를 축출한 꼴이 되기 때문이다. 조선은 지난 200년간 이를 고치기 위해 엄청난 로비를 벌여 선조 21년(1588) 기어이 성공했다. 선조는 이를 자축해 공을 세운 윤근수 등 19명에게 광국공신을 내리고 대대적인 축하 잔치를 벌였다.

이러한 노력을 국방강화에 쏟았어야 했다. 조정이 이렇게 당파싸움으로 나날을 보낼 때, 도요토미 히데요시豊臣秀吉는 일본의 100년 전국시대를戰國時代를 종결하고 열도를 통일한 후, 대륙 진출을 호시탐탐 노리고 있었다.

왕은 무엇이 중요한지 우선순위를 잘 파악해야 한다. 그러기 위해 자기 조직의 과거와 현재 미래를 살펴야만 한다. 만일 선조가 조금만 역사로부터 교훈을 얻으려 했다면 왜구의 침략을 미리 막을 수 있었을 것이다. 왜구는 14세기 이후 노골적이며 대대적으로 한반도를 침범하였다. 공민왕 9년(1360)에도 왜구가 수차례 침입했으며, 5월에 강화도를 습격해 주민 300명을 살해하고 쌀 4만 석을 약탈해 갔다. 이런 침탈이

도요토미 히데요시

해를 더할수록 기승을 부려 고려 왕조 붕괴의 한 요인이 되었다. 이를 잘 아는 세종은 대마도까지 정벌하며 왜구의 침입을 막으려 애를 썼다. 그러나 선조는 방심하다가 급기야 일본과 국가 전체의 운명을 놓고 전면전을 벌여야 했다. 그것도 조선반도에서.

조선 개국 200주년이 되던 선조 25년(1592)에 일본의 도요토미가 20만 대군으로 조선을 침략했다. 도요토미는 일본을 통일한 후 그 여세를 몰아 대륙을 침략해 일본인을 하나로 묶고자 했다.

조선도 이미 2년 전 일본의 동태가 수상해 통신사로 황윤길, 부사 김성일을 보내 동태를 살피게 했다. 그러나 이듬해 돌아온 통신사들은 각각 다른 의견을 내놓았다. 동인 김성일은 도요토미의 인물이 용졸하고 군사력도 형편없다고 보고했고, 서인 황윤길은 정반대 주장을 하며 서둘러 침략에 대비해야 한다고 했다. 똑같은 도요토미를 보고도 인물평이 서로 달랐다. 황윤길은 '도요토미의 눈빛이 매서워 담력과 지략이 번득인다'고 했고, 김성일은 '쥐 같은 눈매라 전혀 두려워할 인물이 못 된다'고 했다.

부산진 전투

이때 동인의 세력이 우세한 탓에 선조는 결국 동인 김성일의 주장을 따르기로 했다. 이처럼 선조는 시급한 현안조차 정치적 논리로 결정하고, 민심이 동요된다며 그동안 준비하던 전쟁 방비책마저도 포기했다. 갑자기 왜관에 살던 일본인들이 본국으로 빠져나가자 그제야 조정은 성을 쌓고 무기를 점검한다고 서둘렀으나 이미 때는 늦었다. 선조 25년(1592) 4월 13일 오후 5시 부산포가 일거에 고니시 부대에 의해 함락되며 임진왜란은 시작되었다. 이때부터 선조 31년(1598)까지 7년간, 2차례의 침범이 조선반도를 휩쓴다.

1차를 임진왜란, 2차를 정유재란이라고도 하지만, 통상 모두 합해 임진왜란이라 부른다. '대륙정복'이라는 구호 아래 부산포를 단숨에 점거한 왜군은 파죽지세로 북상하며 보름 뒤 충주를 장악했다. 이토록 무섭게 왜군이 북상하는 동안 조정의 신하들은 대부분 맞서 싸우자는 주전론을 주장하는 가운데, 왜구가 충주성을 함락한 4월 28일 사색이 된 선조가 신하들을 불렀다.

이때 명색이 왕이라는 자가 파천播遷과 요동내부책遼東內附策을 먼저 내놓았다. 파천은 한양을 버리고 도망가자는 것이고, 요동내부책은 만주의 요동으로 망명해 명나라의 신하로 살자는 것이다.

　이처럼 자기의 안전만을 생각하며 한양을 떠나려는 선조에게 모든 신하들이 도성 결전을 주장하며 극력 반대했으나 아랑곳하지 않았다. 마침 영의정 이산해李山海가 '과거에도 파천한 역사가 있다'며 왕을 거들자, 재빨리 파천을 결정하며 비밀리에 몰래 이삿짐을 싸기 시작했다. 4월 30일 새벽 억수로 비가 쏟아지는데도 선조는 서둘러 궁을 빠져나갔다. 이처럼 나라를 포기한 왕을 백성들은 더 이상 존중하지 않았다. 왜구가 도성에 도착하기도 전에 백성들이 먼저 경복궁 등 왕궁을 불태워버렸고, 왕이 먹을 음식도 빼앗아 왕 일행은 이튿날 임진강 건너 동파관東坡館에 이르러 굶은 채로 잠을 청해야 했다. 5월 1일 아침 선조가 동파관에 유성룡柳成龍과 이산해를 불러 울부짖었다.

　"일이 이 지경까지 이르렀으니 내가 어디로 가야 편하겠느냐?"

　이런 한심한 왕과 그 일행은 다시 의주까지 도망쳤다. 그곳에서 명나라에 요동내부를 타진했다. 이에 명은 '조선이 일본과 모의해 거짓으로 피난 가는 척하며 명에 쳐들어올지도 모른다'고 의심하며 거절했다. 왜구는 5월 2일 한양을 함락한다. 불과 20일 만에 조선의 수도가 왜구에게 짓밟힌 것이다. 왜군은 개성, 평양을 함락하고 선조가 숨어 있던 의주성만 남긴 채 함경도 일대까지 점령했다. 조선은 명나라에 원군을 청해야만 했다.

임금까지 도망가버린 한반도 중부이남
지역에서 불행 중 다행은 수군 이순신의 활약으로 일본군이 전라도에
조금도 진출하지 못한 것이다. 일본군이 곡창지대이면서 동시에 보급
로인 전라도 지역을 확보하지 못한 데다가, 6월 이후 전국 각지에서 의
병들이 봉기하고 명나라 원군이 밀고 내려오자 전세가 조금씩 조선에
유리하게 변했다. 다음 해인 선조 26년(1593) 2월 평양성을, 4월에 한양
을 탈환했다. 그 후 명과 왜의 화해협상으로 한동안 소강상태가 지속되
다가, 협상이 깨지며 선조 30년(1597) 정유재란이 일어났다. 다음 해 8월
도요토미가 죽자 왜군은 어쩔 수 없이 본국으로 철수했다.

　이 전쟁으로 조선이 입은 피해는 상상을 초월했다. 농경지의 3분의
2가 황폐화되어 민간인들이 심지어 인육까지 먹는 사태가 발생했다.
이런데도 관료 기구의 부패는 더 극심해져 조정에 불만을 품은 자들의

반란 사건이 잇달았다.

수많은 인명피해는 물론이고 문화재의 손실도 엄청났다. 전쟁 때 명군이 도와준 여파로 숭명사상이 더 높아졌으며, 민간신앙으로 관우가 숭배 대상이 되기도 했다. 이런데도 선조는 자기 몸 하나 챙기는 것만 귀하게 여겼다. 이처럼 함께하는 사람들과 미래를 더불어 꿈꾸지 않는 리더를 둔 백성은 피골이 상접할 수밖에 없다.

선조는 임진왜란이 발발하던 해에 광해군을 세자로 책봉했다. 왜군이 질풍노도처럼 한양을 향해 올라오자 한양을 버리는 파천을 결심했다가 신하들이

일본의 《회본태합기絵本太閤記》에서 묘사한 피난 가는 선조

극구 만류하자 남은·백성들을 진정시키기 위해 광해군을 책봉한 것이다. 세자에 책봉된 광해군은 이기적인 선조와 다르게 행동했다. 선조가 의주로 도망갈 때 그는 함경도와 강원도를 다니며 백성을 만나 위로했다. 그리고 도망간 선조를 대신해 조정을 주도하며 전라도와 경상도에 내려가 군량미와 병기를 조달했으며 전투에도 참여해 많은 전공을 세웠다. 이때부터 민심은 왕 같지 않은 선조로부터 광해군에게로 기울었다. 이때 선조가 자신을 보호하기 위해 내놓은 계책이 선위론禪位論(군주가 살아 있으면서 다른 이에게 왕위를 물려주는 것)이었다. 임진왜란 7년 동안만 해도 20번이나 선위 파동을 일으켰다. 선조가 선위 의사를 밝힐 때마다 광해군과 신하들이 며칠씩 엎드려 울면서 선위가 부당하

경기도 구리시에 위치한 선조의 묘지, 목릉

다고 목청 높여 아뢰어야 했다. 그래야 광해군은 효심 깊은 아들로, 신하들은 충성스러운 부하로 인정받을 수 있었다.

물론 선조의 이런 심정도 이해할 만하다. 전쟁 시에 백성도 버리고 도주하기에 바빴던 자신이 백성들에게 원망의 대상이 되고, 그와 반대로 적진으로 뛰어들어 피폐해진 백성을 직접 만나 민심을 다독이던 광해군은 전 백성의 칭송을 받고 있었다. 이런 자기 열등감이 전쟁 기간임에도 불구하고 광해와 신하를 더 통제하고 수시로 그들의 충성심을 확인하게 만들었을 것이다.

이처럼 끊임없이 자신만을 위하는 용렬한 리더는 자신보다 더 유능하고 인기를 끄는 사람이 나오면 반드시 제거한다. 전쟁 중에 요동으로 도망갈 궁리나 하던 선조는 목숨을 바쳐 싸우고 백성들의 영웅이 된 사람들을 하나씩 제거한다.

선조가 의병장 김덕령을 반역으로 몰아 무고하게 죽이고 신각도 모함으로 죽이자 곽재우는 산속으로 은거했다. 이순신 역시 선조가 죽이려 했으나 주변의 만류로 겨우 목숨을 부지했다. 하지만 백의종군하며 싸우다 노량해전에서 적의 유탄에 맞아 숨졌다.

선조가 얼마나 전쟁영웅들을 견제했으면 이순신도 왜군에게 죽은 것이 아니라 자살했거나 은둔했을 것이라는 주장까지 제기되었다. 이런 와중에도 당쟁은 계속되었다. 선조 32년(1599) 3월 대사헌에 북인 홍여순洪汝諄이 임명되자 남이공南以恭 등이 반대하고 나섰다. '평생 자기 재산만 불리고 사치를 일삼았으며 북도순찰사 시절 백성을 풀처럼 여겨 함부로 죽였다'는 이유에서였다. 그러나 이산해, 이이첨 등이 홍여순을 두둔하면서 이들은 대북파가 되고, 홍여순을 반대한 남이공, 김신국金藎國은 소북파가 되었다.

당쟁과 전쟁의 소용돌이 속에 자기를 지키기에만 급급하던 선조는 재위 41년(1608) 57세의 나이에 급서急逝하고 말았다.

앞서간 왕,
불잡는 신하

        광해가 왕이 되었을 때, 조선은 임진왜란으로 더 이상 망가질 수 없을 만큼 황폐해 있었다. 어느 누가 왕이 되어도 이런 조선을 다시 일으키기 어려울 만큼 처참했다. 전쟁으로 대다수의 젊은 이들이 죽고, 남은 노약자가 굶주린 배를 움켜쥐고 농토를 개간해야 했다. 그런 나라를 광해는 다시 일으켜 세웠다. 아파도 치료받을 형편이 못되는 가난한 백성들을 위해《동의보감》을 간행해 보살폈다. 또한 조선 최초의 공평 과세인 대동법을 실시했다. 입고 먹을 것도 없던 백성들도 세금을 내야 했는데 가진 재산에 따라 세금을 내게 되자 임진왜란으로 이반된 민심이 다시 광해를 중심으로 하나가 되었다.

  광해는 민심을 잡았지만 지도층의 반발을 샀다. 특히 광해의 최대 치적인 실리외교가 사대부의 친명사상과 정면충돌한다. 조선 사대부들에게 성리학은 종교였고, 그 성리학의 본고장인 명나라는 영원한 조선의 종주국이어야만 했다. 그러나 광해군 시기에 이르러 이미 청나라가 세계 문물의 중심지가 되었고, 명나라는 회생할 기미가 보이지 않았다. 그동안 명나라가 조선을 수탈하며 오만하게 대하던 것과 비교해 청나라는 조선을 훨씬 관대하고 개방적으로 대했다. 그래서 광해는 조선이 번성하기 위해선 태조 이성계가 수명을 다한 고려 불교 대신 조선 유교를 채택했던 것처럼, 성리학의 수명을 끝내고 실용적 정책을 펴야 한다고 판단했다.

광해가 실리 외교를 펴자 조선의 지배층은 청이 오랑캐의 나라라며 광해의 실리외교를 저지하기 위해 광분했다. 이들은 광해가 후궁의 소생이라며 마침 권력에 목말라 있던 선조의 손자 능양군과 결탁하여 인조반정을 일으켰다.

비주류를 위했던 광해군의 꿈은 소수 주류에 의해 무참히 짓밟히고 말았다. 광해도 이성계처럼 조선이 지금까지와는 '다른 길'로 가야 한다는 것을 분명히 알았다. 그러나 미완의 개혁으로 남았다. 지금까지 걸어왔던 익숙한 길과는 다른 길로 가야 한다면 누구나 큰 혼돈에 빠진다. 이럴 때 명확한 이정표를 제시해주어야 한다. 이성계는 불교 대신 성리학을 내놓았다. 광해는 성리학 대신 훨씬 보편적인 신념을 명백하게 내놓았어야 했다. 물론 조선 중기의 엄격한 신분사회에서 성리학보다 보편성을 띠는 신념을 대안으로 내놓기가 결코 쉽지 않았을 것이다. 그래도 성과를 거두고 그 성과를 지속시키려면 성리학보다 훨씬 감동적이며 시대의 변화에 적합한 비전을 제시해주었어야 했다. 변혁을 성공시킨 리더들은 일단 조직의 위기를 통찰하고, 새 비전을 제시한 후, 적절한 방향으로 사람들을 이끌고 간다. 변혁의 리더 광해의 실패는 태조 이성계의 성공과 비교해볼 때, 역성혁명보다 체제 내의 개혁이 훨씬 더 어렵다는 것을 여실히 보여준다.

제15대 광해군 가계도

제14대 ——— 공빈 김씨
선조

제15대 광해군
(1575 ~ 1641)

├── 문성군부인 ——— 질(폐세자)
│   유씨

├── 숙의 윤씨 ——— ?

├── 숙의 허씨

├── 숙의 홍씨

├── 숙의 권씨

├── 숙의 원씨

├── 소용 임씨

├── 소용 정씨

├── 숙원 신씨

└── 조씨

—— 인빈 김씨

원종(정원군) ——————— 인헌왕후 구씨 ——————— 제16대 인조

왕의 질투를 받은 세자

광해는 조선 왕 중 가장 극명하게 평가가 갈리는 왕이다. 세자 책봉 시부터 왕이 되기까지 한순간도 마음 놓을 수 없는 고뇌의 시기들을 보내야 했다.

선조의 정비 의인왕후懿仁王后는 몸이 약해 자식을 두지 못했지만 후궁들이 14명의 아들을 낳았다. 선조는 자신도 방계 혈통이라 늘 부담을 가졌었기 때문에 후궁의 아들에게 왕위를 물려주고 싶지 않았다. 그러나 선조의 나이 40이 넘도록 의인왕후에게 태기가 없자, 세자 책봉을 서둘러야 했다. 당시 평균수명이 40세이던 시절이라 국왕이 갑자기 승하하면 그 혼란은 이루 말할 수 없게 된다.

후궁 김씨가 임해군과 광해군을 낳았는데, 장자 임해군은 성격이 포악해 일찍이 후계자에서 제외되었다. 그는 임진왜란 때 모병 임무를 띠고 함경도에 내려가 민가를 약탈하고 사람을 죽이기도 했다. 남은 것은 광해군뿐이었다. 그래서 좌의정 정철, 우의정 유성룡, 영의정 이산해 등이 모여 광해군을 세자로 모시기로 하고 정철이 앞장서서 선조에게 주청하기로 했다. 당시 선조는 인빈 김씨에게서 새롭게 얻은 신성군信城君을 몹시 총애하고 있었다. 이를 잘 아는 동인의 중심인물, 이산해가 모략을 꾸몄다. 은밀히 인빈을 찾아가 정철 일당이 광해군을 세자로 옹립한 후, 인빈과 신성군을 죽이려 한다고 전했다. 이 말을 듣고 인빈이 선조에게 달려가 전했다. 아무것도 모르는 정철은 경연장에서 임금에게 광해군을 세자로 세우라고 주청했다. 이때 동인인 유성룡과 이산해는 침묵을 지켰고 서인들만 정철을 거들었다가 모두 외직으로 쫓겨났다.

얼마 후 선조 25년(1575), 임진왜란이 터지고 돌풍처럼 한양으로 치고 올라오는 왜군 앞에 선조는 물론 조선의 운명까지 예측하기 어려웠다. 이런 위기 상황에서 선조는 피어하면서 분조分朝를 할 수밖에 없었다. 세자라도 임금이 도망간 자리에 남아 전쟁을 지휘해야 했다. 이때 선조가 총애하던 신성군은 이미 죽었기에 광해를 세자로 책봉해야만 했다. 선조는 파천을 결정한 후 대신들이 빨리 세자를 세워야 한다고 주청해도 자기 권력이 약화될까 봐 머뭇거리다 광해군을 세자로 세우는 데 겨우 찬성했다.

국가적 위기 속에 세자가 된 광해는 성대한 의식을 치르는 대신 전선에 나가 노숙까지 하면서 항전을 독려하고 다녔다. 분조가 성과를 거두며 광해군의 능력이 확인되었지만, 문제는 다른 데 있었다.

조선은 세자를 책봉한 후 항시 명나라의 고명을 받아야 했다. 선조도 윤근수尹根壽를 명에 파송했으나 명은 장자 임해군이 있는데 왜 동생이 세자가 되느냐며 동의하지 않았다. 이런 불안한 상태에서 의인왕후가 죽은 뒤 선조 35년(1602)에 들어온 인목왕후 人穆王后가 마침내 적통인 영창대군 永昌大君을 낳았다. 이때가 선조의 나이 55세가 되던 37년(1606)이었다. 내심 광해를 못마땅하게 여기던 선조는 크게 기뻐했다.

영의정 유영경 柳永慶도 갓 태어난 영창대군에게 하례를 올리며 '대통을 이을 적자가 태어났다'며 분위기를 조성했다. 그러자 광해군을 지지하는 대북파 이이첨과 정인홍 鄭仁弘은 유영경이 광해군을 해치려 한다고 공격했다. 그러나 선조는 명분상 유영경의 주장에 일리가 있다며 도리어 이이첨과 정인홍이 쓸데없는 분쟁을 야기한다는 책임을 물어 귀양 보냈다.

조선의 왕위가 누구에게 갈지 아무도 예측할 수 없는 가운데 평소 건강하던 선조가 갑자기 병에 걸려 눕게 되었다. 광해가 문안하러 가자 선조는 '너는 임시로 세자가 된 것인데 어찌 세자의 문안이라 하느냐? 여기에 다시는 오지 말라'고 했다. 상황이 이렇게 되자 영창대군을 지지하는 소북파의 입김이 강해졌다. 선조의 병세가 더 깊어져 결국 후사 문제를 의논해야만 할 지경이 되었다. 선조는 대북파와 소북파를 함께 불러 논의했으나 의견이 크게 엇갈리자 모두 나가라 하고 영의정 유영경만 남게 했다.

그동안 선조는 광해군 대신 영창대군을 후사로 세워 명의 고명을 당당히 받고자 했으나, 그럴 경우 너무 어린 영창 대신 인목대비가 오랜 기간 수렴청정해야 되고, 왕권마저 흔들리리라고 판단했다. 그래서 유영경의 기대와 달리 광해군에게 '선위교서'를 내렸다. 선위교서를 받은 유영경은 이를 공표하지 않고 자기 집에 감추어 두었다. 이 사실을 이이첨, 정인홍이 알게 되고 선조에게 달려가 유영경을 어명 거역죄로 처벌하라고 간언했으나 선조가 결정을 내리지 못하고 고민하다가 그만 승하하고 말았다. 그러자 유영경은 재빨리 인목왕후를 찾아가 영창대군이 비록 어리지만 즉위하게 하고 수렴청정할 것을 간청했다. 왕위 결정권을 쥐게 된 인목대비는 선조가 이미 광해에게 선위교서를 내렸고 이를 대북파를 비롯해 모두 알고 있는 상황에서 영의정 유영경의 주장은 현실성이 없다고 보았다. 이렇게 하여 서자이면서 차남인 광해는 간신히 왕위에 오른다.

높아가는 평등의 목소리

　　　　　　험난한 등극 과정을 거친 광해군은 왕
위 계승 과정에서 꼼수를 부린 유영경을 없애고 즉위에 공을 세운 이
이첨, 정인홍 등 대북파를 대거 중용하여 이조판서, 이조전랑, 대간 등
주요 요직을 주었다. 더불어 영의정에 서인 이항복李恒福, 좌의정에 남
인 이원익李元翼을 임명해 연립정권을 구성했다.

　그렇다고 광해의 왕권이 안정된 것은 아니다. 아직 명으로부터 고명
을 받지 못했고, 부왕의 적통인 영창대군과 장자인 임해군이 살아 있
었다. 이 두 사람이 살아 있는 한 명분이 중요한 유교 사회에서 항시
광해군보다 더 우월한 왕위 계승자로 남아 있게 된다.

　특히 임해군 같은 경우 공개적으로 동생이 왕위를 도둑질했다고 비
방했다. 그래서 정인홍, 이이첨 등 대북파가 임해군을 죽여야 한다고
왕에게 수차례 간언했으나, 차마 형을 죽이지 못하고 교동으로 유배 보

냈다. 그런데 명나라에서 서자인 차남이 왕이 된 경위를 조사하겠다는 통보를 보내왔다. 만일 임해군이 명의 조사관을 만나 말썽을 일으키면 조정은 걷잡을 수 없는 왕위 정통성 시비에 휘말리게 된다. 임해군을 없애는 것 외에 다른 방도가 없었다. 명의 조사관이 조선에 왔을 때는 이미 임해군이 죽은 뒤라 별 소득 없이 그대로 돌아가야 했다.

이제 영창대군만 없애면 광해의 왕권에 위협이 되는 존재는 사라지게 된다. 대북파들이 영창대군을 제거하기 위해 온갖 궁리를 하고 있던 차에 광해군 5년(1613) 4월 문경새재에서 은상銀商을 죽이고 은을 강탈한 절도사건이 일어났다. 이들은 영의정을 지낸 박순을 비롯한 고관대작 대신 출신의 자녀들로 박응서, 심우영, 서양갑, 박치의, 박치인, 이경준, 허홍인이었다. 자신들을 '죽림칠현' 또는 '강변칠우'라 칭했다. 이들은 공직 진출이 금지된 서자 신분에 울분을 품고 함께 몰려다녔으며 허균과도 친하게 지냈다.

마침 서자 출신 광해군이 왕이 되는 것을 보고 좋은 기회가 왔다며 서자 차별을 없애달라는 상소를 냈으나 묵살당하자 불만을 품고 남한강변에 '무륜당無倫堂'을 짓는다. 이들은 이곳을 근거지로 삼고 전국 장터를 돌아다니며 강도 행각을 벌였다. 이들은 살해된 상인의 노비가 미행하여 알아낸 근거지를 포도청에 신고하여 잡혔다. 이 강도 사건으로 빚어진 '칠서七庶의 옥'을 대북파는 영창대군을 없앨 절호의 기회로 삼는다. 이이첨과 포도대장 한희길 등은 박순朴淳의 서자 박응서朴應犀 등을 국문하였다.

그 결과 '우리는 자금을 모아 영창대군을 추대하려 했다' 면서, '국구國舅인 인목대비의 아버지 김제남金悌男이 자신들의 실질적인 두

240

목'이라는 자백을 얻어냈다.

이 일로 김제남이 잡혀 취조당하는 과정에서, 인목대비와 김제남이 무당을 시켜 광해군을 저주했던 일이 발각되기도 했다. 김제남과 그의 세 아들은 사사되고 영창대군도 강화도로 보냈다가 강화부사를 시켜 죽였다. 대북파는 인목대비도 처형하자고 여러 차례 광해에게 말했으나 번번이 거절당하자 암살까지 시도하다가 실패했다. 이후에도 인목대비를 폐비시키자는 주장이 계속되자 광해군 10년(1618) 서궁에 유폐하였다. 이 사건을 계기로 서인과 남인은 광해군과 북인정권을 '패륜'이라고 단정 짓는다. 인목대비가 광해에 비해 나이 어린 계모지만, 유교국가 조선에서 엄연한 어머니였다. 폐모는 왕권을 넘어 조선의 이념을 건드리는 문제였다. 성리학이라는 울타리에 갇혀 있던 조선 사대부들은 큰 충격을 받았고 광해를 공적 1호로 삼았다.

백성을 위한 개혁정책으로 민심을 얻다

광해는 자신의 왕위를 위협하는 정적을
제거하는 한편, 대내외적으로 과감한 개혁 정책을 펼쳤다. 그 핵심이
대동법이었다. 대동법은 선조 때 이율곡이 최초로 제안해 시행하려다
사대부의 반발로 무산되었다. 세자 때부터 이 제도의 필요성을 절감한
광해는 즉위하자마자 곧바로 선혜청宣惠

대동법시행비

廳을 설치하고 우선 경기도부터 대동법을
실시했다. 조일전쟁으로 국토가 절반 이
상 황폐해져 농민들이 생계조차 꾸리기
어려운 상황이었다. 기득권들이 광해의
대동법 시행에 적극 반대했으나 광해는
강행했다.

땅도 없이 가난한 소작인에게 세금을 변

제하고 지주들에게만 세금을 걷는 대동법은 조세 혁명과 같은 것이었다. 조선의 공납제도는 국가의 수요를 기준으로 잡고 각 고을의 특산물을 받았다. 그러다 보니 이미 고을에서 절산絕産된 물품도 계속 부과 대상이 되었다. 예를 들어 북한산

동의보감

에 곰이 산다고 하면 곰 가죽을 납부해야 한다. 인근 주민이 쉽게 곰 가죽을 구할 수 있는 것도 아니었다. 이럴 때 양반이 주민들에게 곰 가죽을 대신 구입해주고 많은 돈을 받았다. 이런 폐단 때문에 농민의 유망流亡이 급증했다.

대동법은 모든 공납을 오직 '쌀'이나 '포布'로 대신 받는 것이다. 이로써 백성들의 부담은 경감되었으나 당시 양반은 충격을 받고 찬반 양론이 크게 일었다. 이를 광해군은 예상하고 영의정에 당시 야당격인 남인 이원익을 임명하고 그가 대동법을 건의하고 또 추진하게 하여, 반발을 최소화하고자 했다. '대동법 때문에 나라가 망한다'고 양반층이 반발할 때, 임진왜란으로 흩어졌던 민심은 대동법 덕분에 다시 뭉치게 되었다.

이외에 양전사업量田事業과 《동의보감東醫寶鑑》 간행 등도 광해의 대표적 친 서민 정책이다. 양전사업이란 호구, 토지를 조사하는 것으로, 임진왜란 때 입은 인명 피해와 3분의 1로 줄어든 농토의 현실을 파악해 비정상적으로 조세를 징수하는 양반들의 횡포를 막았다.

허준의《동의보감》도 광해군이 적극 도와 빛을 보게 되었다. 1608년 선조의 병세가 갑자기 악화되어 죽었을 때, 이를 막지 못했다며 대신들이 탄핵하는 바람에 허준은 귀양을 가야 했다. 그러나 그해가 다 가기도 전에 광해가 허준을 사면해주었다. 이 와중에 허준이《동의보감》을 완성했고 어의로 지냈다. 광해는 백성의 건강을 생각해《동의보감》을 간행해 전국에 배포했다.

혁명은 아직 일렀다

광해가 이처럼 친백성정책을 펼치자 이런 분위기 속에서 조선 최고의 혁명 소설인 허균의 《홍길동전》이 출간되었다. 허균은 허난설헌의 동생으로 공주 목사를 지내면서도 서얼들과 가까이 지내며 개혁을 도모하다가 파직되어 전라도 부안에 은둔하게 된다. 여기서 익명으로 《홍길동전》을 썼다.

그는 '칠서의 난'에 연루되었다는 의혹을 받자, 대북파 이이첨의 손을 잡고 겨우 목숨을 건진다. 그리고 광해의 신임을 얻어 형조판서를 거쳐 좌참판까지 오른 후 '인목대비 폐모론'을 주장해서 성사시켰다. 이때가 광해군 9년(1617)으로 그의 나이 마흔일곱 때다. 광해는 이런 허균을 총애하여 '그대의 충성이야말로 해와 달의 빛과 같다'고 칭찬했다.

그러나 허균은 보다 더 급진적인 포부를 품고 있었다. 반상班常과

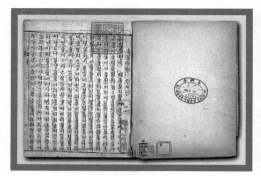
국립박물관에서 소장하고 있는 《홍길동전》

적서嫡庶, 남녀의 차별, 계급과 빈부의 차별이 없는 사회, 즉 왕조 체제의 전복을 구상하고 있었다. 이를 위해 먼저 한양을 장악해야 했다. 그래서 수하를 시켜 남방에 왜구와 북방의 오랑캐가 대규모 침범을 획책하고 있다는 소문을 퍼트리고, 같은 내용을 적은 대자보를 현응민玄應旻을 시켜 숭례문에 몰래 붙이게 했다.

도성 민심이 흉흉해지며 피난을 가려는 사람이 생겨났다. 그러나 현응민이 잡히는 바람에 허균의 계획은 물거품이 되고 말았다. 지난 20년간 절치부심으로 준비해온 혁명이 50세의 나이에 능지처참되는 것으로 끝났다.

아무리 급진적인 광해라지만 왕조체제를 전복하려는 허균을 살려둘 수는 없었다. 만일 허균이 이씨 왕조체제 안에서 개혁을 추구하며 광해의 손을 잡았더라면 조선의 역사는 어떻게 달라졌을까?

그나마 개혁적인 광해였기에 서얼들과 사회개혁을 논의하고 징계까지 받은 허균을 대신으로 중용할 수 있었다. 광해가 선대의 다른 왕들과 달리 하층민들에게 더 관심을 가졌던 것도 세자가 되고 나서 27개월간 지방을 돌며 백성의 곤경을 직접 눈으로 보았기 때문이다. 전쟁이 할퀴고 간 동리에서 굶주린 사람들이 명군이 토한 음식을 먼저 먹으려 다투고 사람이 사람을 먹기까지 했다. 이런 참상을 직·간접으로 체험하며 백성을 다독이고 앞장서 적군과 싸운 광해였기에 백성들의 민심을 얻게 된 것이다.

실리외교로 나라를 강하게 만들다

　　　　　　　광해는 자신을 지지하는 민심을 과신한 탓인지 선조 말에 시작한 궁궐 공사를 통치 기간 동안 거듭했다. 창덕궁을 광해군 원년(1608)에 준공하고, 경희궁은 광해군 11년(1619), 인경궁은 광해군 13년(1621)에 연이어 중건했다. 물론 임진왜란 탓에 전 궁궐이 소실되어 국사를 볼 곳이 없어 월산대군 집 서가에서 집무를 볼 정도였으니 궁궐을 짓기는 지어야 했다. 그러나 창경궁을 비롯해 4개의 궁궐을 연달아 건축하자, 국가 재정이 상당히 고갈되었고, 일부 관리가 공사 대금을 갈취하기도 하여 비판을 받았다.

　또 광해는 변혁을 주도하는 군주답지 않게 미신을 좋아했다.

　임란 때 조선에 파견 온 명나라 군사 중에 시문용이라는 풍수와 사주에 능한 사람이 있었다. 전쟁이 끝나고 경상도에 머물다가 광해를 만나 기존의 경복궁과 창덕궁 터가 불길하니, 왕기가 서려 있는 인왕산 아래의 정원군(인조의 아버지) 집터에 궁궐을 지으라고 했다. 이 말을 듣고 인왕산 아래에 세 개의 궁궐을 지었다.

이처럼 광해가 지관들의 말에 휘둘리자 사관들도 개탄하는 글을 남겼다. 광해는 나름대로 외침으로 황폐해진 국가를 재건하는 한편, 대외 관계를 철저히 실리 위주로 전환했다. 이무렵 한반도 주변 정세는 명나라가 만주 여진족이 건국한 후금後金(청나라)과 싸움에 돌입하면서 매우 불안정한 상황이었다. 광해군 10년(1618), 명나라가 조선에 지원병을 요청하자 후금에서도 사신을 보내 명나라를 지원하지 말라고 요구했다. 물론 사대주의 사상에 젖은 조정 중신들은 당장 명나라를 지원함이 마땅하다고 했다. 그러나 의외로 왕이 난색을 표시했다.

"명나라에 대한 파병은 신중해야 한다. 설령 파병하더라도 최대한 늦춰야 한다. 섣불리 파병했다가는 후금의 침략을 받아 온 나라가 다시 쑥대밭이 될 것이다."

광해가 파병을 결정하지 않자 명나라는 계속 사신을 보내 왔고, 대신들도 갈수록 드세게 재촉했다. 궁궐 속에 광해 홀로 고심이 깊어갔다. 광해가 보기에 후금은 떠오르는 별이고, 명은 지는 별이었다. 이런 후금과 원수 되는 것을 원치 않았다. 하지만 임란 때 명의 도움을 받은 나라가 출병 요구를 거절할 명분이 마땅치 않았다. 이런 고뇌의 시간을 보내다가 이듬해 강홍립姜弘立을 도원수로 삼아 1만 3000명을 파병했다. 강홍립은 어전통사御殿通事였다.

왜 광해는 임진란을 거치며 백전노장이 된 무신들을 제쳐두고 통역관을 지휘관으로 임명했을까? 광해의 전투병 파병은 요식행위일 뿐 실제로 외교적 조정 역할을 원했던 것이다. 광해는 비밀리에 강홍립에게 밀지를 내렸다.

"되도록 싸움을 피하고 전력을 다해 싸우지 마라. 만일 피할 수 없거든 형세를 보아 향배를 결정하라."

후금과 싸우려 하지 말고, 상황을 보고 유리한 대로 전력을 보존하라는 것이다. 이 밀지를 받은 강홍립은 적당히 명을 돕는 척하다가 후금 누르하치에게 투항하여 광해의 뜻을 설명해주었다. 후금 진영에 간 강홍립은 후금의 속사정을 적은 밀서를 광해에게 보냈다. 이로써 광해는 한양에 앉아 동북아의 정세를 속속들이 파악했다.

결국 조선은 후금과도 화의를 맺고 명나라와도 이전과 같은 관계를 유지하게 되었다. 다른 나라의 전쟁에 끼어들어 피를 흘릴 필요 없다는 것이 광해의 원칙이었다. 광해군을 지지하는 대북파도 학문 해석보다 현실적 가치를 더 중시하여 왕의 실리 외교를 적극 지지했다. 광해의 중립 외교로 인조반정 이전까지 조선과 후금과의 마찰은 전혀 없었고 독자적 외교 노선으로 조선의 위상이 높아졌다. 당시 중화 질서가 근본적으로 뒤바뀌면서 동북아가 휘말려 가는 난세에 조선은 광해의 탁월한 정책 덕분에 안전할 수 있었다.

강홍립의 파병 뒤에도 뜻 깊은 이야기가 숨어 있다. 광해의 재위 15년을 뒷받침한 대북 정권도 왕과 호흡을 맞춰 왜란으로 피폐해진 국토와 재정기반 그리고 민생을 재건하기 위한 혁신 정책을 추진했다. 이처럼 내외로 큰 성과를 얻은 탄력적인 정책은 국방력이 뒷받침되어야 가능하다. 그래서 광해가 역점을 둔 것이 조총 부대였다. 일본으로부터 싼 가격에 조총을 계속 수입하여, 조총 부대를 창설하고 점차 그 수를 늘려갔다.

여진족의 철기병鐵騎兵에 시달리던 명나라는 조선의 조총대야말로 최고의 구원군이라고 판단했다. 그래서 명나라는 조선에 군사를 요청하며 아예 '조총 부대를 보내라'고 강요했다. 이에 광해가 강홍립에게 딸려 보낸 조총 부대원만 5천 명이 넘었다. 당시 일본도 이만한 조총 부대를 지니지 못했다. 명나라 장수들은 강홍립 부대가 오자 서로 이 조총 부대를 휘하에 두겠다고 싸웠다.

그만큼 조선의 조총 부대는 당시 아시아 최강이었다. 아니 세계 최강이라고 해도 손색이 없었다. 유럽도 18세기에 들어서야 총기 개발에 앞서며 전 세계에 식민지를 개척했다.

광해는 국력을 기르기 위해 전쟁으로 원한이 맺힌 일본에서조차 조총을 구입했고, 광해군 5년(1613) 화기도감을 만들어 조총과 대량의 화포 제작에 힘썼다. 이 과정을 통해 조선이 광해군 치세에 아시아 최강의 조총 부대를 보유하게 되었고, 7년 임진왜란에 지칠 대로 지친 백성들도 안심할 수 있었다.

사대부에 의해 좌절된 광해의 꿈

　　　　　　　　　　고려 왕조가 귀족들의 탐욕으로 깊어진
양극화를 해결하지 못하고 이성계에 의해 무너졌듯이, 조선도 사대부
의 허위의식이 백성들이 감내하기 어려운 수준까지 도달했었다.

　임진왜란 때, 조선의 왕과 양반이 백성에게 무엇을 보여주었던가.
그들은 왜병이 오기 전에 먼저 도망갔고 백성들만이 맞서서 싸웠다.
광해만이 세자의 신분으로 무지렁이 같은 백성들과 함께 전선을 누볐
을 뿐이다. 그래서 백성들은 광해가 왕이 되기를 바랐고, 광해가 즉위
하자 환호했으며, 왕이 된 광해는 실용 정책으로 백성의 열망에 부응
했다.

　사대부들은 명나라에 대한 오랜 사대 정책을 끝장내려는 광해 때문
에 불안을 감추지 못했다. 이들은 어버이 나라인 명과 조선의 유착관
계가 깨지면 지금까지 누려온 자신들의 기득권도 해체될 것을 우려해

불안한 것이다. 광해의 실리외교로 사대부는 불안했으나 조선반도는 안정되었다. 그러나 이런 평화는 인조반정에 의해 무너지고 말았다.

인조반정은 광해군이 인목대비를 유폐시킨 것이 계기가 되어 이서, 신경진, 이귀, 김류, 김자점, 최명길 등이 능양군을 앞세워 일으킨 반정이다. 그러나 결국 처음부터 광해를 반대했던 서인과 인빈 김씨 일파의 준비된 쿠데타나 다름없다.

역사는 승자의 기록이다. 인조반정의 명분이었던, 계모 인목대비를 몰아내고 이복동생 영창대군을 죽인 일을 잘했다고는 할 수 없으나 왕조시대의 정쟁에서 비일비재하게 일어나는 일이었다. 예를 들어 태종의 왕자의 난, 세조의 단종 제거는 광해보다 더 심했으며, 정적이 노골적으로 영창대군을 옹립하려는 상황에서 그대로 두기 어려웠다. 본래 왕자례부동사서王者禮不同士庶라 하여, 군주의 예는 일반인과 다르다고 본다. 그렇지 않고는 통치가 어렵기 때문이다. 그런데 서인은 이런 특수성을 무시하기 위해 천하동례天下同禮를 내세웠다. 즉 왕도 똑같이 예를 지켜야 한다는 것이다.

또한 명나라를 배반했다고는 하나, 그로 인해 조선이 무슨 해를 입었는가. 임진왜란을 겪으면서 조선의 사대부는 권리만 누릴 뿐 아무런 의무도 행하지 않는 무책임한 존재임이 확인되었다. 이들은 성리학을 말로만 떠들 뿐 사회를 이끌 만한 인격이 결여된 사람들이다. 그들 말을 들은 인조는 기울어가는 명나라만 맹종하고 무모하게 신흥 청나라에 대들었다가 두 번의 호란을 자초했다. 이 얼마나 무모한 짓인가. 실익도 없는 남의 나라 싸움에 조선의 백성만 곤욕을 치르게 한 것이다. 이것이 조선 양반 사대부의 죄악이다. 그러나 광해는 시대적 변화에 적응하며 조선 백성의 안녕을 지켜준 현군이었다.

서인들도 자신들이 내세운 반정의 명분이 약하기 때문에 '선조 독살설'을 유포했다. 선조 때부터 궁녀였던 개시가 광해군과 몰래 만나며 훗날을 도모하기 위해, '동궁 찹쌀밥'을 만들어 선조에게 드렸는데 이를 먹고 기가 막혀 승하했다는 것이다. 개시는 광해가 왕이 된 후 이이첨과 함께 마음껏 권력을 휘둘렀다고 한다. 물론 이는 인조반정 후에 집권의 정당성을 확보하기 위해 서인들이 조직적으로 유포한 이야기다. 전혀 근거가 없는 이야기라 공식화하지 못했고, 따라서 인조반정 후 서인들이 만든 '광해군 일기'에도 수록되어 있지 않다.

광해를 내몰고 백성을 도탄에서 구한다며 권신의 자리에 올라간 서인들은 과연 어떠했는가. 당시 시중에 유행하던 〈상시가傷時歌〉를 보면 알 수 있다. 이 노래는 인조실록 3년 6월 19일에 실려 있어 반정 초기 민심을 알려준다.

> 훈신들아 스스로 자랑하지 마라
> (嗟爾勳臣차이훈신, 毋庸自誇무용자과)
>
> 그들의 집에 살고, 그들의 논밭을 차지하고
> (爰處其室원처기실, 乃占其田내점기전)
>
> 그들의 말을 타고, 그 일을 그대로 하면서
> (且乘其馬차승기마, 又行其事우행기사)
>
> 너희들이 그들과 다른 게 과연 무엇이드냐
> (爾與其人이여기인, 顧何異哉고하이재)

조선 역사상 두 번째로 쿠데타를 일으켜 성공한 인조반정의 훈신들은 광해의 권신들을 쫓아내고 그 재산을 몰수해 백성에게 돌리지 않고 자신들이 차지했으며, 광해 때보다 더 학정을 자행했다. 광해는 양반을 견제했으나 인조는 양반 대신 백성을 눌렀다. 가히 구악을 몰아낸 신악이 더 기승을 부리는 꼴이었다. 인조반정의 날, 조선 역사의 수레바퀴는 거꾸로 돌아가며, 여진족을 한반도로 끌어들여 정묘호란, 병자호란, 삼전도의 치욕을 당하게 된다. 당시 백성들은 왜 광해가 폐군이 되었는지 그 이유를 이해하지 못했다. 역대 반정 중 인조 일파가 내세운 반정 명분이 가장 취약해 백성들도 수긍하기 어려웠다.

조선 중기 이후의 신하들은 이미 연산군을 폐위시키고 중종을 택군해본 역사가 있기 때문에, 임금을 고르는 힘을 자신들이 가졌다고 생각했다. 이런데 광해군은 신하들이 용납하기 어려운 수준의 파격적인 정책을 시행했다. 더구나 광해를 지지하는 대북파는 소수였다. 신하들은 무능한 인조를 앞세워 광해를 쫓아냈다. 광해가 이룩한 십수 년간의 평화는 깨지고 다시금 조선은 전란에 휩싸였다.

만일 광해가 계속 통치했더라면 동북아 최강의 조선 조총 부대 때문에 청나라도 배후의 조선을 의식해 광대한 중원을 쉽사리 정복하지 못했을 것이다. 도리어 광해가 그런 청나라의 입장을 이용해 요동만큼은 조선 땅으로 만들었을 것이다.

제16대　　제17대

인　　효

조　　종

목소리만
남은 비전 선포

　　　　　　　　조선 제16대 인조(仁祖(1623~1649)는 직접 군사를 몰아 광해군을 몰아냈다. 이것이 인조반정과 중종반정의 차이이다. 중종은 신하들에 의해 추대된 왕이었다. 이에 비해 인조는 '반정'이라기보다는 성리학 본류의 다수파가 실리위주의 소수의 집권층을 몰아낸 '역모'에 가까웠다. 인조반정은 결국 정묘·병자호란의 비극을 부른 쿠데타이기에 역사적으로 일어나지 말았어야 했다.

　　인조 역시 비정상적 정변에 의해 '추대'되었기 때문에 원초적으로 왜소한 왕권을 강화하는 데만 그의 리더십을 발휘했다. 그러다 보니 현실보다는 명분, 장기적 대안보다는 일시적 모면책, 거시적 가치보다 미시적 이익에만 더더욱 얽매이게 되었다.

　　당시 동북아의 독립변수는 명과 청이었으나 이미 청이 대세를 굳히고 있었다. 그런 상황에서 종속변수인 조선이 나갈 방향은 분명했다.

그런데도 인조는 친명사상에 젖어 있어 친청을 도모하던 장남 소현세자를 죽였다. 광해가 패륜의 군주란 명분을 내세우며 반란을 일으켜놓고 광해보다 더 사악한 패륜을 저질렀다.

이 때문에 인조의 뒤를 이은 17대 효종孝宗(1649~1659)도 재위기간 내내 정국을 이끌 리더십을 제대로 발휘하지 못했다. 효종이 북벌의 웅지를 품고 추진한 왕이라 하지만 실제로는 북벌을 한다는 말만 난무하고 말았다.

한마디로 병자호란의 악몽을 잊지 못하던 조선의 민심을 반청북벌이라는 그럴듯한 구호로만 다독이면서 왕의 입지를 지켜나갔다. 오죽하면 신하인 송시열에게 인격수양을 더 하시라는 충고까지 들어야 했을까? 이런 곤궁한 입지의 효종이 나름대로 통치전략으로 선택한 '구호정치' 때문에 백성의 삶은 더 곤궁해졌다. 연이은 국난을 겪은 백성들에게 필요한 것은 공허한 구호가 아니다. 현실성 없는 정략적 구호가 드높을 때 백성들도 보람되고 위대한 일에 헌신할 동기를 부여받지 못한다.

이처럼 실현 불가능한 구호만으로는 국력이 결집되지 않는다. 리더는 개인의 입지 확보를 위한 선동성 구호가 아니라 공동의 번영을 추구하는 목적을 내놓아야 한다. 또한 그 목적이 '예측과 측정'이 가능해야 한다. 그래야 공감받는 리더, 든든한 리더가 되며, 리더 자신도 당당하고 강력한 자신감을 가질 수 있게 된다. 노자는 훌륭한 리더십에 대해 이렇게 말했다.

"백성들이 보람 있고 위대한 일을 이룰 수 있도록 동기부여를 해주고, 그런 일이 하나씩 성취될 때마다 백성들이 '우리가 기어코 이 일을 해냈다'며 환호할 수 있게 해준다."

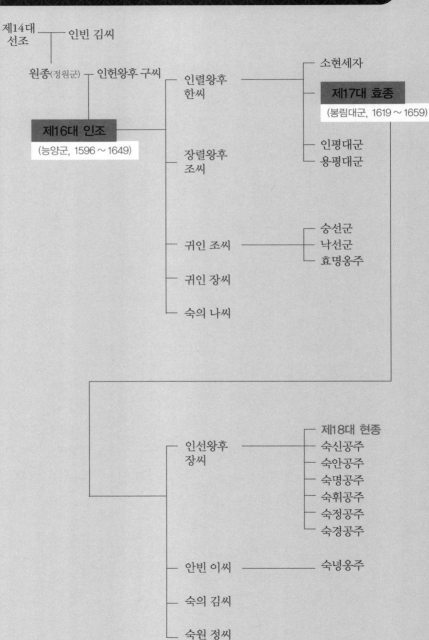

제16대 인조 , 제17대 효종 가계도

제14대 선조 ── 인빈 김씨

원종(정원군) ─ 인헌왕후 구씨

제16대 인조 (능양군, 1596 ~ 1649)

인렬왕후 한씨 ── 소현세자

제17대 효종 (봉림대군, 1619 ~ 1659)

인평대군
용평대군

장렬왕후 조씨

귀인 조씨 ── 숭선군
낙선군
효명옹주

귀인 장씨

숙의 나씨

인선왕후 장씨 ── 제18대 현종
숙신공주
숙안공주
숙명공주
숙휘공주
숙정공주
숙경공주

안빈 이씨 ── 숙녕옹주

숙의 김씨

숙원 정씨

세상이 돌아가는 것을 읽지 못하다

인조는 광해군의 배다른 동생인 정원군
定遠君의 장남으로 능양군이라 불렸다. 광해는 능양이 반정의 주역이 되
리라고는 상상도 못했다. 정원군은 임해군과 더불어 백성들을 괴롭혀
원성을 사며 조야에서 포기한 인물인데 그 아들이 쿠데타를 일으켰다.

반정의 명분은 세 가지였다. 첫째가 폐모살제 廢母殺弟였다. 즉, 어린
동생 영창대군을 죽이고 그의 어머니 인목대비를 서궁에 유폐했다는
것이다. 두 번째가 후금과 내통해 명과의 재조지은 再造之恩을 저버린
것, 세 번째가 궁궐 공사로 민생을 도탄에 빠트렸다는 것이다. 인조반
정은 쉽게 성공했다. 뒤이어 광해군 시절의 권력자들인 정인홍, 이이첨
등 대북 세력 200여 명이 숙청당했고 반정을 주도한 서인 김유金瑬, 이
귀李貴, 김자점金自點 등은 권신이 되었다.

백성들은 인조반정을 궁내 권력 투쟁으로 바라볼 뿐, 쫓겨난 광해를

비난하지 않았다. 당황한 서인 세력은 남인인 이원익을 영의정에 앉히며 민심을 수습하고자 했다.

제주도로 유배를 떠난 광해는 그 후로도 18년을 더 살았다. 서인의 반정이 성공하자 조선의 제1당은 서인, 2당은 남인이 차지했다. 집권한 서인들은 대북 세력인 정인홍과 이이첨 등을 죽이며 대대적인 정치 보복을 했다.

인적 청산을 마친 인조는 기존 광해군의 중립외교정책을 파기하고 친명배금정책을 표방했다. 평안도 가도에 진을 치고 후금의 배후를 위협하던 명나라 장수 모문룡을 적극 지원해주고, 후금과의 사신 왕래는 금지했다. 명나라 황제에게 불충하다며 광해를 축출한 인조로서는 당연한 조치였다.

인조반정이 일어나지 않았더라면 조선은 물론 오늘 한국의 역사까지도 크게 달라졌을 것이다. 당시 욱일승천旭日昇天하던 청나라는 명나라에 압박을 가하면서 새로 등극한 조선 인조의 외교정책을 지켜보고 있었다. 그런데 인조가 연이어 적대정책을 취하자 크게 격분해 두 번의 전쟁을 일으킨다.

군사 분쟁으로 변한 외교 분쟁

인조 5년(1627)의 정묘호란과 인조 15년 (1637)의 병자호란은 사실상, 광해가 지지한 여진족이 세운 후금 (1616~1636)과 그 뒤를 이은 청나라(1636~1912)가, 명나라를 택한 인조 정권에 보복 전쟁을 한 것이다. 이들이 조선을 침략할 때 내건 구호 중 하나가 '광해의 원수를 갚자' 였다.

인조 5년 1월 8일, 청태종은 대패륵大貝勒 아민阿敏에게 3만 대군을 주며 조선을 치라 한다. 압록강을 건넌 후금군의 주력 부대는 의주를 돌파했고, 일부는 가도의 모문룡을 쳤다. 평소 '오랑캐 쫓기가 식은 죽 먹기보다 쉽다' 며 큰소리치던 모문룡은 신미도身彌島로 줄행랑쳤다.

모문룡은 광해군 13년(1621) 때 요동으로 침입했으나 곧 후금의 대반 격을 받아 가도로 도망간 후 동강진東江津에 겨우 거점을 마련하고, 광 해군의 푸대접을 받으며 옹색하게 지내고 있었다. 그러던 차에 반정으로 집권한 인조가 명의 승인을 받는 데 모문룡의 도움을 받은 대가로 해마다 엄청난 지원을 해주었다. 후금이 쳐들어 왔을 때 인조는 모문룡이 도와주기를 기대했으나 도와주기는커녕 도주해 민가를 약탈했다.

파죽지세로 남하하는 후금군의 기세에 놀란 인조는 세자를 전주로 내려 보내고 자신은 강화도로 피신했다.

왕이 궁궐을 비우자 각처에서 관군을 믿을 수 없다며 의병이 일어나 후금에 대항하기 시작했다.

후금은 가는 곳마다 사방에서 불시에 의병에게 습격당할 수 있다고 생각했다. 또한 후방에서 명나라가 기습할 수도 있다는 우려 때문에 더 이상 진격하지 않고 인조에게 사신을 보내 강화講和 조건을 전달한다. 조선의 만주 영토를 후금에 양도하고, 조선군이 명나라 장수 모문룡을 잡아 보낼 것, 그리고 후금이 명나라를 치는 데 조선군 3만 명을 지원할 것. 이 3가지를 요구했다. 이에 조정 내에 화전和戰 양론이 분분했으나 결국 후금의 제안을 받아들이기로 했다. 3월 3일 인조는 최명길 등을 앞세워 조선이 명나라와 국교를 유지하는 조건으로 후금과 형제지국의 맹약을 맺는 정묘조약을 체결한다. 후금은 즉시 철군했다. 후금은 인조 14년(1636) 국호를 청淸으로 고쳤다. 이때 이미 후금은 만주를 점령하고 만리장성을 넘어 명나라 수도 북경까지 위협하고 있었다.

아둔함이 낳은 삼전도의 굴욕

인조 14년(1636) 4월 청나라에서 용골대龍骨大, 마부대馬夫大 등이 와서 청과의 관계를 형제지국에서 군신관계로 바꾸어 공물을 바치고 군사를 지원하라고 압박했다. 이에 조정의 대신들이 격분했고 인조도 이번 기회에 오랑캐의 버릇을 고쳐 놓아야 한다며 주전론을 주장하는 신하들의 의견을 수렴해 결전의 교서를 내렸다. 이 소식을 듣고 크게 분개한 청태종은 압록강이 얼기만을 기다렸다가 그해 12월 약 12만의 군사를 친히 이끌고 쳐들어왔으니 이것이 병자호란이다.

청태종이 압록강을 건넌 지 겨우 14일 만에 개경에 도착하자, 놀란 인조가 밤늦게 강화로 피하려 했으나 이미 청군에 의해 길이 막히고 말았다. 하는 수 없이 급하게 남한산성으로 들어가 1만3000여 명의 군사가 진을 쳤으나 금세 청나라 대군이 다가와 남한산성을 포위했다.

삼전도비

고립된 성 안에서 버티던 인조는 결국 45일 만인 1월 30일 성문을 열고 나와 한강 동남쪽 삼전도에서 무릎을 꿇고 삼배구고두 三拜九叩頭를 한다. 이것이 삼전도의 치욕으로 세 번 절하며 아홉 번 머리를 찧는 것이다.

이로써 조선은 대대로 오랑캐라며 무시했던 여진족과 군신의 관계를 맺었고, 청나라에 소현세자 昭顯世子와 봉림대군 鳳林大君을 볼모로 보내야 했다. 인조는 반정부터 삼전도의 굴욕까지 서인과 친명반청이라는 시대착오적인 정치적 명분에만 사로잡혀 있었다. 북인을 제거하고 명분을 중시하는 서인이 집권한 후, 잇달아 전쟁의 참화를 겪으며 왕이 청나라에 연이어 머리를 조아렸다. 이는 왕의 정체성과 조선의 이념이 부정당한 것이다. 이런 인조의 자기정체성에 대한 반작용은 소현세자라는 탁월한 인물을 부정하는 형태로 나타난다.

삼전도의 굴욕은 인조 본인이 선호하는 방식으로만 세계를 바라본 대가였다. 이런 왕은 백성과 함께 미래를 도모하지 않는다. 자기 입맛에 맞게 통치한다. 선조나 인조 같은 왕들은 백성을 희망적 미래로 안내하기는커녕 참혹한 전쟁 속에 밀어 넣었다. 이로써 이들은 조선역사상 가장 포악한 연산군보다 더 가혹한 비판을 받는다.

소현세자를 죽이다

　　　　　　청은 병자호란을 마치고 귀국하면서 인
조의 첫째아들 소현세자, 둘째 봉림대군, 셋째 인평대군麟坪大君을 볼
모로 잡아갔다. 인평대군은 다음 해에 돌아왔으나 소현세자와 봉림대
군은 8년간 더 억류되어 있어야 했다. 이 기간 소현세자는 이웃집에
살던 서양 신부 아담 샬과 교류하며 천주교를 접하고 서양 문물에 심
취하여 세계사적 조류에 눈을 뜬다. 조선의 숭명반청의 이념은 시대에
맞지 않아, 백성에게 고통만 줄 뿐이었다. 청나라는 견제가 아니라 우
호적 관계를 맺어야 할 대상이며, 정작 멀리해야 할 나라란 곧 명나라
임을 깨달았다.

　봉림대군도 역시 서양 문물을 접하기는 했지만 도리어 패전국의 왕
자라 멸시하는 청나라 관리들에게 반감을 갖게 되었다. 한마디로 물리
적 변화에 대해 둔감했고 자존심에 민감했다. 그래서 평소에도 세계의

흐름을 알려 하기보다 형 소현세자를 살피며 동시에 청의 내부 사정을 파악해 본국에 알리는 역할에 충실했다.

인조는 봉림으로부터 청나라가 조선과 상의할 일이 있을 때 인조 대신 세자를 택한다는 소식을 듣고 기분이 상했다. 여기에 사은사들이나 역관들이 세자가 천주교에까지 호감을 갖고 있다는 소식을 전해주자 몹시 분개했다. 조선과 청나라 사이에 외교적 갈등이 생길 때마다 청의 신망을 얻은 소현세자가 말끔히 처리했다. 그럴수록 인조는 소현세자를 칭찬하는 것이 아니라 왕위를 위협하는 정적으로 인식했다. 인조는 심양에 몰래 사람을 보내 소현세자와 청나라 관리들의 움직임을 염탐하기까지 했다.

그런 가운데 인조 22년(1644) 청은 명을 완전히 정복하고 북경을 수도로 삼았다. 더 이상 조선의 왕자들을 붙들어 둘 필요가 없게 되자 다음 해 소현세자와 봉림대군의 영구 귀국을 허락했다.

그동안 소현세자는 친청주의자이면서 조선을 개방해야 한다는 개방론자로 변했고, 봉림대군은 조선이 청나라 태종에게 당한 굴욕을 되갚아주고 권위를 세워야 한다는 반청주의자가 됐다.

귀국한 소현세자가 인조 앞에 서양 물품 몇 가지를 선물로 내놓았다. 그런데 갑자기 인조가 옆에 있던 벼루를 집어 세자에게 던지며 소리쳤다.

"그동안 심양에서 보고 배운 것이 고작 이 정도냐?"

왜 부왕이 화를 내는지도 잘 모르고 얼굴에 벼루를 맞은 세자는 피를 흘리며 물러났다.

그 후, 세자가 귀국한 지 70일째 되던 날이었다. 온몸에 열이 나는 학질에 걸려 병상에 누웠다. 인조의 오랜 어의 이형익李馨益이 사흘 동안 침을 놓았는데 그만 죽고 말았다. 서른세 살의 건강한 소현세자가 어이없게 급서하자 대사헌에서 어의를 처벌해야 한다고 탄핵했다.

그런데도 아버지라는 인조는 도리어 화를 내며 어의를 두둔했다. 세자의 장례식도 평민의 예식으로 축소했다. 장남이 죽으면 장손이 왕위를 물려받는 것이 종법이다. 그래서 신하들이 소현세자의 장남을 세자로 세우자고 했으나 인조가 반대했다. '원손이 아직 미약하고, 마냥 성장하기만 기다릴 수도 없다'는 것이었다. 결국 원손이 폐위되었다.

그러나 이것이 끝이 아니었다. 세자빈 강씨와, 세자의 두 아들을 죽였다. 광해의 패륜을 비판하던 인조는 자기와 정치 노선이 다른 아들과 그의 며느리, 손자들까지 죽였다. 소현세자와 그 가족의 죽음은 냉혹하고 잔인한 인조와 권모술수에 능한 사대부들의 합작품이었다. 그리고 자기와 같은 반청사상을 가진 봉림대군에게 왕위를 물려주었다.

이 때문에 소현세자의 독살설은 거의 정설로 받아들여지고 있다. 인조실록에는 소현세자의 죽음을 다음과 같이 묘사하였다.

> 세자는 본국에 돌아온 지 얼마 안 되어 병을 얻었고 병이 난 지 수일 만에 죽었는데, 온몸이 전부 검은 빛이었고 이목구비의 일곱 구멍에서는 모두 선혈鮮血이 흘러나오므로, 검은 멱목幎目으로 그 얼굴 반쪽만 덮어 놓았으나, 곁에 있는 사람도 그 얼굴빛을 분변할 수 없어서 마치 약물에 중독되어 죽은 사람과 같았다. 그런데 이 사실을 외인外人들은 아는 자가 없었고, 임금도 알지 못하였다.

소현세자의 죽음과 함께 세계를 향한 조선의 개방은 요원하게 되었다. 소현세자는 심양에서 주자학도 상대적임을 알았다. 중국 저편의 서양에 기독교 사상이 있듯이, 어느 특정 사상도 절대적이 아님을 깨달았다.

'그렇다면 사대의 대상으로 명만을 고집할 필요가 없는 것이다. 현실적으로 조선에 유리한 대상과 선린 관계를 구축하면 그만이다.'

이런 열린 생각을 하던 소현세자와 달리 봉림대군에게 청나라는 정복의 대상일 뿐이었다.

인조가 재위 24년(1649)에 죽자 31세의 봉림대군이 효종으로 즉위한다.

목적과 다른 비전은 허망할 뿐

인조가 사대부의 반정에 의해 왕이 되어 강한 왕권 행사에 한계가 있었던 것처럼, 인조가 세자와 손자까지 죽이고 앉힌 효종도 강한 군주가 되기 어려웠다. 이처럼 약해진 왕권을 그나마 강력하게 뒷받침해줄 만한 돌파구는 '북벌' 밖에 없었다.

정통성이 생명인 사림 세력에게 장남인 소현세자와 원자까지 독살당한 후 효종이 왕위를 차지했으니, 왕권은 농락당하기에 딱 좋았다. 효종 입장에서는 이미 중국을 통일하고 아시아 최강의 나라가 된 청나라를 공격하겠다는 대의명분을 내세우는 것 말고는 달리 왕권을 지킬 방도가 없었다.

인조와 효종의 등극 배경에는 친명반청이라는 공통점이 있다. 인조는 실리적 외교를 펴던 광해를 반정을 통해 몰아냈고, 효종은 아버지 인조와 같은 정치 성향을 지닌 덕분에 소현세자의 자리를 차지했다.

두 왕 모두 친청정책을 추진하면 자신들의 왕권에 대한 정통성이 부인되는 상황이었다. 조정의 대신들도 철저히 성리학에 빠진 소중화주의자들이기 때문에 오랑캐가 세운 청나라에 대한 반감이 골수 깊이 박혀 있었다.

문치의 나라 조선에서 효종은 즉위 초부터 무치를 추구했다. 병력을 보강하고 군제를 개편했다. 무치에 의도치 않게 도움을 준 사람 중에 네덜란드인 하멜도 있었다. 효종 4년(1653) 8월 제주도 부근에 하멜의 일행 36명이 탄 네덜란드의 무역선이 표류했다. 다음 해 5월 하멜 일행은 서울로 호송되었고 훈련도감에 편입되어 조총, 화포 등 신무기를 개량하는 데 도움을 주었다. 그 뒤 전라도 지역에 배치되어 잡역에 종사하다가 현종 7년(1666) 9월 7명의 동료와 함께 탈출해 본국으로 돌아갔다.

왜 효종은 문치보다 무치를 고집했을까? 성리학적 논리만 따진다면 효종은 소현세자를 대신해 왕이 되었다는 소리를 영원히 들어야 한다. 그런 고정관념에 빠지지 않은 무인 위주로 궁궐을 채우고 싶었다. 문의 나라 조선은 일찍이 문과 출신이 무과 출신보다 한 단계 더 높은 대우를 받고, 무과 급제자는 지방수령도 나가지 못했었다. 효종은 이런 관례를 깨고 무과 출신도 지방수령에 임명하여 문신의 항의가 잇달았다. 그뿐 아니라 무과 출신 유혁연柳赫然을 비서와 다름없는 승지에 임명하기까지 했다. 또한 각 지방의 군사 문제는 병판에게 직접 보고하고 병판은 이를 취합해 곧바로 승지 유혁연에게 주도록 했다.

효종은 즉위 후 6년(1655)에 관병식을 거행하며 군사력을 점검했다. 효종은 대군 시절 청나라 병사들이 허리를 낮추고 화살을 쏘는 것을

270

보고, 꼿꼿이 몸을 세우고 쏘는 것보다 적의 화살을 피하기 쉽고 말도 더 잘 달린다며 조선 궁사에게 청나라 사격법을 따르도록 했다. 총포류도 집중적으로 만들었다.

이런 효종이 실제로는 청나라에 원군을 바로 파견해, 친청정책을 펴는 모순을 범했다. 그래서 그의 북벌 의지가 의심받는다. 청나라와 러시아가 흑룡강 유역에서 영토 문제로 대립하며 수차례 충돌이 발생하자, 청나라는 조선에 출병을 요구했다. 그런데 북벌을 주장하던 효종이 2차례나 조총 부대를 보내 청나라의 승리에 결정적으로 기여했다. 만일 효종이 러시아와 접촉해 이이제이 전략을 썼더라면 역사가 어떻게 바뀌었을까?

당시 청나라는 만주와 중국을 하나로 통일했고, 일본은 쇄국으로 돌아서 오랜만에 동북아에 거대한 평화가 찾아왔다. 이런 시기에 청나라의 요청을 거절하기가 쉽지는 않았을 것이다. 그러나 똑같이 중국의 파병 요청을 받고 최대한 미루다가 뒤늦게 군대를 보내 전투 시늉만 한 광해라면 필시 러시아와의 거래를 고려했을 것이다.

효종은 청의 요청대로 소규모 정예병을 파병해 나선정벌羅禪征伐에 나섰다. 효종 5년(1654), 1차 원정에서 조총병 100명과 장교 50명이 참전했고 2차 원정에 조총병 200명, 장교 60명이 참여했다. 2차 원정대를 이끈 혜산 첨사 신류申瀏는《북정일기北征日記》에 당시 상황을 기록하기도 했다.

실행은 없이 명분만 남다

　　　　　　한편 효종이 계속 군비확장정책을 쓰자
문신들이 강력히 반대하기 시작했다. 농사를 지어야 할 농민들이 성을
쌓고 병기를 제작하는 등 과도한 부역에 동원되고 있다며, 민생을 먼
저 생각하라는 것이었다. 이런 '안민책安民策'은 근거와 명분이 있었
다. 그러나 양반들의 속셈은 다른 데 있었다. 효종이 중앙군확충정책
을 쓰는 한 세금을 더 걷어야 하고, 결국 부유한 자신들이 더 많은 돈
을 내야 되기 때문에 효종의 정책을 반대할 수밖에 없었다. 특히 송시
열宋時烈을 비롯한 사대부들이 적극 반대하고 나서 효종은 통치 기반
까지 흔들릴 입장이었다.

　　효종 8년(1657) 송시열은 효종에게 〈정유봉사丁酉封事〉를 올려 사실
상 군비확장을 포기하라고 종용했다. 그렇다고 사림의 영수인 송시열
을 처벌할 수도 없고 군비 확장을 포기할 수도 없는 고민에 빠진 효종

은 송시열에게 예조참판을 제수하며 달래 보았다. 송시열은 거절하다 다시 특지特旨를 내리자 그제야 상경하였고 이조판서에 임명된다.

《경국대전》에 어떤 경우라도 임금이 신하와 독대해서는 안 된다고 나와 있는데도 이를 어겨가면서까지 효종은 송시열과 독대를 했다. 이것이 효종 10년(1659) 3월 11일의 기해독대己亥獨對다. 그 자리에서 효종은 처음이자 마지막으로 '북벌'이라는 말을, 그것도 딱 한 번 한다. 자신이 '군대를 강화하는 목적은 바로 북벌을 추진하기 위해서'이고, '이대로 10년만 더 준비하면 청나라를 이길 수 있다'며 협조를 명했다. 그러나 송시열은 효종의 뜻에 공감한다면서도 차질이 생기면 나라가 망할 수도 있으니 신중해야 한다며 '수신제가치국평천하修身齊家治國平天下'를 권했다. 청나라를 공격하기 전에 인격수양이나 먼저 하시라는 뜻으로 들릴 수 있는 말이었다. 송시열은 효종의 북벌론은 문치가 강한 조선에서 사대부를 억누르고 정통성이 약한 자신의 왕권을 강화하기 위한 수단에 불과하다는 것을 알고 있었다. 효종이 겉 다르고 속 다르게 행동할수록 사대부의 손아귀를 벗어날 수 없다. 그래서 인격수양이 더 필요하다고 대답한 것이다.

송시열은 오랑캐라 멸시하던 청나라가 조선을 유린하자 벼슬을 내려놓고 10년간 낙향한 주자학의 원칙론자였다. 이런 그를 조선사대부들은 경하하고 감탄

송시열

하며 추종했다. 효종은 이런 송시열이기에 왕을 은근히 폄하해도 처벌하지 않고 도리어 앞장서서 북벌을 추진하는 조건으로 정권을 맡기고자 했다. 즉, 기존의 이조판서에다가 병조판서까지 겸직하라고 했다. 송시열이 이마저도 거절하면 이조판서직을 박탈당하는 것은 물론 큰 곤경에 처할 수 있었다. 효종이 아무리 신권을 의식한다고 하나 왕은 왕이었다. 진퇴양난에 빠진 송시열은 잠시 머뭇거리다가 효종의 제안을 수락했다.

사실 효종과 송시열의 생각은 숭명반청으로 똑같으나 실천하는 방법에 차이가 있다. 효종은 군사력으로 청을 직접 정벌하자는 것이고, 송시열은 '안을 잘 가다듬고 밖으로 오랑캐를 물리친다'는 내수외양론內修外攘論을 주장했다. 삼강오륜을 통해 청나라의 야만적 영향력을 뿌리 뽑고 청나라로부터 유린된 조선의 윤리와 사회 기강을 바로 잡는 것이 군사를 몰아 심양이나 북경으로 쳐들어가는 것보다는 훨씬 중요하며, 그렇게 준비하고 있으면 오랑캐의 나라 청의 국력이 기울어질 때가 온다는 것이다. 그때 일을 도모해도 늦지 않다는 논리였다.

이는 극히 정신적인 데 바탕을 둔 주장으로서 송시열뿐 아니라 당시 조선사대부의 인식이었다. 이미 사라진 명나라를 정신적으로 사대하는 사대부들은 자신들의 반청 감정을 대변하는 효종의 북벌론을 따르자니 현실적으로 너무 큰 부담이 되었다. 만일 조선이 청과 전쟁을 하다가 패하기라도 한다면 청은 제일 먼저 반청의 골수들인 사대부들부터 없애려 할 것이다.

그러나 대놓고 북벌을 외치는 효종을 비난하기는 어려웠다. 송시열은 효종의 전폭적인 지원을 받으며 마음에도 없는 북벌을 앞장서서 추진해야만 했다. 송시열과 독대한 지 두 달 만에 효종은 머리에 난 작은 종기 때문에 어의 신가귀申可貴에게 침을 맞던 중에 죽었다. 당시 신가귀는 수전증이 있어 감히 왕에게 침을 놓을 수 없는 입장이었다. 때문에 효종 독살설이 퍼졌으나 그 진상을 파헤칠 만한 세력이 없었다. 당시 서인과 사림에게 중요한 것은 기득권을 위협하는 효종이 사라졌다는 것이었다. 이후 조선에서 북벌 노력은 비록 그것이 형식적이었더라도 완전히 사라졌다.

효종은 강력한 신권을 의식해 반청사상을 대변하면서, 북벌이라는 명목으로 사대부들을 견제하는 묘수정치를 했다. 그러다 보니 부국강병은 표어일 뿐이었다. 서구와 교류할 호기를 제공한 하멜도 활용하지 못했고, 서양의 전초기지였던 청나라와도 교류를 최소화하며 쇄국의 길로 갔다.

당시는 세계사적으로 보면 대항해시대가 펼쳐져 산업혁명의 물적 토대가 축적되고 있었다. 이럴 땐 소현세자처럼 개방적이고 실용적인 리더십이 필요했다. 그러나 조선의 지도층인 사대부와 왕은 이념에 치중해 세계적 대변혁 앞에 드러난 현실의 모순에 눈감고 나라 전체를 내리막길로 향하게 했다.

정치를위한
정치가 남긴 것

현종顯宗(1660~1674)은 역대 조선 왕 중 3가지가 유일하다. 조선 땅이 아닌 청나라에서 출생했고, 오직 왕비 하나만 두었으며, 재위 기간을 예송논쟁으로만 보냈다는 것이 그것이다. 다르게 생각하면 그만큼 다른 시대에 비해 외침이 거의 없던 시절이었다. 효종 때 추진했던 명분론적 북벌추진도 완전히 중단되어 한가롭기까지 했다. 그러나 당시 세계는 뉴턴의 물리학 등 과학 기초 이론이 크게 발전하고 있었고, 영국과 프랑스 등이 식민지를 확보하려 경쟁하고 있었다. 일본도 네덜란드 등과 통상하며 선진 문물을 도입하고 있었다. 이런 중차대한 시기에 조선은 정치적 최대 쟁점으로 부각한 '예론'으로 허송세월을 보내고 있었다.

예송논쟁禮訟論爭은 인조반정 이후 정권을 장악한 서인들에 대한 남인들의 도전으로 시작되었다. 현종의 스승 윤선도가 남인 계열이라 남인의 지위가 차츰 부상하자, 남인들은 북벌정책의 무모함을 지적하면서 서인 정권과 예송논쟁을 일으켰다.

인조가 장남 소현세자를 제치고 차남 효종에게 왕통을 주는 바람에 효종과 현종은 정통성의 하자를 안게 되어 신권이 더욱 득세하게 되었다. 조선의 완고한 종법은 부친보다 장남이 일찍 세상을 떴을 경우 차남이 아니라 장손이 뒤를 이어야 한다는 것이었다. 이런 정통성 시비가 붙을수록 리더는 성과가 창출될 수 있는 핵심 이슈를 잘 선정해야만 한다. 현종 시대의 예송논쟁은 현종의 정통성에 흠집만 남기는 이슈이다. 이런 이슈는 가능한 한 재빨리 가라앉혀야 한다. 시대가 영웅을 만들기도 하지만 진정한 영웅은 시대에 맞게 이슈를 제기한다. 리더의 미래는 현재 무엇을 가지고 있느냐가 아니라 그 리더가 끊임없이 추구하고 달성하고자 하는 그 무엇이다. 리더가 미래성과에 초점을 맞출 때 타이밍에 맞는 이슈가 무엇인지를 분별할 수 있게 된다. 현종 당시 세계가 기초과학과 통상무역이 발전하며 식민지 개발 붐이 일고 있었다. 현종도 이런 흐름에 발을 맞추었더라면 백해무익한 예송논쟁은 금세 가라앉았을 것이다. 현명한 리더들은 흐름을 읽고 이슈를 만들어 기회를 움켜쥔다.

리더가 자신의 안위를 위해 정치 놀음을 하는 것을 우리는 자주 목격한다. 도대체 그 정치 놀음에 비전이 있는가를 구성원인 '우리'가 잘 주시해야 한다.

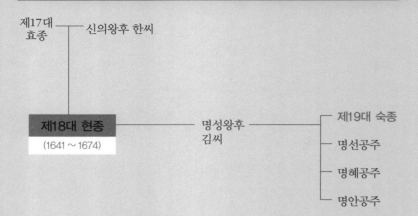

제18대 현종 가계도

제17대
효종 ─── 신의왕후 한씨

제18대 현종
(1641 ~ 1674) ─── 명성왕후
김씨 ┬── 제19대 숙종
     ├── 명선공주
     ├── 명혜공주
     └── 명안공주

현종은 아버지 봉림대군(효종)이 심양에 볼모로 잡혀 있던 시절에 태어났다. 즉위와 동시에 등장한 정치적 이슈가 효종 상중에 인조의 계비인 자의대비慈懿大妃(장렬왕후 조씨)가 얼마 동안 상복을 입어야 하는지였다. 이런 한심한 논쟁이 가능했던 이유는 인조반정 이후 국왕은 더 이상 하늘이 내는 존재가 아니라 사대부의 선택에 달린 존재로 전락했기 때문이다. 비록 사대부가 인조의 둘째 아들 효종을 왕으로 점지했지만, 효종은 종법을 어기고 된 왕이라며 은근히 무시했다.

예송논쟁의 양측은 인조반정으로 정권을 잡았던 서인 세력과 인조의 중립적 정책에 의해 기용되었던 남인 세력이었다. 서인은 기호학파의 주리론主理論을, 남인은 영남학파의 주기론主氣論을 주장했다.

이처럼 학술적 대립을 하던 두 세력이 효종이 죽자 어떻게 국상을 치를지를 놓고 본격적 정치 논쟁을 벌였다. 서인은 군주와 신하가 함께 나라를 통치해야 한다는 신권정치를 주장하는 데 비해 남인은 왕권 강화에 더 적극적이었다.

《주자가례朱子家禮》에 의하면, 부모상에 모든 자녀가 3년간 상복을 입어야 하고, 자식이 죽었을 때 장자의 경우 3년, 차자 이하는 1년간 부모가 상복을 입어야 했다. 이에 따라 서인의 송시열 등은 효종이 인조의 차남이므로 계모인 자의대비가 상복을 1년간 입어야 한다고 했고, 허목과 윤휴 등 남인은 효종이 왕위를 계승했기 때문에 3년간 입어야 된다고 주장했다. 서인은 은연중 장자승계를 하지 않은 효종은 그저 제일 지체 높은 사대부라는 시각이었고, 남인은 아무리 차자라고는 하지만 왕은 왕이라는 시각이었다.

복식服飾논쟁은 지방으로까지 번져 조선의 모든 선비가 이 문제로 서로 다투었다. 법을 따르자는 송시열 주장대로라면 원래 왕위는 효종이 아닌 소현세자의 아들이 이어야 옳았다. 자칫하면 현 왕인 현종의 정통성도 부정당할 수 있다. 이에 남인의 윤선도는 이종비주貳宗卑主의 논리를 펴며, 서인의 주장이 종통宗統을 둘로 나누어 현 임금을 비하한다고 비난했다. 하지만 송시열 등 서인은 정국을 혼란케 하는 억지 모함이라며 도리어 윤선도를 탄핵했다. 현종은 서인의 손을 들어주어 윤선도가 귀양 가면서 1차 예송논쟁은 일단락되었다.

현종 시대 조정대신들이 복상 기간 문제로 다투는 동안, 조선 백성들은 5재(태풍, 병충해, 홍수, 가뭄, 냉해)에 시달려야 했다. 조선 땅에 태어난 것을 원망하며 백성들이 굶어 죽어도 당파싸움은 그칠 줄 모르고 나날이 더 치열해져갔다. 우유부단한 현종은 15년 재위 기간 내내 극심한 당쟁과 대기근에 시달렸다. 이런 조선 형편은 청나라에까지 알려졌다. 현종 12년(1671) 동지사 복선군福善君 이남李枏을 만난 청나라 황제 강희제가 말했다. "너희 조선은 신하가 너무 강하기 때문에 백성이 빈궁해 살아갈 길이 없느니라. 가서 너의 왕에게 전하거라."

왕권 약화에 시달리던 현종도 이 말에 깨닫는 바가 많았다. 마침 1차 예송논쟁 때 패배하고 권토중래를 노리던 남인들에게 또 한 번의 기회가 찾아왔다. 현종 15년(1674)에 자의대비의 며느리인 효종 비가 죽자 상복 문제가 다시 불거졌다. 송시열 등 서인은 효종이 차남이기 때문에, 시어머니가 9개월만 상복을 입어야 한다고 했고, 남인은 효종이 왕위를 계승했으므로 장남으로 보아야 하니 1년을 입어야 한다고 했다. 서인은 《경국대전》에 '맏며느리가 죽었을 때 부모는 1년간 상복을 입고 기타 며느리가 죽으면 9개월간 상복을 입는다'는 기록을 근거로 내놓았다. 두 세력이 팽팽하게 맞서고 있는데 권력 판도에 변수가 생겼다. 서인 내부에 갈등이 일어난 것이다. 1차 예송논쟁 때 송시열의 주장을 밀었던 현종의 장인인 서인 김우명金佑明과 그의 조카 김석주金錫冑가 남인 측으로 돌아섰다. 이 때문에 현종이 처음 때와 달리 남인의 손을 들어 주어 서인들이 실각했다.

지속적인 예송논쟁 때문에 사회 예절이 강조되고, 친족끼리 같은 부서나 송사를 맡지 않는 상피법相避法이 제정되었고, 동성통혼도 완전히 금지되었다. 하멜 등 네덜란드인 8명이 제주도에서 포로로 잡혔다가 탈출해 《하멜표류기》를 발간한 것도 이 시기였다.

예송논쟁에 시달릴 대로 시달린 현종은 1674년 34세의 나이에 세상을 떠났다.

진정한
마키아벨리스트

　　　　　제19대왕 숙종肅宗(1674~1720)은 진정한 마키아벨리
스트이다. 14세의 어린 나이에 왕이 되었음에도 불구하고 수렴청정을
단호히 거절했다. 그만큼 자신감이 넘쳤고 명석했으며 승부사 기질이
넘쳤다.

　　이탈리아의 정치사상가 마키아벨리Machiavelli는 말했다. "군주는 여
우처럼 영악하고 사자처럼 잔인해야 한다. 그래야 여우처럼 덫을 미리
알고 피하고, 사자처럼 간교한 이리를 쫓는다. 필요하면 유창하게 거
짓말도 해야 하고, 사악한 집단에게는 사악한 방식으로 대처해야 하며
무기력한 선은 악보다 나쁘다."

　　승부사 빌 게이츠는 미국 고등학생들에게 충고했다.

　　"인생이 공평할 것이라 기대하지 마라. 그 현실을 불평하지 말고 받
아들여라. 세상은 네 안주하는 태도가 아니라 무언가 성취해서 보여주
기를 기대한다."

숙종은 무기력한 아버지가 신하들에게 얼마나 시달렸는지를 지켜보았다. 그래서 즉위년도에 예송논쟁이 재연될 조짐을 보이자, 소년답지 않게 누구를 막론하고 예송을 거론하는 자는 엄벌에 처한다는 명을 내렸다.

숙종의 강한 승부사 기질이 부왕 현종 시대를 혼란스럽게 했던 예송논쟁을 사라지게 했다. 그 대신 숙종 주도의 환국정치換局政治를 전개했다. 이는 왕 중심으로 정파 세력을 대립시켜 절대 충성을 유도하는 것이다. 예송논쟁 때까지는 그래도 다른 정파끼리 어느 정도 공존하며 밥그릇을 나눴으나 숙종의 경신환국 이후에는 일당전제화一黨專制化가 시작되었다.

숙종은 환국을 거듭하며 현 집권당을 몰아내고 다른 당으로 물갈이 했다. 이처럼 정국이 반전에 반전을 거듭하게 되자, 공론에 기초한 붕당정치의 기본원리인 견제와 균형이 실종되고 상대 세력의 존재자체를 인정하지 않는 사사賜死가 빈번하게 일어났다.

숙종이 행사한 제왕적 카리스마는 어떤 것을 진행할 때 그 추진력이 매우 강력하다. 이런 리더십을 가진 리더들은 압도적 면모(dominance)와 강한 확신, 탁월한 기회 포착으로 구성원들을 완전히 장악한다.

카리스마가 없고 자신감이 없는 리더의 말은 무시당하기 쉽다. 반면 자신감이 충만해 거대한 존재감을 지닌, 숙종 같은 리더의 말은 경청하게 만드는 힘이 넘친다.

카리스마가 넘치는 리더를 추종자들이 볼 때 리더에게서 논리적으로 설명할 수 없는 흡인력을 느낀다. 그렇기 때문에 숙종처럼 불연속적인 급격한 변화를 주어도 구성원들이 황망히 여기면서도 추종하게 된다.

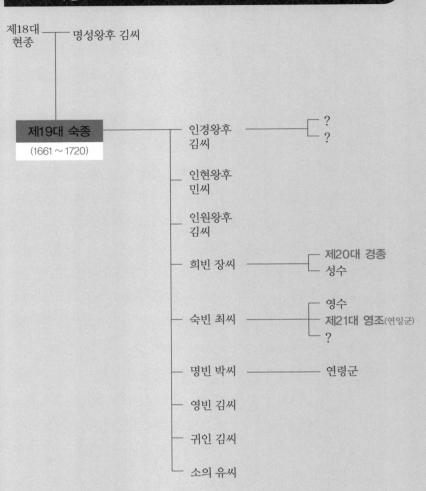

제19대 숙종 가계도

제18대 ──── 명성왕후 김씨
현종

제19대 숙종 ──── 인경왕후 ──── ?
(1661 ~ 1720)   김씨   ?

인현왕후
민씨

인원왕후
김씨

희빈 장씨 ──── 제20대 경종
              성수

숙빈 최씨 ──── 영수
              제21대 영조(연잉군)
              ?

명빈 박씨 ──── 연령군

영빈 김씨

귀인 김씨

소의 유씨

카리스마는 나이와 무관했다

숙종은 현종과 명성왕후 김씨 사이에서 태어난 외동아들이다. 현종이 후궁을 두지 않는 바람에 숙종은 조선왕조의 왕자들 중 가장 원만하게 왕위를 물려받았다. 당시 나이가 14세로 명성왕후의 수렴청정을 받아야 했으나, 바로 친정을 시작해 과감한 군주의 모습을 보였다. 또한 어린 왕답지 않게 당대 최고 실세인 송시열을 준열하게 추궁했다. 송시열이 누구던가. 붕당정치가 최고조에 달한 17세기 중엽 서인노론의 사상적 지주 겸 영수였다. 효종의 사부였으며, 효종과 왕권 강화책의 일환인 북벌정책을 함께 추진했다. 현종 때 1차 예송논쟁을 벌여 남인을 제압했고, 2차 예송논쟁 때 남인에게 패하고 실각되었다. 그는 여러 차례 집권과 실각을 반복하며 향리와 한양을 수없이 오갔다. 조정에서 탄핵을 받아 벼슬을 버리고 향리에 내려가서도 막후에서 사림의 여론을 주도하며 막강한 영향력을 행사했다. 왕이 불러도 향리에 묻혀 조용히 지낸다며 거절하는 경우도 있었다. 조정의 부름을 거부함으로써 자기 몸값을 높였다. 송시열을 비롯한 서인들은 현종과 훈계조로 정사를 논하기까지 했다.

송시열의 특징은 자신이 직접 전면에 나서기보다 배후에서 추종자들을 조종하여 조정을 움직인다는 것이다. 주자학적 의리를 중시하는 송시열은 세도정치世道政治를 추구했다. 그러려면 군주가 수양을 닦은 성인이어야 한다. 만일 군주가 이에 미치지 못하면 현인 재상宰相이 권한을 행사해야 한다. 그런 재상을 배출하는 군자당君子黨이 바로 노론뿐이라는 것이다. 이에 비해 남인은 주자학에 매이지 말고 본래 공맹孔孟으로 돌아가 군주 중심으로 정국을 운영해야 한다고 주장했다. 송시열은 자신이 추구하는 원칙에서 조금도 양보하지 않으면서도 모략에 능하고 과격했다. 현종은 1674년 2차 예송논쟁에서 남인의 손을 들어 주던 해, 8월에 급서했는데 당시 송시열은 남인에 밀려 칩거하고 있었다. 성균관 유생 이심 등이 숙종에게 상소했다.

> 송시열은 숙덕유종宿德儒宗(덕을 갖춘 유학의 종주)한 현자이라, 구차하게 진퇴를 할 수는 없사오나 군주가 정성스럽게 예절을 다하느냐에 달려 있습니다.

이는 왕에게 송시열을 정성스럽게 모셔 다시 정사에 참여하도록 하라는 것이다. 숙종은 사관을 보내 송시열을 거듭 설득했으나, 송시열은 수원으로 내려가버렸다. 14세의 나이에 왕이 된 숙종이 아버지 현종, 할아버지 효종과도 대등한 권력을 행사한 사대부를 조정하기는 쉽

286

지 않아 보였다. 숙종은 다시 송시열에게 현종 능의 지문誌文을 지으라고 했다. 이 또한 거절하자 숙종은 송시열에 대한 기대를 접고 지문을 좌부승지 김석주에게 대신 짓도록 했다. 그리고 이조참판 이단하李端夏에게 '현종 행장'을 짓게 하면서 '예송논쟁 당시 영의정 김수흥이 송시열을 따르다가 벌을 받았다'란 구절을 넣도록 했다. 그러자 송시열의 제자인 이단하는 스승을 욕보일 수 없다며 사직했다. '이자는 스승만 있고 임금은 없는 자로구나' 하고 생각한 숙종은 기다렸다는 듯이 이단하를 파직하고, 송시열을 두둔하던 유생 이필익李必益을 변방으로 유배 보냈다. 이 조치에 대사간 정석鄭晢 등, 유생 90여 명이 항의하자 호되게 꾸짖었다.

"내가 어린 임금이라고 그러느냐. 심히 통탄스럽고 해괴한 일이로다."

그와 함께 중앙 정계에서 서인을 내쫓고 남인에게 정권을 주었다. 다음 해 1월 13일 송시열을 덕원으로 유배 보냈고 웅천으로 위리안치圍籬安置했다.

그만큼 숙종은 강한 성품과 지략을 갖추었기에 임진왜란과 병자호란 이후의 혼란한 조선을 수습할 수 있었다. 왕권이 능멸당하고 당쟁이 가장 심했던 시기에 왕이 된 숙종은 저돌적 추진력으로 환국정치를 통해 왕권을 강화했다. 그뿐 아니라 숙종 원년(1675), 윤휴의 건의를 수용해 전국적으로 오가작통법五家作統法을 시행함과 동시에 종이로 만든 신분증명서인 지폐법紙牌法도 실시했다. 이런 종이 신분증이 물에 젖어 지워지는 단점이 있자 이후 나무나 뿔 등의 호패로 바뀌었다. 그리하여 무려 45년 10개월의 재위 기간 동안 태종이나 세조 못지않은 철권통치를 했다.

감정의 기복이 심해 복잡한 여자관계를 제대로 풀지 못하고 수많은 옥사를 일으켰다는 비판도 받는다. 그러나 이마저도 냉혹한 숙종의 계략이었다. 장희빈과 인현왕후의 치마폭사이에서 고뇌하는 척하면서, 왕의

호패

낯빛에 따라 몰려다니는 신하들을 이용해 당쟁을 일삼는 정치 세력을 휘어잡았다.

환국정치로 왕권을 강화하다

조선왕 27명 중 가장 오래 통치한 왕은 숙종의 아들 영조로 그 기간이 자그마치 51년 7개월이다. 두 번째가 숙종의 45년 10개월이다. 그 기간 동안 본래 정쟁의 양대 축이던 서인과 남인 중 남인이 장희빈과 함께 몰락하고, 서인 내부의 노론과 소론 싸움으로 전환된다. 숙종은 이런 당파적 이해 충돌을 골치 아프게 여기지 않고 도리어 충분히 이용했다. 경신환국, 기사환국 등으로 당파를 요리하며 절대 왕권을 유지했다. 환국이 발생할 때마다 충신과 역적이 뒤바뀌었다. 어제의 충신이 오늘의 역적이 되어 수십 명씩 처형당했다.

오랜 기간 환국이라는 카드로 집권당을 교체하며 지엄한 왕 노릇을 하던 숙종은 나름대로 백성을 돌보려고 노력했다. 지방수령의 수탈을 막기 위해 수시로 암행어사를 내려 보냈다. 각도 수령이 임명을 받고 임지로 가기 전에 반드시 면담하면서 주의를 주고 격려했다.

그는 광해군이 우여곡절 끝에 경기도에 실시했던 대동법을 전국적으로 실시했고, 상평통보를 발행해 조선 후기 상공업 발달에 지대한 영향을 끼쳤다. 또한 백두산정계비를 세워 청나라와 국경을 확정했다.

숙종은 선조 초부터 격렬하게 진행된 당파싸움의 피해를 익히 알고 본능적으로 여기에 휘말리지 않고 주도하려 했다. 조선 초부터 훈척 세력과 대립하며 하나의 정치 세력으로 규합된 사림은 선조 즉위를 계기로 외척 중심의 척신 정치가 거의 사라지자, 동인·서인으로 내부 분열을 일으키는데 이것이 붕당이다. 당시 동인은 서인 정철이 세자책봉 문제를 제기할 때, 어떻게 대응하느냐에 따라 강경파인 북인과 온건파인 남인으로 나뉘었다.

서인은 명문가와 기호 지방 출신들로 선조 때 정국을 주도했다. 그러나 광해군의 등극을 반대하고 영창대군을 지지하다가 광해군의 북인 주도 시대에 크게 위축되었다. 그러다가 인조반정을 성공시켜 다시 정국을 장악했다. 인조 때 남인인 이원익이 영의정이 되면서 서인과 남인 사이에 유대감이 형성되었다. 그 뒤를 이어 효종과 현종 때까지 서인 세력은 송시열을 중심으로 뭉쳤는데, 숙종 때에 노론과 소론으로 분리된다. 학연과 파벌 중심으로 상호 견제하는 이 붕당을 통해 새로운 신권 정치가 나타났다. 이때부터 왕권의 한계는 붕당의 파벌을 어떻게 조종하느냐에 좌우되었다. 곧 조선 후기의 정치에 있어서 왕은 무엇보다 붕당 조정자로서의 역할이 매우 중요해진다. 영조도 정조도 이런 조정을 잘했다.

숙종은 신하의 충성심을 유도하는 데 능수능란했다. 그러나 정조나

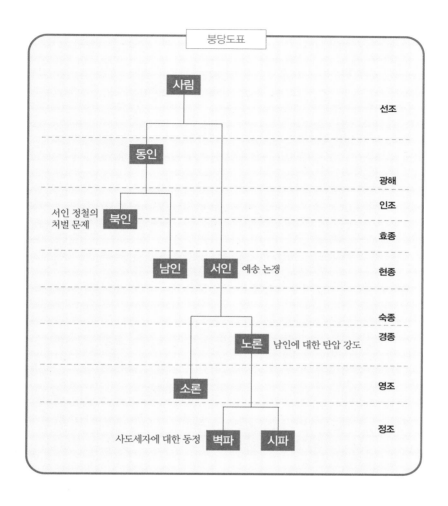

붕당도표

사림 ─── 선조

동인 ─── 광해

인조

서인 정철의
처벌 문제 ─ 북인 ─── 효종

남인 서인 예송 논쟁 ─── 현종

숙종
노론 남인에 대한 탄압 강도 ─── 경종

소론 ─── 영조

정조
사도세자에 대한 동정 ── 벽파 시파

영조와 달리 위민을 위한 붕당 조절이 아니라 오직 자신만을 위했다. 왕이 백성을 위하지 않으면 신하들은 두말할 나위가 없다. 숙종 통치의 비결을 한마디로 요약하면 '환국換局'이다. 적대적 당파를 적당한 시기에 교체해 인적 자원을 청산하고 정치적 국면을 왕에게 유리하게 전환해나갔다.

숙종은 즉위한 첫해부터 환국을 일으켰다. 그것이 1674년의 갑인환국甲寅換局이다. 숙종의 환국은 이전의 왕들과 전혀 달랐다. 이전 왕들이 조정대신 몇 명을 바꾸던 것과는 달리 숙종은 환국을 단행할 때마다 대신을 거의 다 내쫓고 새로 채웠다. 갑인환국으로 인조반정 이후 40년간 정권을 장악해온 서인은 하루아침에 쫓겨났다. 송시열은 유배를 갔고, 서인 세력이 나간 자리에 남인이 들어왔다. 이처럼 남인이 조정을 장악하자 숙종은 은근히 남인을 견제할 최소한의 장치를 마련해두었다. 영의정에 남인의 영수인 허적許積을 앉혔지만, 병조판서에는 명성왕후의 사촌동생이며 원래 서인 세력이었던 김석주를 앉혔다. 이 두 축을 중심으로 수년간 정국이 운영되는데 숙종이 지켜보니 남인정권은 전횡하면서도 무능했다.

이에 싫증을 느낀 숙종이 다시 환국을 단행했다. 표면적인 계기는 영의정 허적의 불경한 행동이었다. 허적이 집안 잔치를 벌이는데 비가 내렸다. 숙종은 내시에게 궁궐의 기름 천막인 유악油幄을 빌려주라고 지시했는데 내시가 이미 가져갔다고 하자 '예전의 한명회도 이렇지 않았다'라며 크게 분노했다. 유악은 왕실 행사에만 사용하게 되어 있는데도 허적이 왕의 허락을 받지 않고 사사로이 사용했다는 것이다.

이후 마치 사전 각본에 따라 움직여지는 듯이 허적의 서자 허견許堅이 역모를 꾸민다는 혐의를 받았다. 그가 인조의 셋째아들 인평대군麟坪大君의 세 아들(복창군, 복선군, 복평군)과 모의해 복선군 이남을 추대하려 한다는 것이다. 이를 '삼복의변三福之變'이라 한다.

허견은 모진 고문을 당하고 혐의를 부인했으나 능지처참 당했고, 허적과 윤휴도 사형당하는 등 남인의 주요 인물들이 대폭 제거되었다.

이것이 숙종 6년(1680)에 일어난 경신환국庚申換局인데, 경신출척庚申黜陟이라고도 한다. 남인이 몰락한 주요 관직에 서인이 들어갔고, 서인의 영수 송시열도 최고의 예우를 받게 되었다.

　같은 해 가을 숙종의 원비인 인경왕후仁敬王后가 아들을 낳지 못하고 20세에 천연두로 별세했다. 다음 해 서인 가문인 민유중의 딸과 국혼을 했는데 그녀가 인현왕후仁顯王后다. 이렇게 해서 약 10여 년간 서인 세상이 이어졌다. 이 동안에 서인 세력끼리 남인에 대한 탄압의 강도를 놓고 격론을 벌이다가 노론과 소론으로 분열된다. 송시열, 이이명 등 노장파는 남인을 강력히 탄압하려 했고 한태동, 윤증의 소장파는 관용적이었다.

모든 것이 권력의 수단이었다

　　두 번째 왕비인 인현왕후도 아이를 낳지 못하자 숙종은 희빈 장씨를 총애하여 숙종 14년(1688) 10월 27일 왕자 윤(경종)을 얻는다. 숙종은 윤을 세자로 책봉하고자 했으나, 서인들이 인현왕후가 아직 젊으니 더 기다려 보자며 반대했다. 하지만 숙종은 곧바로 윤을 세자에 책봉했고, 반대한 서인의 노론계 정치인들을 제거했다. 송시열은 세자 책봉 반대 상소를 올렸다.

　　겨우 한 살짜리를 세자에 책봉하는 것은 너무 이릅니다.

　　상소문을 읽은 숙종은 진노하며 한밤중에 여러 신하를 불렀다.
　　"국사가 정해지기 전에는 여러 의견이 있을 수 있다. 그러나 이미 정해진 일을 가지고 다른 의견을 내는 것은 음흉한 속셈이 있기 때문이다."

그러자 신하들이 너도 나도 송시열이 '망발'을 했다느니, 국가 대계를 망치는 '반역자'라는 등의 반응을 보였다. 다음 날 왕은 그의 모든 관직을 박탈했고 송시열의 제자인 영의정 김수흥도 파직했다. 남인은 송시열을 죽여야 한다는 상소를 올리기 시작했으며 처리 방향에 대해 의논한 끝에 제주도로 귀양 보냈다. 그러나 신하들은 송시열을 불러 국문하자고 청했고 왕이 이를 허락했다. 한양으로 압송당한 송시열이 제주도에서 나와 육지에 당도하자 많은 제자들이 나와 눈물로 맞이했다. 송시열은 그들 앞에서 "나는 옳은 길을 가다 죽는 것을 두려워하지 않는다"라 말하고 도보로 한성부까지 상경하고자 했다. 그가 걸어서 정읍군에 도달했을 때, 한성에서 사약이 내려왔다. 그를 국문할 경우 일어날 큰 반발을 우려해서였다.

항상 숙종은 정적을 제거할 때 일단 함정에 빠지길 기다렸다가 일망타진했다. 송시열은 인조, 효종, 현종도 어떻게 해보지 못한 거물이었다. 그러나 숙종은 송시열을 제거하고 뒤이어 많은 서인들도 유배 보냈다. 또한 희빈 장씨의 침소에 들고 인현왕후 민씨를 폐위한 다음 희빈 장씨를 중전으로 삼았다. 그만큼 숙종은 남의 말을 듣지 않고 자기 좋을 대로 사는 사람이었다. 이 기사환국己巳換局으로 남인들이 정권을 독점한다.

인현왕후가 쫓겨나고 후궁 장희빈이 중정에 오른 지 4년이 지난 어느 날 달밤이었다. 숙종은 중전 장씨의 간교한 모함에 빠져 경솔했음을 후회하며 후원을 걷다가, 우연히 한 궁녀의 모습을 보았다. 그녀의 모습이 하도 단아해 들어가 알아보니 인현왕후의 몸종이었던 최씨였다. 그녀는 궁녀에게 세숫물을 나르는 일을 하고 있었다.

그날 밤 숙종이 그녀를 사랑하게 되어 훗날 영조가 되는 연잉군延礽君을 낳는다. 숙종의 관심이 중전 장씨에게서 숙빈 최씨에게 옮겨가자 그동안 숨죽이고 있던 서인 세력들이 모여 '민씨 복위 운동'을 벌였다. 숙종도 남인의 세력이 지나치게 비대해졌다고 판단하고 서인의 손을 들어주어 숙종 20년(1694)에 갑술환국甲戌換局이 일어난다. 남인 대신들은 하루아침에 유배당하고, 중전 장씨도 희빈으로 강등되었다. 그 대신 민씨가 다시 중전으로 복귀했으며 서인 세력 중에 소론이 정국을 주도하게 되었다. 그리고 7년 후 숙종 27년(1701), 인현왕후 민씨가 35세의 나이로 죽는다. 나라 전체가 어진 국모를 잃었다며 슬퍼하는 가운데 희빈 장씨가 취선당就善堂 서쪽에 신당을 차려 놓고 무당굿을 하며 매일같이 중전 민씨가 죽기를 빌었다는 소문이 퍼졌다. 숙종은 이 소문을 확인하고 그녀에게 사약을 내렸다. 이때 소론이 나서서 세자의 앞날을 생각해 용서해달라고 간청하자 숙종은 소론까지 파직하고 귀양 보냈다.

이것이 '무고誣告의 옥獄'으로서 조정에서 소론이 대폭 줄고 노론이 행세하기 시작했다. 그 후로도 왕세자(경종)를 옹호하는 소론과 왕자(영조)를 지지하는 노론 사이의 정쟁으로 조정이 조용할 날이 없었다. 숙종 시대의 정쟁은 대부분 궁중, 즉 왕의 집안 문제로 야기되었다. 숙종은 이런 갈등을 이용해 이른바 정권을 전격적으로 교체하는 '용사출척권用捨黜陟權'을 행사했다.

전능한 왕, 침체된 조선

숙종은 붕당의 한계를 왕의 지지 안에 묶어두며 각 당파들이 오직 왕에게만 무한 충성을 바치도록 강요했다. 특정 당파의 힘이 지나치게 강해졌다 싶으면 시의 적절하게 환국을 단행해 수많은 신하들은 물론 자기 부인까지 희생시켰다. 그런 일이 반복될수록 숙종의 왕권은 더 강화되었다. 숙종은 연산군보다도 더 전능감에 빠진 왕이었다.

그런데도 숙종은 왕의 지위를 평생 유지했다. 이는 연산군이 조선 백성의 정서와 전혀 다른 황음무도한 행동으로 일관했으나 숙종은 성실하게 공부했고, 연산은 붕당의 경계 세력인 종실까지도 적으로 돌렸으나 숙종은 종친 세력이 자신의 든든한 후원자 역할을 하도록 한 데서 차이가 난다. 또한 장희빈과 인현왕후를 앞세운 정치 세력들의 대립을 자신의 필요에 따라 이용했다. 겉으로 보기에 여자에게 휘둘리는 우유부단한 모습을 연출했으나 실제로는 두 여자 뒤에 줄지어 선 파당을 자유자재로 농락했다. 이처럼 여러 정치 집단을 잘 이용한 숙종 시대의 사회는 안정적이며 침묵의 세월이었다.

나르시시즘적 전능감에 빠진 리더인 숙종과 개혁과 비전의 리더인 정조의 차이는 그들의 군민론君民論을 보면 알 수 있다. 숙종은 자기 자리 옆에 늘 〈주수도舟水圖〉를 걸어놓고 신하들에게 이렇게 언급했다.

"임금은 배와 같고 신하는 물과 같다. 물이 고요해야 배가 안정되듯이, 신하가 어질어야 임금이 편하니 그대들은 이 그림의 뜻을 잘 헤아리길 바란다."

이에 비해 정조는 이렇게 말했다.

"배를 띄우기도 하고, 뒤엎기도 하는 물인 백성을 임금은 두려워해야 한다."

이러니 정조 시대 백성은 왕을 흠모했으나 숙종 시대 백성은 조정을 불신하고 미륵불 신앙에 의지했다. 또한 광대 출신의 의적 장길산이 백성들의 마음을 사로잡았다.

숙종 같은 왕들은 하나의 세력, 또는 특정인에게 권력을 오랜 기간 집중시키지 않는다. 소위 2인자가 장기간 큰 권력을 가지면 그 권력이 칼이 되어 임금을 향할 수 있기 때문이다. 또한 측근 인사를 교체할 때도 극비리에 전광석화처럼 진행하며 충성 경쟁을 시킨다.

숙종 시대는 세계사적으로 큰 변동의 시대였다. 산업혁명이 일어나기 직전, 시민 계급이 성장하면서 자유와 평등의 사상이 번지고 있었다. 그러나 조선만큼은 조용한 아침의 나라답게 숙종을 중심으로 신하들이 해바라기 노릇을 했다.

숙종이 분명히 영·정조 시대를 이끈 두 가지 초석을 깐 것만큼은 분명하다. 하나는 조선사회를 성리학으로 재무장한 것이고, 또 하나는 후반기 탕평책을 펼치며 영정조의 통치 방식을 어느 정도 관례화시킨 것이다. 이것 때문에 뒤이은 영·정조가 조선만의 르네상스를 열 수 있었으나 동시에 더 파격적으로 발전하지 못하는 족쇄가 되어 급변하는 세계의 흐름을 따라잡지 못한 원인이기도 했다. 환국정치로 약 46년간 마음껏 조선을 통치한 숙종은 60세에 생을 마쳤다.

전략적 사고를
놓친 리더

경종景宗(1720~1724)은 몸과 마음이 다 약했다. 숙종은 당쟁을 이용했으나 경종은 당쟁에 이용당했다. 숙종이 중종반정 이후 추락된 왕권을 철권통치로 회복시켜 놓았으나 경종은 거꾸로 다시 당쟁에 눌리며 지도력을 상실했다. 이것이 강한 리더와 약한 리더의 차이다. 리더의 가장 큰 범죄는 지도력을 상실하는 것이다. 리더의 지도력은 무엇보다 전략적 사고에서 나온다. 모든 리더가 숙종처럼 천성적으로 강인할 수는 없다. 약한 본성을 지니고 있더라도 리더 역할을 하려면 스스로 역량을 길러야 한다.

세계적 경영석학 피터 드러커도 '리더십 역량은 배워서 익히는 것'이라 했다. 그는 모든 환경에 적합한 리더십 역량을 지니고 태어난 사람은 없다며 모든 리더들에게 각자 주어진 여건에 맞는 리더십을 배우고 익히라고 권면했다.

　모든 리더의 기본은 관리 행위인데, 배움을 멈추면 경종처럼 평범하거나 실패한 리더가 되고 만다. 성공적 리더가 되기 위해서 성과를 창출하기 위한 전략적 사고를 계발해야 한다. 이를 위해 먼저 두 가지가 필요하다.

　첫째, 리더 스스로 구체적이고 논리적인 사고력을 길러야 한다. 이는 근거를 기반으로 하여 원인과 결과의 요소를 분석하고 인과관계를 파악하는 능력이다. 매사를 그런 시각으로 보려고 노력하면 논리적 사고력은 신장한다. 그럼으로써 리더의 말과 행동이 객관적으로 다른 사람의 공감을 얻을 수 있다. 두 번째, 나무와 숲을 전체적으로 보는 통합적 사고력을 갖추어야 한다. 부분에 집착하지 않고 전체를 보는 종합적 사고를 갖추면 그 다음에 전략적 사고가 저절로 따라 온다. 전략적 사고의 특징은 행동 지향적이다. 즉 계획을 위한 계획, 토론을 위한 토론에 그치지 않는다. 항시 정적이거나 동적인 다양한 변수들 사이의 인과관계를 합리적, 창의적으로 재구성해 시뮬레이션을 하고 행동으로 옮겼을 때 작용과 반작용까지 충분히 예측한다.

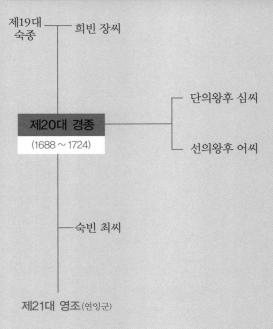

제19대
숙종 ── 희빈 장씨

제20대 경종
(1688 ~ 1724)
┬── 단의왕후 심씨
└── 선의왕후 어씨

── 숙빈 최씨

제21대 영조(연잉군)

장희빈의 아들 경종이 왕이 된 1720년
의 조정은 바로 장희빈을 죽인 노론이 장악하고 있었다. 이들은 경종
을 임금으로 인정하려 하지 않았고, 경종을 쫓아내는 데 힘을 쏟았다.
노론은 숙종이 세상을 떠나기 한 달 전 정신이 오락가락할 때 세자 교
체의 유언을 남기게 하려고 혼신의 노력을 기울였으나 성공하지 못했
다. 상황이 이러하니 심신이 약한 경종은 늘 불안했다. 아니나 다를까,
경종 즉위년에 소론 조중우趙重遇가 장희빈의 신원을 주장하는 상소를
올렸다.

　'아들이 어미를 존귀尊貴히 하는 것이 춘추春秋의 대의'라며 하루
빨리 경종의 모친에게 명호名號를 정해 지극한 정리를 펴고 왕의 체통
을 세우라고 주장했다. 이에 노론은 올 것이 왔다고 보고, 여기서 밀리
면 끝장이라며 총력 대응했다. 사헌부 집의 조성복趙聖復이 먼저 '신

자臣子가 거짓말을 했다'며 국문해야 한다고 주장했다. 이를 필두로 탄핵이 빗발쳐, 조중우는 끝내 옥 중에서 맞아 죽었다. 경종 1년(1721)에 노론이 경종의 이복동생인 여섯 살 연하의 연잉군(영조)을 세제로 책봉할 것을 건의하는 조선 초유의 사태가 벌어졌다.

이들은 사간원 정언 이정소李廷熽를 앞세워 "지금 전하의 춘추가 한창이신데도 왕자가 없으시다"면서 "마땅히 대책을 세우는 것이 억조신민의 소망입니다"라는 상소를 올렸다. 연잉군을 세제로 임명하라는 것이다.

뒤이어 노론대신들인 영의정 김창집金昌集, 좌의정 이건명李健命, 호조판서 민진원閔鎭遠, 병조판서 이만성李晚成, 형조판서 이의현李宜顯 등이 경종을 만나 압박해 허락을 받았다. 두 달 뒤 노론은 조성복을 앞세워 연잉군 대리청정까지 주장했다. 병약한 서른세 살의 경종은 아예 정사에서 손을 떼고 스물일곱 살의 세제에게 맡기라는 요구였다. 이런 황당한 상소마저도 경종이 받아들였다. 그러나 소론의 우의정 조태구趙泰耉, 이조판서 최석항崔錫恒 등은 물론 지방의 수령들과 성균관 유생들까지 소를 올려 반대하자 다시 친정체제로 돌아갔다. 이후 노론과 소론의 당쟁으로 대리청정과 친정체제가 수차례 반복되었다. 이 바람에 당쟁의 골은 더 깊어졌고, 급기야 경종 원년(1721) 12월 경종의 신임을 받던 소론의 김일경金一鏡을 비롯한 7명이 영의정 김창집 등 노론 4대신을 '왕권 교체를 시도하는 역모 주동의 사흉四凶'으로 공격하는 상소를 올렸다. 이 사건으로 신축환국辛丑換局이 일어나 노론 4대신이 파직되었고 소론이 정권의 기반을 잡았다. 그리고 3개월 후 '목호룡의 고변'이 정국을 강타한다. 남인 출신 목호룡은 노론이 삼급수三急水로 경종을 시해하려 한다고 폭로했다. 이중 대급수大急水는 노론이 환관과 궁녀와 결탁해 칼로 살해하는 것이고, 소급수小急水란 음식에 독을 타서 죽이는 것이며 마지막으로 평지수平地手는 모함으로 경종을 폐출하는 것이다.

풍수지리를 익힌 묵호룡은 정치적 야심을 품고 처음에 노론 편에 접근했으나, 소론이 정국을 주도하는 것처럼 보이자 노론의 음모를 터트려 버린 것이다. 이 고변으로 신축년에 이어 임인년에 대대적인 옥사가 일어났다 하여 '신임사화辛壬士禍'라 한다. 이때 노론은 엄청난 타격을 입었다. 이때 화를 입은 사람이 173명이었고, 묵호룡은 동지중추부사 자리를 맡았다. 이렇게 당쟁 사이를 오가며 수많은 사람을 다치게 한 나약한 리더였던 경종은 1724년 대비와 연잉군이 올린 게장과 생감을 먹은 뒤 복통과 설사에 시달리다가 5일 만에 사망했다.

제21대

영

조

양가감정의
성군

21대왕 영조英祖(1724~1776)는 세종, 성종과 더불어 경연經筵에 가장 열심인 왕이었다. 경연은 조선 시대 '국정 운영의 장' 이었다. 하루 세 번 아침, 점심, 저녁이면 여는 경연에서 왕과 학자들이 학문을 논하고 국가운영방안을 토의했다. 왕의 성향에 따라 경연장이 활기를 띠기도 했고 연산군처럼 아예 폐지되기도 했다. 세종과 성종, 영조는 빠지지 않고 꾸준히 참석했다. 영조는 경연장에서 독서토론을 하다가 신하가 틀리면 혼낼 정도로 열심이었다. 왕과 신하는 경연에서 《사서삼경四書三經》《사서史書》뿐 아니라 《율려신서律呂新書》등 음악이론 서까지 다양한 분야의 지식을 섭렵하며 리더의 자질을 길렀다. 리더가 공부한다는 것은 그만큼 다양한 관점을 이해하게 되며 그래야 곧 백성 과 왕이 가치를 공유할 수 있다.

세종이 경연을 통해 성군 자질을 더 빛냈다면, 세종에 비해 성군 자 질이 부족한 성조와 영조는 경연을 통해 성군의 인품을 닦으려 노력해 비교적 태평성대를 이룬 왕으로 존중받는다.

경종이 전략적 사고가 부족한 비애미의 군주였다면 영조는 전략적 사고가 너무 치밀한 계략미計略美가 넘치는 군주였다. 특히 급변하는 환경에서 발생하는 리스크를 기회로 전환시키는 데는 리더의 전략적 사고가 필수적이다. 영조는 평생 '두 가지 소문'에 시달려야 했다. '왕이 되려고 이복형 경종을 독살했다'와 '영조는 숙종의 아들이 아니다'는 게 그것이다.

이 두 가지 유언비어가 집권 52년 내내 영조를 괴롭히기도 했지만, 이 때문에 영조는 더더욱 전략적 사고를 할 수밖에 없었다. 얽히고설킨 복잡한 상황을 파악하고 나아가야 할 지향점을 명쾌하게 결정하는 능력이 전략적 사고이다. 영조처럼 전략적 판단을 하는 리더들의 특징은 세 가지다. 첫째, 이들은 전략적 판단을 위한 자료나 시간이 언제나 제한적임을 이해한다. 둘째, 한계 안에서도 되도록 과거와 미래 가치의 구조를 통찰한다. 셋째, 어떤 결정이든 리스크가 따른다는 것을 알고, 리스크가 감당할 만하고 새로운 가치 창출의 여지가 보이는 전략인지 판단한다. 전략적 리더 영조도 현재의 이해, 과거와 미래의 통찰, 리스크를 감수하는 명확한 해결책으로 53년간 조선을 통치했다. 하지만 감정의 기복이 심해 결국 아들 사도세자를 뒤주 속에 가두어 죽이기도 했다. 영조는 자라면서 어머니가 무수리 출신이라 명문 거족에게 열등감을 많이 느꼈다. 그래서 왕이 된 후에도 《사기》 〈노중련전〉에 이모비야爾母婢也(그대 어머니는 종이다)라는 구절이 있다 하여 금서로 지정했다. 삼정승도 수시로 교체했으며 같은 사람에 대한 평가도 자주 바뀌었다. 이처럼 기복이 심한 감정 변화에도 불구하고 뛰어난 전략적 발상으로 신하들을 휘어잡고 소위 조선조의 르네상스라는 영·정조 시대를 열었다.

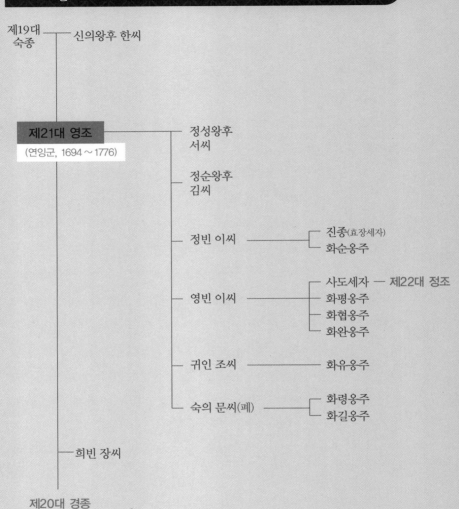

제21대 영조 가계도

제19대 숙종 ── 신의왕후 한씨

제21대 영조 (연잉군, 1694 ~ 1776)
- 정성왕후 서씨
- 정순왕후 김씨
- 정빈 이씨
  - 진종(효장세자)
  - 화순옹주
- 영빈 이씨
  - 사도세자 ── 제22대 정조
  - 화평옹주
  - 화협옹주
  - 화완옹주
- 귀인 조씨
  - 화유옹주
- 숙의 문씨(폐)
  - 화령옹주
  - 화길옹주

── 희빈 장씨

제20대 경종

의혹 속에 왕이 된 자가 해야 할 일

　　　　　　　　　영조는 경종 독살에 연루되었다는 의심
을 받으며 왕이 되었다. 이와 함께 가난한 농부의 딸인 무수리에게서
태어난 '천한 소생'이라는 은근한 냉대도 받아야 했다. 이 두 가지 콤
플렉스가 병행하여 영조를 짓눌렀다.

　영조는 성종보다 더 극적으로 왕이 되었다. 영조의 아버지 숙종은
왕비 셋을 두었으나 아들을 하나도 얻지 못하고 후궁에게서 아들을 두
었다. 내인 출신인 희빈 장씨는 원자 윤(경종)을 낳았고, 그보다 더 낮
은 신분인 무수리 출신의 숙빈 최씨가 왕자 금(영조)을 낳았다. 어떻게
궁녀의 세숫물이나 바치는 일개 무수리가 왕의 아들을 낳게 되었을
까?

　숙종 말년이었다. 중전 민씨와 장희빈의 궁중 암투가 나날이 극심해
져 궁정이 황량했다. 어느 날 밤 숙종이 외로움을 달래려 예전에 중전

민씨가 머물던 곳을 찾아보니, 한 여인이 호롱불 아래서 바느질을 하고 있었다. 그 모습에 반한 숙종이 그날 밤을 그녀와 보냈다. 영조는 그렇게 태어났다.

영조보다 6년 먼저 태어난 경종은 14세 되던, 숙종 27년(1701)에 생모 장희빈이 사사되는 장면을 직접 목격했다. 이후 심신이 약해진 경종은 후사를 생산할 능력마저 상실했다. 연약한 경종은 즉위 후 1년 만에 집

영조의 초상

권당인 노론의 주장에 떠밀려 연잉군을 왕세제에 책봉해야만 했다.

노론은 이 기세를 몰아 입지를 더 굳히기 위해 연잉군이 왕을 대리해 정무를 처리하라는 대리청정까지 주장했다. 그러자 성균관 유생은 물론 각도의 유생들까지 대리청정 불가를 외쳤고 이에 힘을 얻은 소론이 노론 대신들을 탄핵하여 신축옥사가 일어났다. 그 다음해 소론이 매수한 남인 목호룡이 노론 측 인사들은 물론 연잉군까지 모역에 가담했다고 고변해 임인옥사를 일으켰다. 이와 관련되었다는 노론 측 대신들과 그의 가족까지 모두 사사되었다.

당연히 이때 연잉군도 죽어야 했으나 왕통을 이을 사람이 없었고, 연잉군이 대비 인원왕후 김씨를 찾아가 결백을 거듭 호소해 죽음을 면하고 겨우 왕세제 자리를 유지하게 되었다. 신임사화 이후 경종이 승하하기 전까지 2년 동안 조정은 소론이 장악했으며 연잉군은 온갖 고

초를 겪어야 했다.

경종이 즉위 4년(1724) 8월 갑자기 복통이 심해져 수라조차 들지 못해 어의들이 온갖 약제를 올렸으나 차도가 없었다. 그러던 중 대비와 연잉군이 계장과 생감을 올리자 입맛을 되찾아 수라를 들었는데, 다음 날 더 심한 복통과 설사에 시달리더니 의식까지 잃고 5일 만에 승하했다.

이 때문에 영조는 이복형 경종을 독살했다는 의심을 받았고 즉위 후에도 전국에 '경종 독살' 벽서가 나붙었다. 이처럼 영조는 등극하는 과정이 고통스러웠으나 치세하는 동안만큼은 신하보다 백성을 더 편하게 했다.

탕평으로 중심을 잡다

장희빈의 아들 경종이 36세의 한참 나
이에 죽고, 장희빈의 정적이며 연적이던 숙빈 최씨의 아들 연잉군이
왕이 될 무렵 집권 소론과 노론의 대립이 최고조로 격화되어 있었다.

늘 쇠약했던 경종이 갑작스럽게 죽자, 소론들은 크게 당황했다. 그
들은 목호룡의 고변을 기회로 삼아 왕세제 연잉군의 대리청정을 요구
했던 노론을 역모로 몰아 대대적으로 숙청했었기 때문이다.

연잉군을 지지했던 노론에게는 다시 반등할 수 있는 더없이 좋은 기
회였다. 영조는 누가 봐도 노론의 왕이었다. 영조가 즉위하자 바짝 긴
장한 소론과 절호의 기회가 왔다고 여긴 노론이 곧바로 힘겨루기를 시
작했다. 여기서 영조의 절묘한 리더십이 빛을 발한다.

보통 리더들은 권력을 잡으면 그 순간부터 철저한 보복에 나선다.
그러나 이런 행위야말로 권력 약화를 불러온다. 반대 당파가 사라지면

곧바로 자당 내에서 내분이 일어나게 되어 있다. 리더의 힘은 반대당파를 관리할 수 있도록 묶어 두는 우월적 지위를 가질 때 강화된다. 영조의 즉위 첫 일성은 '탕평蕩平'이다.

영조의 21세 때 모습

영조가 왕이 되었다고는 하나 소론과 남인은 물론 백성들까지 '경종 독살설'을 믿고 있는 상황에서 국정 장악력은 현저히 떨어질 수밖에 없다. 심지어 영조 1년(1725), 능행하는 길을 군사 이천해李天海가 가로막고 비난하는 일까지 발생했다.

이날 이천해가 어가를 가로막고 영조에게 퍼부은 말을 실록에 기록할 수 없어 '차마 들을 수 없는 말(不忍之言부인지언)'이라고만 적었다. 그 말은 영조와 노론이 경종을 독살했다는 것이었다. 이런 소문을 가라앉히는 유일한 방법은 영조가 이 소문의 진앙인 소론과 화해하는 것뿐이었다. 영조는 탕평책에 걸맞게 첫 내각을 소론 중심으로 구성했다. 영의정과 좌의정에 소론의 이광좌李光佐, 조태억趙泰億을 발탁했다. 우의정에도 자신의 세제 책봉에 앞장서서 반대했던 유봉휘柳鳳輝를 임명했다. 그러나 노론은 이의연李義淵을 내세워 소론의 중심인물인 김일경을 처벌해야 한다는 상소를 올렸다. 소론은 영조 즉위가 경종과 대비 덕분이었는데 노론이 공을 가로채려 한다며 극렬하게 반발했고, 영조는 별 도리 없이 이의연을 귀양 보내야 했다. 소론은 귀양 간 이의연을 국문해야 한다며 압박했다. 여기에 노론은 가만히 있을 수 없었다. 이들은 전국 각처에서 김일경을 탄핵하라는 상소를 올렸다.

이때 영조는 신임옥사의 배후인 김일경과 목호령도 함께 국문했고 이의연도 덩달아 매를 맞아 죽는다. 이로써 영조와 공존을 추구하는 소론 온건파(緩少완소)가 김일경을 위시한 소론 강경파(峻少준소)와 멀어지게 되었다. 영조는 이이제이 전략으로 소론 내의 강경파를 고립시키고, 신임옥사에 대한 책임도 추궁하면서 조정의 기강을 잡을 수 있었다.

소론 온건파인 영의정 이광좌는 영조를 만나 자신이 김일경과 친밀하지 않다고까지 말해야 했다. 그러나 소론 강경파는 고립될수록 더욱 완강해졌다. 당시 국문장에 끌려온 김일경과 목호룡은 영조를 '나으리'라 부르며 임금으로 인정하지 않았다. 그들이 보기에 자신들은 권력이 없어 죄인이 되었을 뿐 역적은 바로 영조와 노론이었다.

소신을 굽히지 않은 두 사람은 결국 당고개에서 목이 잘린 후, 거리에 3일간 매달렸다. 그러나 노론은 여기에 만족하지 않고 빙탄불상용氷炭不相容을 내세우며 소론의 온건파까지 정리하라고 했다. 한마디로 영조가 즉위하면서 노론에게 진 부채를 갚으라는 것이다.

이후 영조는 이런 정쟁의 혼란을 환국을 통해 정치권의 판을 갈아엎으며 돌파하곤 하였다. 영조와 노론은 소론을 대하는 목적이 달랐다. 영조는 명예회복을 원했고 노론은 복수하길 원했다. 영조의 목적은 김일경, 목호룡, 이천해를 죽이고 신임옥사을 일으킨 목호룡 고변사건이 무고라고 선언함으로써 어느 정도 이루어졌다. 그러나 노론은 결코 여기서 만족하기 어려웠다. 이에 영조는 우선 노론의 주청을 받아들여 영의정 이광좌, 우의정 조태억 등 소론 대신들을 조정에서 몰아내고 민진원, 정호, 이관명 등 노론 인사들로 채웠다. 이것이 영조 원년(1725)의 을사환국乙巳換局이다.

"이 나라가 노론과 소론만의 것이더냐"

　　　　　　을사환국을 통해 정권을 잡은 노론은
조정에서 축출한 소론의 5대신(이광좌, 조태억, 유봉휘, 조태구, 최석항)을 극
형에 처하라고 요구했다. 영조는 이들을 여러 번 만류했다.

"나도 분하고 원통하지만 무고를 밝혔으면 그만이지 보복까지 할
필요가 있겠소?"

왕이 부드럽게 노론을 달래도 노론은 전원 사직까지 하며 극형을 요
구했다. 그러자 왕도 화를 냈다.

"경들은 왕을 사람 죽이는 일만 하도록 유도하려는가?"

이렇게까지 왕이 설득해도 노론은 처형 요구를 거듭했다. 노론에게
시달린 영조는 보복의 악순환을 방지할 근본 대책을 강구하며, 다시 한
번 정국을 뒤바꾸어야겠다고 결심한다. 그래서 정호, 민진원, 홍치중
등 노론 대신과 관료 140여 명을 일거에 축출하고, 그 자리에 소론을

임명했다. 이것이 영조 3년(1727)의 정미환국丁未換局이다. 다시 정권을 잡은 소론은 영조가 노론과 한편임을 확인한 후라, 처음 정권을 잡았을 때처럼 노론을 몰아붙이지는 못하고, 적당한 선에서 공존해야 했다.

그런데 이듬해 소론 정권을 난처하게 만든 사건이 일어났다. 영조 4년(1728), 소론의 강경파인 이인좌李麟左가 난을 일으켰다. 이인좌는 이유익, 심유현 등 과격 소론 세력과 함께 남인들을 포섭하여 소현세자의 증손자인 밀풍군密豐君 탄坦을 추대하는 왕권 교체를 기도했다. 이들은 효종과 현종과 숙종으로 연결된 삼종혈맥三宗血脈이 영조의 경종 독살 가담으로 끊어졌다고 선동하며, 다시 소현세자의 혈통에서 새 왕이 나와야 한다고 주장했다.

이 역모는 정미환국으로 노론이 물러나고 온건 소론이 권력을 잡으면서 동조자가 줄어드는 바람에 사전에 누설되었다. 최규서, 봉조하, 김중만 등이 역모가 진행되고 있다고 고변한 것이다. 만일 영조가 정미환국을 단행하지 않았다면 소론 전체가 뭉쳐 왕위를 빼앗았을 수도 있었다.

이인좌는 역모가 탄로 나자 3월 15일 밤 즉시 군사를 일으켜 청주성으로 쳐들어갔다. 이인좌와 내통한 청주 병영의 기생 월례와 비장裨將 양덕부가 성문을 열어둔 덕분에 쉽게 점령한 후, 각 읍에 '경종 독살설'이 담긴 격문을 보내 병사와 군마를 모집했다. 또한 관의 창고를 열어 백성들에게 곡식을 나누어주며 호응을 얻었다. 전국 각지에서 동조 거사가 잇달았다. 바짝 긴장한 조정에서 총융사 김중기金重器에게 출전을 명했으나 겁을 먹고 나타나지 않자, 소론 온건파 오명항吳命恒이 출정을 자청했다. 오명항은 관군을 이끌고 안성과 죽산 전투에서 반군에게 크게 타격을 입혔다. 이인좌는 죽산의 산사로 돌아갔다가 승려들에게 붙잡혔다.

이처럼 소론이 이인좌의 난을 진압하기는 했으나 소론이 주도한 반란이었기 때문에 입지는 더 약화되고 이후의 정권은 주로 노론이 주도하게 된다.

노론은 이 기회에 소론을 숙청하려고 했다. 이인좌의 난을 평정한 소론 오명항조차도 믿을 수 없다며 탄핵했다. 노론이 장악한 언관들이 심하게 탄핵하자 오명항은 근심에 싸여 죽고 말았다. 영조는 이런 붕당정치의 현실과 한계를 보면서 노론, 소론을 막론하고 당파심이 지나친 사람을 제거하면서 노론, 소론, 남인, 소북 등 사색당파를 고르게 임명하는 탕평책을 더 강력히 시행했다. 강경 붕당파들이 탕평책을 비난하고 나설 때 영조는 이렇게 호통쳤다.

"이 나라가 뉘 나라더냐. 노론과 소론만의 나라라는 말인가?"

사도세자를 죽이다

영조는 애민의 군주임에는 틀림없지만, 정신적으로 양가감정兩價感情에 시달렸다. 특히 사랑하는 사람은 지나치게 애착했고 싫어하는 사람은 지나칠 정도로 증오했다. 이는 앞에서 살펴본 대로 그의 성장 경험 속에 녹아 있는 '열등감'과 '정당성 확보 욕구' 때문이었다. 영조가 연잉군 시절 가례를 올린 첫째부인 정성왕후 서씨는 자식을 낳지 못했고, 정빈 이씨가 첫아들을 낳아 효장세자가 되었는데 영조 4년(1728)에 10세의 나이로 요절했다. 다른 후궁인 영빈 이씨도 화평옹주와 연이어 세 딸을 낳았는데 모두 죽었다.

왕위를 이을 아들을 얻지 못해 애타던 영조는 11년(1735) 영빈 이씨에게서 사도세자를 보았다. 이처럼 영조에게 큰 기쁨을 주며 태어난 사도세자는 모든 분야에서 탁월한 재능을 보였다. 이런 아들에게 영조는 더 큰 기대를 하게 되고 사도세자가 15세가 되던 날 선위교서를 내려 세자가 대리청정하도록 한다. 2년 후 영조 27년(1751)에 효장세자를 낳은 현빈 조씨가 세상을 떠났다. 영조는 죽은 큰아들을 생각해 현빈 조씨를 극진해 아꼈는데 그녀마저 죽자 어찌할 줄 모르며 빈소를 찾아간다. 거기서 현빈 조씨의 궁녀인 숙의 문씨를 만나 정을 통한다. 이런 문씨를 사도세자는 마땅치 않게 여겼다.

영조 33년(1757), 정성왕후가 죽었다. 영조는 부친 숙종이 후궁 가운데 왕비를 삼지 말라고 한 유지를 받들어 새로운 왕비를 간택해야 했다. 이때 영조의 나이가 61세였는데 무려 51세나 어린 15세의 정순왕후를 맞아들였다. 심지어 사도세자보다도 열 살이 더 아래였다.

이 왕비를 간택할 때의 일화가 있다. 영조가 선을 보러온 규수들을 떠보기 위해 두 가지 질문을 던졌다. 먼저 '세상에서 가장 깊은 것'이 무엇인지를 묻자, 각자 '산의 계곡' '꿈속' '바다 속' 등이라 대답했으나 정순왕후는 '인심人心'이라 했다. 다음 질문은 '세상에 가장 아름다운 꽃'은 어떤 것인지를 물었다. 다른 처녀들이 국화, 매란, 연꽃 등을 대답했으나 정순왕후는 '면화棉花'라 대답했다. 왕이 그 까닭을 물으니 '실을 내어 백성의 의복을 만들어 주기 때문'이라 했다. 이에 영조가 정순왕후를 아내로 택했다. 이렇게 왕의 최측근이 된 정순왕후와 숙의 문씨 나중에 사도세자를 죽이는 데 앞장서게 된다.

세자가 대리청정을 시작하자 소외되어 있던 소론, 남인 등이 세자 주변에 모여들어 노론을 몰아내려고 시도했다. 이에 위기의식을 느낀 노론이 아들을 낳기만 하면 세자를 뒤바꿀 수도 있다고 암시하며 은근히 정순왕후와 숙의 문씨를 꼬드겼다. 이때부터 왕비와 숙의 문씨가 영조에게 세자를 무고하기 시작했다. 한 여자도 아니고 자신이 아끼는 두 여자가 계속 세자를 헐뜯자 영조도 동조하며 틈만 나면 세자를 불러 질책하기 시작했다. 여기에 압박감을 느낀 세자는 점차 돌출 행동을 하기 시작했다. 궁중을 몰래 빠져나가는 것은 물론이고 살인까지 저질렀다. 영조가 불러 '왜 그랬느냐'고 묻자, '속에 화증火症이 올라오면 견디지 못해 짐승이라도 죽여야 풀린다'고 대답했다. 다시 '왜 그렇게 되었느냐'고 묻자 사도세자는 '아비의 사랑을 못 받으니 서럽고 야단만 치시니 무서워 화증이 되었다'고 했다. 영조도 느끼는 바가 있어 한동안 질책하지 않았다. 그러다 세자가 허락도 받지 않고 관서 순행을 나갔는데, 노론에서는 사도세자가 반란을 꾀하고 다닌다며 그 증거로 동궁전에 파놓은 땅굴 속의 무기고와 병력을 확보하려 춘천에서 유생들을 모았다는 증거를 내놓았다. 이에 사도세자에 대한 영조의 불신은 극에 달해 결국 세자를 뒤주 속에 가두어 굶어죽게 한다.

영조는 자기 주변의 대신들을 믿지 않았다. 이들의 소모적 논쟁이 지나쳐 국익에 해가 될 것 같으면 환국, 달리 말해 정치판의 물갈이를 통해 분위기를 쇄신하곤 하였다. 자연히 붕당의 대신들은 자신의 당을 뒷받침할 사람을 임금의 친인척 가운데 찾게 되는데, 소론은 세자를, 노론은 정순왕후와 숙의 문씨를 붙들었다. 소론은 이미 경종 때 영조를 없애려 했던 세력이고 노론은 영조가 왕위에 오르도록 결정적 역할을 한 세력이다. 그런데 하나밖에 없는 아들이 그 소론과 손을 잡고 역모를 꾀했다고 하니 참을 수가 없었던 것이다.

영조시대는 이런 기막힌 정치적 위기상황이 있었고 자연환경마저도 열악했다. 사도세자의 죽음을 놓고 노론은 영조의 처분이 지당하다는 벽파僻派와 사도세자의 죽음에 동정적인 시파時派로 나뉜다.

그래도 백성을 편하게 하다

　　　　　　　　영조의 사생활은 편집증적 애정과 증오
를 오락가락했다. 83세까지 살아 조선왕 중 가장 장수했고 통치 기간
도 52년으로 제일 길었으면서도 성군이란 소리를 들었다. 그가 신하보
다 백성의 목소리를 먼저 듣고자 했기 때문이다. 자신의 장수 비결이
술과 여자를 멀리하고, 거친 음식을 즐기며, 평생 얇은 옷을 입어서였
다고 자랑하곤 했다. 그만큼 소박하고 검소하게 생활했다.

　당시 인구는 700만 명가량인데 흉년과 전염병 등 자연재해가 잇달
으며 100만 명가량이 숨졌다. 영조는 이런 내외적인 엄중한 도전을 뚫
고 백성을 위한 많은 업적을 남겼다. 먼저 백성의 기본 인권을 향상했
다. 신문고제도를 재개하여 백성들이 직접 왕에게 하소연할 수 있게
했고 사법 처리 과정에서도, 특히 사형 같은 경우 반드시 삼복법(초심,
재심, 결심)을 지키게 했다. 수사 과정에서는 주리를 틀어 자백을 강요하

322

는 압슬형을 없앴다.

백성의 생존권을 위해 조세제도를 개혁했다. 일반 양민들이 군대 가는 대신 내는 세금을 포목 2필에서 1필로 줄여주는 균역법을 시행했으며, 궁전宮田및 병영의 둔전屯田도 일정 수준을 초과하면 과세했다. 또한 권문세가들이 토지장부에서 비옥한 전답의 일부를 누락시키는 은결隱結을 찾아내 세금을 부과했고, 원래 빈농 구휼책이었던 환곡還穀의 기능을 회복시켰다. 이 제도는 봄에 관청에서 가난한 농민들에게 곡식을 빌려주고, 추수철에 낮은 이자를 더해 되돌려 받는 제도였는데 문란해진 탐관오리들이 고리로 착취하는 도구로 사용했었다.

영조 39년(1763) 일본에 간 통신사 조엄趙曮이 고구마를 들여왔는데 흉년 때 구황작물로 큰 기여를 했다.

영조는 태생적으로 공동운명체일 수밖에 없는 노론을 중심에 놓고 정치를 해야 하는 입장이었는데 당시 노론은 그야말로 패권정치의 달인이었다. 이들이 영조를 충동질해 소론을 지지하는 사도세자를 죽이려 할 때 오직 남인의 영수인 채제공蔡濟恭만이 목숨을 걸고 반대했다. 그러나 이미 노론의 책략에 넘어간 영조에게 그의 목소리는 들리지 않았다. 세자가 죽은 그날 밤에야 제 정신이 돌아온 영조는 왕궁 밖으로 쫓아낸 세손을 부르고 채제공도 함께 불렀다. 궁궐 속 깊은 편전에서 사관도 내보낸 후 세손에게 말했다.

"네 아비를 죽인 원수는 노론의 거두 김상로다. 그리고 채제공이야말로 내게 사심 없는 신하이고 네게도 진실한 충신이다."

이처럼 영조는 자신과 함께 정치해야만 하는 노론 인사를 믿을 수 없었고, 믿을 만한 사람이라고는 노론의 반대 세력인 채제공 한 사람

뿐이라고 생각했다.

백성은 안중에도 없이 당쟁에 능한 신하들에 둘러싸여 있으면서도 영조는 늘 조선과 그 백성들을 먼저 생각했다. 이런 영조를 백성들도 사랑해 직접 뵙기를 열망했다. 왕도 날짜와 장소를 미리 정해 백성들을 자주 만났는데, 주로 도성이나 도성문이 그 장소였다.

구중궁궐 속에서 모리배에게 둘러싸인 영조는 주로 새문안 대궐인 경희궁에 머물면서 높은 누각에 올라 밖을 바라보며 백성의 형편을 살폈다. 이날도 궐 밖을 보는데 한 소녀가 새문안 방향으로 황급히 올라오고 있었다.

"여봐라, 저 아이를 불러 오너라."

어졸을 따라온 소녀에게 왕이 물었다.

"뉘 집 하인인데 무슨 일로 그리 서둘러 가느냐?"

"소인은 동촌에 사는 이 판서 댁 여종이며 내일이 대감 생신이옵니다. 하오나 대감 댁 살림이 빈한하여 아씨의 편지를 들고 친정 남 판서 댁에 아침 진지상을 마련할 돈을 빌리러 가는 중이옵니다."

왕은 말했다.

"오호, 남 판서도 청렴한 신하라 변통해줄 여력이 없을 것이다. 그들이 부당한 짓을 했더라면 이렇게까지 궁핍하지 않았으리라. 참으로 훌륭한 신하들이로다. 내가 대신 대감의 조반을 마련해줄 테니 남 판서 댁에 가지 말거라."

그리고 어졸에게 편지를 써주며 분부했다.

"신혜청의 낭장郎將에게 이 편지를 전하거라. 물품을 주거든 이 아이를 따라가 이 판서 댁에 전하거라."

324

그날 이 판서 댁에 생일잔치는 물론 한동안 넉넉히 쓸 돈과 곡식이 전달되었다.

경종 독살의 의혹을 받으며 즉위한 영조는 자신을 둘러싼 노론에게 주도권을 빼앗기지 않기 위해 사색당파를 골고루 등용한다는 탕평책을 표방했으나, 평생 당파싸움에 시달려야 했다. 그나마 영조가 건강할 때는 당쟁을 조절했으나 노쇠해지자 당쟁이 영조를 압도하는 형국이 되었고, 결혼한 젊은 왕비를 총애하면서 아들까지 죽였다. 그리고 손자 정조를 당쟁의 소용돌이에 던져놓고 승하했다.

이처럼 영조 시대의 궁궐은 눈에 보이지 않는 당파싸움으로 치열한 전선이 형성되어 있었다. 그래도 이 한가운데 버티고 섰던 영조는 백성들은 편하게 해준 왕이란 평가를 받는다.

제22대

정

조

새로운
판을 짜다

조선의 22대 정조正祖(1776~1800)는 제4대 국왕 세종과 더불어 누가 뭐래도 조선 최고의 왕이다.

세종은 경영인이나 정치인들이 최고로 본받겠다는 인물이고, 정조는 역사나 철학 등 인문학자들로부터 최고의 찬사를 받는 왕이다. 세종은 600년 전 조선왕조 초기의 임금이고 정조는 200년 전 세계적 변혁의 시대인 조선 후기를 통치했다.

한반도라는 같은 공간이지만 전혀 다른 시대적 상황에서도 두 왕은 조선 최고의 리더답게 모두에게 귀감이 되는 리더십을 보여주었다. 명필은 붓을 탓하지 않는다. 두 왕이 보여준 명품 리더십의 기본 정신은 똑같다. 하지만 시대의 차이와 성품의 차이만큼 리더십의 구현 방식은 차이가 있다. 두 임금은 모두 백성에 대한 진심어린 애정을 바탕으로 하고 있다. 차이점은 세종은 안정된 조정을 물려받아 그 위에 문화의 꽃을 피웠고, 정조는 정적이 가득한 조정과 격변의 시대를 선견적 개혁 의지로 뚫고 나갔다는 것이다. 이런 불굴의 의지는 어디서 생겼을까? 최근 정신의학자들은 성장기에 '예측 가능한 가벼운 스트레스'에 반복적으로 노출되었던 사람에게 '탄력적 회복력'이 생긴다는 것을 밝혀냈다. 아무 스트레스도 받지 않고 온실에서 자란 성인보다 적절한 스트레스를 받으며 자란 성인이 예측 불가능한 스트레스 상황을 만나도 우울해하지 않고 충분히 이겨낸다고 한다.

정조는 어릴 적에 아버지의 죽음을 직접 목격했고 수없는 역경을 헤쳐 왕이 되었다. 그런 스트레스가 정조의 인지 기능을 담당하는 전전두엽뇌세포들을 튼튼하게 해주었다.

조선 500년 역사에서 가장 탁월한 리더인 세종과 정조는 여러 가지 면에서 비교된다. 두 왕 모두 총명하고 진보적이며 결단력이 강한 리더십을 공유하고 있으나, 세종은 원칙을 더 중시하고 정조는 카리스마가 강해 자기중심으로 일을 풀어갔다. 어전회의에서도 신료들에게 '함께 의논해 아뢰라'는 식으로 동참을 촉구하는 세종의 방식과 달리 정조는 논쟁을 즐기며 회의를 주도해나갔다. 스트레스에 강한 왕 정조는 격정적이며 달변가였다. 그가 10년만 더 살았다면? 그래서 화성 신도시가 완공되고, 군민공치체제가 정착했다면 조선은 동아시아를 넘어 세계 최강의 나라로 웅비했을 것이다.

정조의 일대기는 리더란 과연 어떠해야 하는지를 가장 잘 보여주는 사례라고 하겠다. 리더는 적에게 둘러싸인 상황을 맞을 때도 있다. 이때 어떻게 그 상황을 타개하면서 혁신할 수 있는지를 유심히 살펴보면 좋을 것이다.

제22대 정조 가계도

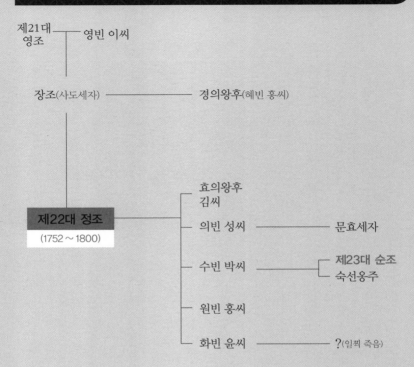

제21대
영조 ─── 영빈 이씨

장조(사도세자) ───────────── 경의왕후(혜빈 홍씨)

제22대 정조
(1752~1800)

효의왕후
김씨

의빈 성씨 ───────── 문효세자

수빈 박씨 ─────┬── 제23대 순조
                     └── 숙선옹주

원빈 홍씨

화빈 윤씨 ───────── ?(일찍 죽음)

백성이 곧 나라다

　　　　　　이산李祘 정조는 위민의 군주였다. 왜 왕이 존재하는지를 분명히 알았던 리더였다.

　'하늘이 왜 임금을 만들었겠느냐? 백성을 위해서이다. 백성이 곧 나라의 근본이니라.'

　정조는 세종을 자신의 통치 모델로 삼았다. 재임 3년째 되던 1779년 여름에 세종 능을 찾아 갈 때였다. 창덕궁을 나와 강을 건너려는데 수많은 백성들이 몰려와 예를 올리자 정조가 말했다.

　"임금이 배라면 백성은 물이다(君者舟也군자주야, 庶人者水也서인자수야)."

　평소 자신의 군민론을 백성들 앞에 설파한 것이다. 그리고 신하들을 돌아보며 이렇게 일렀다.

　"내가 이 배를 타고 가니, 너희도 함께 더욱 조심해야 한다."

그리고 세종 능을 참배하며 스스로에게 다짐했다.

"조선의 좋은 예악문물은 모두 세종께서 만드셨습니다. 이를 계승하는 일이 소자의 몫입니다."

정조는 세종처럼 위민의 대상에 계층을 구별하지 않았다. 왕이 행차할 때면 양민, 노비 할 것 없이 신분에 구애받지 않고 직접 호소하게 하여 사대부와 양반에게 당한 억울한 사연을 풀어주었다. 정조는 임금을 달빛, 신하는 구름, 백성은 산하山河라 생각했다. 구름이 달빛을 가리지 말아야 하듯이, 신하가 임금과 백성의 소통을 막아서도 안 된다. 임금의 자애로움이 백성에게 그대로 도달할 수 있어야 하고 백성의 사정이 그대로 임금에게 전해져야 한다.

조선의 왕들 중 연산군 등은 오직 자신만을 위해 지배했고, 세조 등 다수는 사대부를 위해 통치했으며, 정조나 세종 같은 왕은 백성을 위한 정치를 했다.

정조는 즉위 후 2년간 통치해보더니 조선 사회가 백성을 도외시한 채 왕과 사대부만을 위해 돌아가는 병에 걸렸다고 한탄하고 경장대고更張大告를 선포했다. 경장이란 거문고의 늘어진 줄을 조이고 끊어진 줄은 교체한다는 뜻이다.

정조 어진

창업의 시대인 태조와 태종에 이어 세종부터 성종까지 나라의 기반을 잡았다면, 그 후대 임금들을 거치며 기존 사회구조가 정체되며 낙후되었다. 이에 영조에 이어 정조도 경장更張의 정치를 해야만 하는 시기였다.

정조는 나라를 치유하는 일이 사람을 치유하는 것과 흡사하다면서 병든 조선사회를 고칠 치유책으로 4대 핵심과제(民産민산, 人才인재, 戎政 융정, 財用재용)를 내놓았다. 민산은 경제, 인재는 교육, 융정은 국방력, 재용은 국가재정이다. 정조는 재임 기간 동안 이 4대 과제 실현을 위해 온힘을 쏟았다. 특히 '백성의 살림살이가 나아져야 민심이 착해진 다'며 4대 핵심과제 중 민생 위주의 정책을 최고 우선순위에 두었다. 인재를 키울 때는 능력과 함께 인성과 덕성을 갖춘 교육을 추구했다.

정조는 백성들을 위한 구체적 정책을 시행했다. 보통 왕들이 좋은 목적을 설정하고도 실행하지 못하는 이유는 두 가지다. 왕이 공개한 목적과 이념이 속마음과 다르게 전시적 효과만 노리는 경우와 훌륭한 성품을 지닌 왕이 귀중한 목표를 이루고자 해도 부패한 측근이 교묘하게 방해하는 경우다. 정조는 성품 자체가 성군의 기질을 가지고 있었다. 다만 정조는 선대의 왕들 때 형성된 붕당의 구도를 헤쳐 가며 많은 성과를 이루어가던 도중 의문의 죽임을 당해 미완의 개혁 군주로 남았다.

인적 자원의 보고, 노비 해방을 꿈꾸다

　　　　　　　　정조는 사람을 평가할 때 사람을 그 자
체로 보았다. 이는 어느 가문에서 태어났느냐와 어느 가문과 결혼했느
냐의 두 기준으로 출세 여부가 결정되는 조선왕조의 왕으로서 가지기
어려운 관점이었다.

　조선 사회의 귀천 의식은 유별났다. 아버지가 아무리 지체 높은 사대
부라도 어머니가 양인이면 자식은 서자가 되고, 만일 어머니가 천민이
면 얼자가 된다. 한 번 이렇게 태어나면 집안에서도 첩의 자식이라 천
대받고, 사회에 나가서도 별로 할 일이 없게 된다.《경국대전》을 보면
양반 등용 시험인 문과, 생원, 진사시 등에 첩의 자식들은 응시하지 못
하도록 못을 박아 놓았다. 이처럼 서얼의 사회적 진출을 막는 금고법禁
錮法과 노비의 자손은 무조건 노비가 되어야만 하는 노비세전법奴婢世
傳法은 고려는 물론 주자학의 탄생국인 명나라에조차 없었다. 무엇이

332

든 극단으로 치닫는 성향인 조선만이 가진 악법 중의 악법이다.

그러나 정조는 이런 엄청난 사회적 금기를 타파했다. 정조는 즉위 직후(1776) 3월 11일 창덕궁 후원에 왕립도서관인 규장각을 설치했다. 이 규장각은 단순한 도서관이 아니었다. 정조의 급진적 개혁 정책을 연구하고 자문하는 역할이 더 컸다. 다음 해 서얼허통정책庶孽許通政策을 공표했다. 조선 신분사회의 일대 변혁을 예고하는 파격적 선언이었다. 이 규장각의 검서관檢書官으로 서얼 출신 박제가朴齊家, 이덕무李德懋, 유득공柳得恭 등이 임명되었고, 선천위내금위宣薦內禁衛도 중인들과 서얼들로 채웠다.

서얼들은 조선 초기부터 차별에 대한 저항과 굴종을 거듭했다. 그중 허균이 활약한 조선 중기, 선조와 광해군 때부터 서얼들이 재야의 지식인으로서 민중의 심정적 지지를 많이 받게 된다. 정조에 이르러서는 양반 식자층보다 서얼 지식인들이 훨씬 더 현실적이며 진취적이었다.

정조가 서얼등용정책을 편 것은 이런 시대적 변화를 읽기도 하였겠지만, 근본적으로 '전 백성이 내 동포이며 한 식구'라는 신념을 가졌기 때문이다. 정조 2년(1778) 1월, 백성들이 부당한 형벌을 받지 않도록 형구形具의 실태를 조사하고 고치라는 《흠휼전칙欽恤典則》을 펴내 각도에 배포하고, 어사를 보내 이를 어긴 수령들을 엄벌했다. 또한 정조 7년(1783) 11월, 《자휼전칙字恤典則》을 선포하여 가뭄 등 천재지변과 기타 사정으로 버려진 유기아遺棄兒 및 걸식 아동은 국가가 대신 키우게 하였다. 이런 왕을 흠모하지 않은 백성이 어디 있을까.

백성이 왕을 흠모할수록 사대부들의 불만은 높아갔다. 이들의 반발이 성균관에서 서얼 출신들을 어떤 자리에 배치하느냐로 표출되기 시작했다. 정조 15년(1791), 왕궁의 꽃이 가장 곱게 핀다는 4월 어느 날이었다. 정조가 성균관 식당에서 유생들과 대화를 나누는 자리에서 전례에 따라 서얼들만 남쪽에 따로 앉아 있는 것을 보고 지적했다.

"성균관에 들어가면 일반 백성이나 왕공귀인을 가리지 않고 모두가 나이대로 앉는데, 어찌 유달리 서얼들만 따로 앉아야 한다는 말인가?"

이처럼 임금이 강력한 서얼허통을 추진하여 관리에 서얼을 임명해도 생활 속의 오랜 습관은 쉽게 고쳐지지 않았다. 더불어 정조의 불만 세력이자 반대 세력인 노론은 서얼허통정책을 '가정 내부의 일'이라며 묵살했다.

노론의 중심인 벽파는 영조 때 당론을 이끌며 사도세자 사건에도 깊이 관련한 세력이었다. 정조가 등극 후 서서히 이들을 멀리하며 그 대신 채제공 · 정약용丁若鏞 · 이가환李家煥 등 남인과, 박제가 · 유득공 · 이덕무 등 북학파, 그리고 일부 노론 세력만 중용했고 이들을 시파라 불렀다. 그러자 궁지에 몰린 노론 벽파들은 더 굳게 결속해서는 서로 정보를 주고받으며 권토중래를 모색했다.

정치란 참으로 묘하다. 이런 와중에 노론 벽파에게 절호의 기회가 찾아온 것이다. 성균관 사태가 있고 한 달 후인 5월 전라도 진산에서 윤선도의 7대손 중에 천주교인 윤지충尹持忠이 제사를 폐하고 신주神主를 불에 태운 사건이 일어났다. 정조를 공격할 대형 호재가 생긴 것이다.

노론은 정조가 천주교를 용인하는 바람에 패륜적 일이 일어난 것으로 몰고 갔다. 조선은 명나라보다 더 지독한 성리학의 나라였다. 마침

소각 현장을 지켜본 친척과 이웃들이 윤지충을 무군무부無君無父의 패륜아로 고발했다. 이로써 이 사건은 조선의 지배 이념에 정면 도전하는 행위로 비화되었다. 연이어 불효와 불충의 종교인 천주교를 배척하라는 상소가 빗발쳤다. 결국 신해박해辛亥迫害로 이어지면서 노회한 정객들인 노론이 정적을 제거할 절호의 기회로 활용하기 시작했다. 나라가 혼란의 소용돌이에 휩싸이며 서얼허통정책 자체가 유실될 분위기였다. 정조는 최측근 채제공을 만나 안을 내놓았다.

'서얼이나 적자나 나랏일은 평등하게 하되, 가족 내에서는 차등을 둔다.'

조정 등 공적인 분야에서 서얼허통정책은 계속 추진하나, 양반들이 문중 내에서 적서 차별을 두는 것까지 국가가 개입하지는 않겠다는 것이다.

정조는 겉으로는 노론의 공세를 무디게 하면서 동시에 서얼허통과는 비교도 안 되는 인간 해방을 모색하고 있었다. 그것은 노예 해방이었다. 말만 사람이지 짐승처럼 사는 그들에게서 신분의 굴레를 벗겨 능력껏 살게 하고 싶었다.

1765년, 제임스 와트가 증기기관을 개발하여 영국에서 산업혁명이 일어나는 등 당시 세계는 비약적인 발전을 하고 있었다. 바야흐로 서양에서 '이성과 과학의 시대'가 활짝 열렸고 이 바람이 중국까지 들어왔다.

중국에 다녀온 박지원 등 실학파도 관념적 성리학을 벗어나 실용적 기술을 중시하기 시작했다. 그러나 조선 양반들은 실용적 사상을 천박하다며 무시해버렸다.

조선 양반들이 자랑으로 내세우는 삼대 사자성어가 있다. 몸소 일을 하지 않는다는 불친서사不親庶事, 농사나 장사 같은 천한 일과 단절한다는 절기비사絶棄鄙事, 그리고 아무리 춥고 배고파도 체면은 지킨다는 인기내한忍飢耐寒이다. 이들은 자기 방 앞의 풀도 직접 뽑지 않았고, 아랫것들을 불렀다. 아무리 배고파도 일할 생각조차 않고 뒷짐 지며 거들먹거렸다. 이런 양반들의 머릿속을 바꾸기란 천지개벽보다 어렵다. 그래서 정조는 사대부를 변화시키려 하기보다 성리학에 덜 찌든 노비들을 해방시켜, 국가의 인적자원으로 충원하는 것이 훨씬 낫다는 판단을 한 것이다.

세종이 갈등을 유발할 수도 있을 다른 성향의 신하들을 등용했다면, 정조는 신분이 다른 사람을 등용했다. 이는 두 왕이 실용적 성과를 추구했기 때문이며, 이질적 집단을 관리할 수 있는 지도력을 갖추었기 때문이다. 조선시대의 인재 범위는 양반이며, 그중에서도 성인 남성 중심이었다. 이처럼 한정된 인재 범위를 확대시킨 것이 서류허통이다.

정조는 허다한 서류들의 원통함을 더 이상 방치할 수 없다며, 나라에 쓰임 받을 만한 사람은 임용하라고 했다. 그렇게 되면 양인의 숫자도 늘어나 조세 수입도 증가한다. 조선의 세금은 지방 단위로 부과되는데 양반과 노비는 제외되고, 양민만 납부 대상이었다. 양민은 세금도 내고, 군역과 노역에도 동원되어야 했다. 이를 견디다 못한 양민이 유민이 되거나 산도적이 되었다. 이러다 보니 양민이 점차 줄어들어 국가재정이 늘 위태로웠다.

서양의 노예는 대부분 전쟁포로들이었으나, 조선의 노예는 양민이 파산해 자진 노비가 되거나 정치적 숙청으로 노비가 되는 경우가 많았다. 이 노비 숫자가 정조 때에 이르러 급증했다. 그만큼 양인의 수가 줄어 남은 양인에게 부과되는 납세, 군역, 노역의 짐은 더 무거워졌다. 이를 견디다 못한 양민이 줄지어 권문세가의 집에 노비로 들어갔다. 나라의 재정은 더 허약해지고 노론 등 권문세가의 힘은 점점 더 커져 갔다.

이런 상황에서 정조가 생각한 승부수는 노비제도 혁파였다. 이것만 시행되면 일석삼조의 효과가 있었다. 노론의 세력이 약화되고, 국가재정 수입은 늘며, 인적자원도 확보하게 된다. 말하는 가축에 불과해 상속대상이었던 노비까지 해방되면 혈통 하나로 경쟁의 무풍지대에서 무위도식으로 살아온 양반들의 위선과 허풍도 사라질 수밖에 없게 된다. 정조는 노비 혁파의 전단계로 서얼들의 사회 진출을 열어주었다. 그리고 정조 2년에는 왕실의 노비 가운데 도망간 자를 잡는 추쇄도감推刷都監을 없앴다.

절대 권력이 절대 부패하는 이유는 무
엇일까? 소통하지 않기 때문이다. 보통의 리더들도 구성원들에 비해
상대적 우위에 있지만, 왕은 그야말로 절대적 우위에 있다. 그 때문에
인류 정치사에서 항상 봉건제체가 민주주의체제에 의해 사라졌다. 세
종과 정조는 절대 권력자이면서도 신하와 백성과 소통할 줄 알았다.
그래서 조선 27명의 왕 중에서 '소통의 대왕'이라는 칭찬을 듣고 있
다. 조직 역량이 극대화될 때는 리더와 구성원의 인식이 공감을 형성
할 때이다. 그래서 모든 리더들이 나름대로 소통을 잘하고 있다고 자
부한다. 그러나 소통의 기준은 리더 자신이 아니라 상대방이다.

영·정조시대의 화가 변상벽卞相璧은 고양이와 닭 그림을 아주 잘 그
려, '변고양이' '변닭'이라는 소리를 들었다. 그의 그림 중에 〈모계환
추母鷄喚雛〉가 있다. 열네 마리 병아리를 돌보는 어미 닭이 부리에 작

338

은 벌 하나를 물고 서 있다.
어미가 먹이를 바쉬서 공평
하게 나눠줄 줄 알기에 둘
러선 새끼들은 유순하기만
하다.

모계환추

조선인들은 닭이 문무용
인신文武勇人信의 오덕五德
을 지녔다고 했다. 닭 벼슬
은 문관의 기상이고, 날카
로운 발톱은 무관의 위엄이
며, 싸울 때 용기 있게 털이 꼿꼿이 서니 용이고, 모이를 보면 서로 불
러 함께 먹으니 인이며, 때를 맞춰 새벽을 알리니 신이다. 이 그림을
본 정약용이 시조 한 수를 읊었다.

아! 자애로운 그 성품
(차재자애성嗟哉慈愛性)

하늘이 부여했으니 아무도 빼앗아 갈 수 없다
(천부유능발天賦唯能拔)

정약용은 새끼를 보살피는 어미닭의 그림에서 정조의 모습을 보았
다. 정조는 세종과 함께 '줄탁동시啐啄同時'의 리더십을 지닌 왕이다.
병아리 혼자만의 힘으로는 알에서 세상 밖으로 나오지 못한다. 알 속
의 병아리가 털 굳은 노란 부리로 두드릴 때, 어미가 동시에 그곳을 쪼

아주어야만 세상에 나올 수 있다. 줄탁동시의 묘미는 경청과 타이밍이다. 먼저 어미닭이 달걀 속의 병아리에 귀를 기울이고 있듯이. 왕은 백성들의 필요(need)와 욕구(want)가 무엇인지를 잘 파악해야 한다. 그리고 어미닭처럼 적시에 병아리가 두드리는 그곳을 쪼아주어야 한다.

이렇게 하기 위해 평소 필요한 것이 왕과 백성 상호간 긍정적인 유대관계다. 이런 관계는 왕이 어떻게 하느냐에 달려 있다. 세종과 정조처럼 위민의 철학을 가지면 자연스럽게 서로 신뢰가 형성된다. 세종은 왕이 되기 전부터 도성 밖으로 나가 민심을 살폈고 왕이 된 후에도 민정시찰을 계속했다. 정조도 때로는 밤에 평복으로 갈아입고 민생탐방을 하고, 왕의 행차 시 어떤 백성이든 다가와 하소연할 수 있게 했다. 이처럼 두 왕은 중세 시절부터 현대 마케팅의 고객접점(MOT, Moment of Truth)을 실행했던 것이다.

왕에게 합리적인 것이라도 신하들에게 비합리적일 수 있고, 고관대작들에게 합리적인 것이, 백성들에게 비합리적인 것도 많다. 그래서 세종과 정조는 만백관과 골고루 만났고 일반 백성과도 만나보려 노력했다. 왕이 백성의 소리를 신하를 통해서만 듣게 되면, 나라가 신하를 위해 움직이게 된다. 두 왕은 중간 굴절 없는 의사소통을 위해 현장체험을 마다하지 않았다.

과인은 사도세자의 아들이다

조선은 군사부일체君師父一體의 충효를 기본으로 세운 나라다. 나를 낳아준 부모, 가르친 스승, 길러준 임금을 하나처럼 모시고 죽을 때까지 섬겨야 했다. 혹여 부모의 허물이 드러나도 덮어주어야 한다. 또한 자식이 성심을 다해 효도해도 부모가 몰라주면, 서운하게 생각하지 말고 '내게 무슨 불효가 있는가?' 하고 자책해야 한다.

조선에서 부모를 부정하는 행위는 인륜을 저버린 짓이다. 이런 조선에서 정조는 동궁 시절부터 아버지 사도세자를 부정하도록 강요받았다. 조선 백성들은 이를 숨죽이며 지켜보았다. 과연 정조는 불효를 강요하는 비열한 권력의 강박을 이겨낼 것인가. 이런 조선인의 심정을 아는지 정조는 왕이 되자마자 '과인은 사도세자의 아들'이라고 천명했다. 이 한마디로 정조는 백성들의 마음을 사로잡고 노회한 정객보다 도

정조가 아버지 사도세자에게 올린 옥인.
고궁박물관 소장

덕적 우위에 서게 되었다. 정조
가 사도세자의 아들임을 강조한
이유가 민심 영합용은 아니다.
권력을 쥐고 있던 노론에 밀려
자신의 정체성을 포기하지는 않
겠다는 굳은 신념의 표현이었다.
　사도세자는 정조가 열한 살
때인 영조 38년(1762) 뒤주 속에
갇힌 채 죽었다. 사도세자가 뒤주 안으로 들어가는 모습을 보며 어린
정조는 할아버지의 곤룡포를 붙잡고 눈물로 애원했다.

　"할바마마. 제발, 제발 제 아비를 살려주소서."

　정조의 어머니 혜빈 홍씨도 남편의 구명을 위해 영조에게 호소했으
나 차갑게 거절당했다. 이날의 광경을 정조는 평생 잊을 수가 없었다.
그럼 왜 영조는 하나밖에 남지 않은 아들을 죽도록 했을까? 영조의 선
왕인 경종이 소론의 군주였다면 영조는 노론의 군주였다. 그럼에도 불
구하고 사도세자가 반 노론의 중심에 서게 되자, 결국 죽음으로 내몰
았다. 원래 영조에게 정빈 이씨가 낳은 큰아들 효장세자가 있었으나,
영조 4년(1728) 열 살의 나이로 죽었다. 그 후 오랜 기간 아들을 두지
못하다가 영조 11년(1735)에 영빈 이씨가 사도세자를 낳았다.

　사도세자가 죽은 후 정조는 동궁으로 불리었다. 이때부터 영조와 노
론은 사도세자의 흔적을 정조에게서 지울 방법을 찾았는데, 2년 후 2
월 정조를 죽은 맏아들 효장세자의 후사(後嗣)로 삼았다. 이로써 정조는
법적으로 더 이상 사도세자의 아들이 아니었다. 당시 혜경궁 홍씨는 시

아버지 영조에게 남편에 이어 아들까지 빼앗겨 큰 충격을 받는다. 물론 정조도 심적 고통이 컸으나 일절 내색할 수 없었다. 이렇게까지 해놓고도 불안한 노론은 어떻게 하든 정조의 즉위를 막을 빌미만 찾았다.

이런 분위기 속에서 동궁은 칩거해 책을 보는 일 외에 달리 할 일이 없었다. 그 덕분인지 정조는 세종과 버금가는 박식한 군주가 될 수 있었다. 얼마나 정조가 살얼음판 같은 정국을 헤쳐 왔는지 세손 시절을 이렇게 회고했다.

"나는 그 시절에 엎드려 하라는 대로만 했다."

이렇게 몸조심하며 어느덧 13여 년의 세월이 흘러 정조의 나이 24세가 되던 영조 51년(1775) 11월이었다. 이미 82세에 이르러 노쇠한 영조가 처음으로 세손의 대리청정 의사를 밝혔다. 이에 화들짝 놀란 노론들은 '죄인의 자식은 왕이 될 수 없다(罪人之子不爲郡王죄인지자불위군왕)'며 결사반대했다.

이런 반대에도 불구하고 영조가 정조에게 순감군의 지휘권을 넘겨주었다. 그러자 권력의 실세인 좌의정 홍인한洪麟漢이 다시 삼불필지설三不必知說을 내놓았다. 이는 '정조는 노론·소론에 대해 알 필요가 없고, 이판·병판을 누가 맡든지 알 필요가 없고, 조정의 일은 더 더욱 알 필요가 없다'는 것이었다. 이는 아예 노골적으로 세손의 권위를 전면 부정하는 것이었다. 심지어 노론은 왕이 내린 대리청정 하교를 받아 적으려는 도승지를 몸으로 가로막기까지 했다. 이처럼 정조가 위기에 빠진 가운데 12월 3일 소론 서명선이 홍인한을 탄핵하는 상소를 올렸다. 뒤이어 홍국영, 정민시, 이진형 등이 나서며 정조의 대리청정을 지지하고 홍인한을 성토했다. 연이은 상소행렬에 힘입은 영조가 마침

내 홍인한을 삭탈관직했다.

만일 정조가 그동안 영조의 권력에 조금이라도 위협적인 행동을 했다면 이때 제거될 수밖에 없었다. 영조는 평소 자기가 죽은 후 노론과 뒤늦게 혼인한 어린 정순왕후에게 후환이 닥칠까 걱정이 컸다. 정조는 의심 많은 할아버지에게 지극정성을 다했다. 영조가 병환이 깊을 때 직접 《동의보감》 등 의학 서적을 외다시피 읽으며 보필했다. 이런 손자 노릇을 했기에 영조로부터 보호받을 수 있었다. 드디어 12월 7일 영조는 대신들의 반대를 물리치고 정조에게 대리청정을 시켰다.

그날 이후 3일간 정조는 대리청정을 할 수 없다며 사양하다가 12월 10일에 받아들였다. 이때 이미 치매가 시작된 영조는 정조가 사도세자를 얼마나 생각하는지 시험해보려고, 영조 52년(1776) 2월 4일 사도세자 묘에 가서 제를 올리라 명했다.

아버지 무덤을 처음 찾은 정조는 흐르는 눈물을 주체하지 못했다. 수행했던 신하들은 영조가 이 광경을 보고받으면 큰일이다 싶어 낯빛이 샛노래졌다. 이때 정조가 의외의 명을 내렸다.

"사도세자의 일을 기록한 승정원일기는 모두 세초洗草하라!"

사도세자가 뒤주에 들어간 전말을 먹물로 기록한 역사를 물로 깨끗이 씻어 없애라는 것이다. 그제야 신하들이 안도의 눈물을 흘렸다. 정조는 2보 전진을 위해 1보를 후퇴했다. 권력을 잡는 대가로 정적의 행실이 기록된 역사를 없앴다. 이날의 일을 보고받은 영조는 마음이 놓여 춘방 관리들에게 말 한 필씩을 선물했다.

한 달 후 영조가 승하하고 그 뒤를 정조가 이었다. 백성은 신왕 정조가 과연 영조와 노론의 뜻을 따라 효장세자의 법적인 아들 노릇에 충실하고 혈육인 아버지 사도세자의 일에 무심할지 궁금했다. 그랬더라면 힘없는 백성에게 존경은 받지 못하더라도 노론 세력과 극도의 긴장 관계는 형성하지 않아도 되었을 것이다. 그러나 정조는 자신이 사도세자의 아들임을 공개적으로 표명했다.

이로써 백성들은 정치적 목적으로 천륜을 끊어놓은 세력에 대해 분노하는 한편, 그 피해자인 정조에 대해 정서적 지지를 보내게 되었다. 이처럼 정조는 즉위 초부터 사대부보다는 백성과 공감대를 형성했다.

정조는 세종 이후 국정 현안을 놓고 신하들과 가장 많은 토론을 벌인 왕이었다. 때로는 밤을 새워가면서까지 토론했는데 그 뜨거웠던 의사소통의 현장 기록이 《홍재전서弘齋全書》에 생생하게 나와 있다. 정조의 개혁 방안 대부분이 양반층의 대폭적인 양보가 필요한 것들이어서, 그만큼 신하들과 열띤 토론을 벌여야 했다. 정조는 즉위년(1776) 5월 28일, 과거제도의 폐단에 대해 다음과 같이 신랄하게 비판했다.

"천하의 일이란 크게 변혁하면 크게 유익하고 작게 변혁하면 작게 유익하다. 바야흐로 지금 조정에 과거제도보다 더 큰 폐단은 없다. 요행으로 한 자리를 차지한 사람이 하루가 다르게 도도해지니, 장차 사람이 사람 같지 않게 되고 나라가 나라 같지 않게 되리라. 오늘날 선비들을 보라. 과거제도가 사람을 더럽히는가, 사람이 과거제도를 더럽히는가? 사람이 젊어서 마땅히 천하의 정당한 이치를 강구해야 하거늘, 방문을 닫고 들어앉아 시부詩賦 짓기만 익히고 있으니 심성과 학문 공부는 울타리 밖의 물건만도 못하게 여긴다. 과거제도가 이처럼 인재의 재질을 무너뜨리고 있다. 이러니 어찌 순박함으로 돌아갈 수 있으며 염치를 숭상할 수 있겠는가? 이는 송사宋史에 '못된 종자가 유전된다'고 한 것과 같으니 어찌 크게 신중하지 않을 수 있겠는가?"

《정조실록》에 기록되기를 '과거의 폐단을 통쾌하게 고치려 했으나 경장해 가기 어려워 마침내 실현하지 못했다'고 했다. 그는 노비제도를 없애는 것은 물론 심각한 토지양극화의 주범인 사대부의 재산까지 몰수해 수구세력의 기반을 없애고자 했다. 그만큼 정조의 개혁은 급진적이었다. 여기에 가만히 당할 노론과 외척이 아니다. 그들이 대대적인 반격에 나서며 3대 반역 사건이 터진다.

첫 번째로 사도세자를 죽인 주범 중 하나인 홍계희洪啓禧의 집안에서 암살단을 궁중에 잠입시켰다. 홍계희의 부친 홍우전洪禹傳은 노론의 중심인물로서 영조가 등극한 직후부터 대쪽 같은 발언으로 소론을 공격하는 공격수였다. 홍계희는 정조가 즉위하기 바로 직전에 죽었고, 그의 아들 홍술해洪述海가 광해도 관찰사로 있을 때였다. 쌀값 등 돈 5만4000량을 횡령하고 소나무 260주, 곡식 2500석을 사취했다. 마땅히 참형해야 하는데도 정조가 감형해주어 흑산도에 위리안치되었다. 어찌 보면 성은을 입은 것인데도, 홍술해의 아들 홍상범洪相範은 아버지를 귀양 보냈다 하여 정조에게 악감정을 품었다.

홍상범은 천민 출신인 장사 전흥문田興文과 왕실호위군관 강용휘姜龍輝를 술과 여자로 포섭해 정조 암살단을 결성했다. 이를 강용휘가 딸인 궁녀 강월혜姜月惠에게 귀띔해주었다. 강월혜의 방주房主인 상궁 고수애高秀愛는 이 소식을 듣자 크게 기뻐했다. 고수애는 정조의 초대 정적인 정순왕후 김씨의 측근이었다. 당시 정순왕후는 대궐의 제일 큰 어른이었다. 이렇게 궐내에서조차도 왕을 노리는 세력들이 활개치고 있었다.

정조 1년(1777) 7월 28일 깊은 밤, 홀로 왕이 책을 읽는데 행랑채 지붕 위에서 발자국소리가 들렸다. 깊은 밤까지 깨어 있던 것은 세손 때부터의 습관이었다. 그때부터 암살 위협에 떨며 책만 보았던 것이다. 왕은 행랑 지붕의 자객이 왕의 침실인 준현각(尊賢閣) 위로 건너오는 소리를 들었다. 그 순간 왕이 "게 누구 없느냐"라고 소리치자 자객들이 궁궐 지붕을 넘어 도망가고, 내시와 군사들이 몰려왔다. 다음 날부터 궁궐 경비가 더 강화되었다.

그런 가운데 8월 11일 밤, 암살단이 두 번째로 대궐 담을 넘다가 호위무사에게 잡혔다. 정조가 친국한 결과 배후인 홍술해가 드러났다. 또한 그의 아내 이효임(李孝任)도 역모했음이 발각되었다. 그녀는 용하다는 무녀 '점방(店房)'을 사들여 주술을 이용했다. 무녀가 붉은 물감으로 그린 정조의 화상을 쑥대 화살에 묶어 공중에 쏘면서 '넌 반드시 죽는다'며 저주했다. 이 여인은 어리석게도 종기를 앓고 있던 무당에게 속아 무고지변(巫蠱之變)을 일으키고 만 것이다.

이 모든 배후에 노론이 있음이 차차 드러나자 노론 전체가 전전긍긍했다. 이때 세 번째 역모사건이 일어났다. 홍상범의 사촌 홍상길(洪相吉)이 주도했는데, 국청에서 홍상길은 임금을 모해하고 열여섯 살의 은전군을 추대하려고 했다고 실토했다.

노론은 이것을 기회로 정국의 대반전을 꾀했다. 백관을 동원해 '은전군 사형 주청정국'으로 몰아갔다. 영의정이 직접 앞장서서 신료들을 데리고 정조를 찾아가 백여 차례도 넘게 거듭 은전군을 죽이라고 아뢰었다. 은전군은 사도세자의 서자로 정조가 지극히 아끼는 동생이었으며, 또한 홍상길의 일방적 주장 외에 역모 증거가 전혀 없는데 동생을 죽일 수 없었다.

　그러자 대신들이 직접 은전군을 의금부 뜰로 끌어내 자결을 강요했
다. 은전군이 눈물로 결백을 호소했지만, 대신들은 정조의 명이 없는
가운데 자진하라는 전지傳旨를 작성하고 은전군을 죽게 했다.

백성과 직접 만나겠다

정조와 노론은 군신관계라기보다는 정적관계였다. 노론과 정순왕후는 겉으로는 정조를 왕으로 대했으나 내심 죄인의 아들이라며 철저히 무시했다.

이처럼 상대를 인정하지 않는 정치는 어떤 타협도 일시적일 뿐, 빈틈만 보이면 즉시 극단으로 치닫게 된다. 이런 상태에서 왕이 할 수 있는 일이라고는 지극히 일상적인 일 외에는 없게 된다. 정조는 정적이 만드는 정쟁의 소용돌이를 3년간 지켜보면서 백성과 직접 소통하는 정치를 하기로 결단하고 정조 3년(1779) 8월 처음 한강을 건너며 본격적 첫 행보를 시작했다.

첫 번째로 세종의 능인 영릉을 참배했는데, 당쟁이 직업인 대신들이 아닌 백성을 정치적 기반으로 확고히 다지는 상징적 행차였다. 직접 대화가 가능한 리더와 참모 사이와 달리, 대중은 동선을 보고 리더의 의중을 알게 된다. 만일 정조가 첫 행선지로 태종, 또는 세조 능을 찾았다면 백성들은 종친 가문에 왕권강화를 위한 피바람이 불리라고 예측할 것이다. 그러나 정조가 세종릉을 찾아가자 위민의 군주가 될 것이라며 흐뭇해했다.

정조는 영릉을 참배한 후 남한산성을 찾았다. 영릉에서 남한산성으로 가는 도중 어가御駕가 경기도 이천에 이르자 구경 나온 백성이 길가와 산에 가득 찼다. 길을 멈춘 정조가 승지에게 물었다.

"길을 끼고 구경하는 백성이 어제보다 많구나. 이들이 다 근처 백성들인가? 혹 먼 지방에서 온 백성도 있는가?"

"이 고을은 물론이고 저 멀리 삼남三南과 양서兩西 및 북관北關에서도 많이 올라왔습니다."

이때 백발의 한 촌로가 길을 막고 부복俯伏하며 아뢰었다.

"우리 임금을 보려고 발을 이렇게 싸매고 올라왔습니다. 감히 잠시 멈추시기를 청합니다."

왕이 연로한 그 노인을 바라보더니 일어서며 말했다.

"내가 왕이 된 후 작은 은택도 백성의 생계에 미친 것이 없는데, 이토록 천리를 멀다 않고 찾아와 나를 바라보니 더욱 절실히 조심하고 두려워 할 바이다."

이어서 이천행궁利川行宮에 나아가니 경기 암행어사 김면주金勉柱가 복명復命하였다. 왕이 어사에게 '민폐를 끼치는 수령이 누군지' 물었다. 어사가 '음주 현감 이보첨李普瞻이 잘 다스리고 있고, 과천 현감 이의화李義和, 양주 목사 엄숙嚴璹, 여주 목사 박사륜朴師崙, 양근 현감 김재화金載華가 크게 민폐를 끼친다' 하니, 이보첨에게 말을 하사하며, 네 고을 수령을 즉시 파직하고 나문拿問(죄인을 잡아 심문함)하라 명했다.

8월 7일에 정조는 남한산성에 당도했다. 남한산성은 인조가 명나라를 멸망시킨 청나라 황제에게 이마를 조아린 곳이었다. 또한 그해는 노론의 송시열이 효종과 더불어 북벌을 주장한 지 120년째 되던 해였다. 그러나 조선의 사대부는 북벌도 정략적 계략에 따른 것이라 실제 부국강병에는 힘을 쏟지 않고 당리당략만 일삼아 왔다.

정조는 바로 이 점을 노렸다. 명분 다툼으로 국력을 낭비하는 정치는 지양하고 실제로 부국강병을 이루겠다는 것이다. 그래서 이런 상징적인 해에 역사적인 치욕의 현장을 찾아 입으로만이 아닌 부국강병을 현실화해 북벌의 숙원을 풀겠다는 의지를 보여주었다.

이런 정치적 상징성을 띤 행보와 함께 구체적으로 국민과 소통하는 기회를 만들었는데 바로 '격쟁擊錚'이다. 왕이 행차하는 길목 어디에서나 누구든지 징 또는 꽹과리를 쳐 직접 호소할 수 있도록 했다. 조선은 초기 때부터 신문고라는 제도를 만들어 대궐에 북을 설치해두고 억울한 백성이 치게 했다. 이 제도는 태종 2년(1402)부터 시작되었으나, 지방수령과 중앙관료들이 '사소한 일로 절차를 무시하고 왕을 번잡하게 한다'며 수차례 폐지와 시행을 반복했다. 그만큼 고을수령과 신하들은 백성이 왕과 직접 소통하는 것을 꺼렸다. 자신들의 부정한 일이 왕에게 알려지는 것이 두려워서였다. 이를 잘 알고 있던 정조는 자신이 행차하기 전에 미리 알려주는 방을 전국에 붙이게 하여 백성들이 마음먹으면 왕을 친견할 수 있도록 했다.

정조는 재임 기간 24년 동안 백성들에게 무려 5000여 건의 격쟁, 상소 등을 받아 해결했다. 매주 5건 이상씩 처리한 셈이다. 정조는 능행이나 업무를 마치고 침전에 들어도 바로 자지 않고, 자신에게 올라온 수많은 상소와 격쟁을 일일이 살펴보며 이렇게 저렇게 하라 지시를 내리고서야 잠을 잤다.

정조 15년(1791) 1월 18일 정조가 현릉원 참배를 마치고 돌아오는 길에 백성들이 맹추위를 무릅쓰고 모여 있었는데 흑산도에서 온 김이수 金理守라는 사람이 꽹과리를 치며 어가 앞에 뛰어들었다. 원래 흑산도는 종이 만드는 원료인 닥나무가 많아, 정부는 닥나무로 만든 종이를 세금으로 부과했다. 그러나 세월이 흘러 흑산도에 닥나무가 멸종되었다. 그런데도 정부가 종이 세금을 계속 부과하자 주민들이 견디지 못하고 섬을 떠나고 있었다. 이를 해결해 보려고 김이수가 흑산도 관할청인 나주 목사, 그리고 전라감영까지 가보았으나 허사였다. 급기야 한양까지 정조의 행차를 찾아와 격쟁을 벌였다.

"닥나무가 사라져 종이를 만들 수 없는데도, 종이를 만들어 바치라 하니 거북 등에서 털을 깎아 오라는 것과 같습니다."

정조는 현장 조사를 명했다. 몇 달 뒤 조사 보고서를 보니 '주민들의 고통이 크지만 종이 징발을 감면하면 전라감영에 세수 결손이 발생한다'는 것이다. 이럴 때 왕이 어느 입장에 서느냐가 중요하다. 정조는 5월 22일에 이렇게 명했다.

"위에서 손해 보아 아래에 이득이 되게 하라(損上益下손상익하). 그것이 나라가 할 일이다. 흑산도의 민폐를 변통해야 한다. 닥나무 산지로 지정한 것을 영원히 혁파하라."

주민의 고통을 대변한 김이수도 훌륭했고, 약자의 소리에 귀 기울인 정조는 역시 성군이었다. 흑산도 주민들은 김이수의 공을 기려 섬을 통째로 바쳤다.

왕이 궁성 밖으로 나가기란 여간 번거로운 일이 아니었으나, 당시 민심을 직접 들으려면 달리 방법이 없었다. 정조는 역대 왕 중 가장 많이 행차했다. 조선의 왕들은 '임금이 큰 줄기를 잡아주면 작은 줄기는 아래에서 잡아야 된다'고 생각했다. 그러나 정조는 생각이 달랐다. 작은 시내가 모여 큰 강이 되듯, 개개인의 사정과 필요가 모여 전체의 방향이 나와야 자연스럽다고 생각했다.

이런 철학을 가졌기에 정조 8년(1784) 3월 20일 '백성 초청 토론회'를 연다. 장소는 창덕궁 선정문 앞 넓은 마당, 대상은 일반 백성과 재래시장 상인들이었다. 당시 거상이던 육의전 상인은 배제되었다. 이들 앞에서 왕이 먼저 말을 꺼냈다.

"내가 왕이 된 후 처음부터 이용후생利用厚生에 관한 일념인데도 춘궁기에 윤달까지 끼어 여러분의 어려운 상황이 불 보듯 뻔하다. 무릇 내 마음이 하나도 편치 않음은 도성 주민들이 차별을 당할까 염려해서이다. 그러니 어떻게 하면 물가를 공평히 하고, 전황錢荒은 어떻게 해야 구제할 수 있겠는가? 혹시 왕 앞이라 어렵게 여기지 말고 숨김없이 말해보라."

그러자 시민들이 너도나도 나섰다.

"근래 가뭄과 홍수로 곳간이 텅텅 비었으나, 임금의 혜택으로 굶주림은 면했나이다. 어찌 그 큰 덕을 우러러 받들지 않겠습니까? 하오나 십만 냥兩의 구휼을 더 입게 된다면 억조億兆의 백성들이 살아갈 방도가 될 것입니다."

부유한 상인들이 시장을 독점해, 소상인들은 불법시장인 난전에서가 아니면 장사하기 어려웠고, 흉년까지 들어 시중에 돈이 말랐다는 것이다. 한마디로 왕실 돈을 더 많이 풀어 도와 달라는 이야기였다.

이에 정조가 하교했다.

"저 거리의 곤궁한 소민小民들에게 실질적 혜택이 골고루 돌아가야 한다. 내수사內需司 돈 만 냥, 금위영金衛營의 돈 이천 냥, 어영청御營廳의 돈 삼만팔천 냥, 총융청摠戎廳에서 돈 만사천 냥, 수어청守禦廳의 돈 육천 냥, 총 칠만 냥을 걷어서 나누어 주라. 또한 금위영의 돈 일만팔천 냥은 공인貢人의 처소에, 훈국訓局의 돈 일만 냥은 본국 군병의 처소에, 어영청의 돈 이천 냥은 본영 군병의 처소에, 수어청의 돈 사천 냥은 태학 전복典僕의 처소에 주라. 아울러 앞서 내린 돈과 합하면 십오만칠천 냥이 된다. 이자는 받지 말고, 구전口錢을 금지시켜 골고루 나누게 하라. 공인과 군병도 역시 도하의 백성이다. 이와 같이 한다면 기아에 허덕이는 백성에게 실제 효과가 있겠는가?"

정조가 소상인들에게 소개비와 이자 등을 일절 받지 말고 거액의 나랏돈을 대출해주고, 하급 군인 등 어려운 백성에게도 무이자로 대출해준다고 하자 모인 백성들이 머리를 조아리며 백 번 절을 했다. 정조는 국가 기관의 재정 상황을 꿰뚫고 있었다. 어디에 얼마의 잉여 자본이 있는지 잘 알고 있었고, 즉석에서 백성의 필요에 맞게 재정을 공급했다.

적을 이용한 전략을 썼다

정조는 이처럼 백성들과 직접 소통하면
서도 동시에 관료와의 소통도 결코 소홀하지 않았다. 고위 관료와의 개
인적 소통은 주로 어찰을 통했다. 이 어찰 소통을 통해 정조의 고도로
치밀한 정국 운영이 이루어졌다. 정조는 어찰을 자기 세력인 채제공은
물론 반대 세력인 심환지 등 다양한 계파의 사람들과 주고받았다. 정조
가 왕이라 하지만 주변은 온통 정조를 반대하는 노론 일색이었다. 이는
영조 31년(1755)에 나주벽서 사건으로 인한 을해옥사 乙亥獄事가 일어나
소론 명문가가 일망타진되고 겨우 몇 사람 명맥만 유지한 탓이었다. 이
런 와중에 정조가 탕평책의 일환으로 소론과 남인 중 몇 사람을 기용하
려 하면 노론이 적극적으로 반대하고 나섰다. 이런 상황에서 정조는 이
이제이 전략을 구사했다. 노론은 영조 시대부터 절대 강자로 군림하다
보니 내부 균열이 생겨 벽파와 시파로 나뉘어 있었다.

정조가 만일 군주의 권위를 내세우며 일방적으로 노론을 몰아붙였다면 벽파, 시파, 궁궐 세력이 단합해 얼마든지 정조에게 위해를 가할 수 있었다. 이런 상황을 치밀하게 분석한 정조는 노론 중 강경파인 벽파의 영수 심환지와 은밀한 편지를 주고받으며 노론 전체를 은근히 원격조정하기 시작한다. 심환지 역시 정조의 마음을 알면서도 왕과 전면전을 벌이기는 너무 큰 위험이라 여겨, 소위 적대적 공생관계를 택한다.

조선의 왕은 특정당의 영수가 아니었다. 그러므로 집권당이라 하여 왕의 통치를 드러내놓고 좌지우지할 수 없다. 그러나 외척은 합법적으로 왕의 통치에 관여할 수 있었다. 핏줄 사회인 조선에서 궁실 어른이 되면 현왕에게 압박도 가하고, 유사시에 차기 왕까지 선택할 수 있었다. 이 때문에 정권을 잡은 당은 왕실과 인척 관계를 맺으려고 혈안이 된다. 권력을 잃은 당도 왕의 외척이라면 재기할 기회가 올 수 있다. 이를 잘 아는 정조는 심환지 세력을 살려두고 그를 이용해 반대 세력은 물론 외척의 준동도 막고 자기를 따르는 신하의 분발을 촉구했다. 정조에게 붕당은 소거 대상이 아니라 활용 대상이었다. 붕당을 이용해 조정 내에 긴장감과 활기를 심고 충성 경쟁도 유도할 수 있었다.

정조는 최대의 정적인 심환지에게 편지를 보내면서 항시 덧붙였다.

> 보는 즉시 찢든지 세초하라(此紙覽則去或洗去차지남즉거혹세초)
> 불로 소각하라(此紙卽卿卽丙차지즉즉병)
> 없애고 남겨두지 마라(切勿暫留절물잠류)

이처럼 정조는 심환지와 자신이 나누는 깊은 이야기가 외부로 알려져 불필요한 오해를 받지 않기를 원했다. 그러나 심환지가 누구인가. 왕의 편지를 없애는 척했으나 자신 외에는 아무도 모르는 곳에 깊이 숨겨두었다. 그 덕분에 200여 년이 훨씬 지난 지금에 와서 그 어찰을 볼 수 있게 되었다. 정조가 심환지에게 보낸 비밀 편지만 297통이었다.

그럼 정조는 왜 사사건건 대립적인 심환지를 택했을까? 심환지가 불의를 싫어하고 청렴하며 솔직하게 원칙을 지키는 사람임을 알았기 때문이다. 다음 사건은 정조가 어떻게 심환지를 관리했는지를 보여준다. 정조의 고모 중에 화완옹주가 있다. 영조는 막내딸인 이 옹주를 끔찍이 사랑했다. 영조가 통치하던 시절에 화완옹주는 노론과 결탁해 오빠인 사도세자와 대립했고, 정조의 대리청정도 반대했었다. 바로 그 죄 때문에 유배를 갔는데, 정조가 풀어주고자 했다. 그러자 신하들의 반대가 거셌다. 특히 심환지는 관을 벗어 놓고 어전을 나가면서까지 항의했다. 왕 앞에서 무례한 짓을 한 심환지는 즉시 파면당했다. 그런데 이 장면의 연출자는 정조였고, 심환지는 연기자였다. 정조가 전날 심환지에게 은밀히 보낸 어찰에 다음과 같은 글이 실렸다.

> 내일 옹주 석방을 논하는 자리에서 강력히 반대하며 뜰로 내려가 관을 벗고 견책을 청하라. 형세를 보아 처분하고, 내가 후에 다시 부르리라.

그 어찰에 적힌 대로 정조와 심환지는 행동했다. 이처럼 두 사람은 대립하는 척하면서도 내밀한 협력으로 정국을 풀어갔다.

또 다른 어찰에 고도의 심리전이 적힌 내용도 있다.

경은 소론과 남인에게 미움 받고, 같은 편인 벽파에게도 경시당하고 있다. 매일 밤 이 생각을 하면 나도 안타깝다. 원래 불의를 통렬히 비판하는 것이 경의 유일한 장점인데 요즘은 그렇지도 않다. 이후 잘못을 보거든 일일이 나와 상의하지 말고 바로 어용겸魚用謙에 연락해 처리하라.

심환지가 자파 내에서도 소외당한다고 위로하는 것 같지만, 사실은 노론을 더 확실하게 장악하라는 것이다. 한마디로 '병 주고 약 주고' 식이다. 더불어 조정 내에서 어용겸과 함께 불의를 없애는 데 더 적극적으로 나서라는 뜻이다.

정조는 어찰에 심경을 허심탄회하게 털어놓으며 수신인의 마음을 열었다. 자신은 붕당보다 의리를 중시한다거나, 조정과 백성을 염려하느라 매일 침상을 맴돈다거나, 늘 옆에 약봉지를 달고 살며, 항상 빙수를 마시는 자기 건강 상태까지도 적었다.

이뿐 아니라 가벼운 농담도 잘했다. 욕설인 진호종자眞胡種字(호래자식), 웃음소리인 가가呵呵 등, 경솔해 보이는 표현도 거리낌 없이 썼다. 정조가 막후정치를 하며 일부러 적당한 욕설과 유머를 구사했지만 결코 왕으로서 위엄을 잃지는 않았다. 심환지에게 자신의 밑바닥 정서를 일정 부분 보여주었으나, 어디까지나 왕의 손 안에 있음도 간혹 상기시켜주었다.

정조 17년(1793)의 새해가 밝자 정조는 갑자기 심환지를 이조참판에 임명했다. 그리고 일주일 만에 다시 대사헌으로 보냈고, 다시 사간원,

비변사제조를 겸한 대사성으로 보직을 변경해 돌리고 돌렸다. 여러 보직을 거치며 다양한 경험을 가지라는 의도 같지만, 한편으로 전권을 쥐고 있는 왕의 카리스마를 심환지에게 보여준 것이다. 이는 '내가 너와 사사로운 이야기를 나누고 내밀한 협의를 하지만 나는 왕이고 어디까지나 너는 신하에 불과하다'는 신호였다.

체제공의 초상

정조의 어찰 정치는 반대파는 물론 측근과도 이루어졌다. 정조의 최고 측근은 채제공이다. 채제공의 아버지는 두 고을의 현감까지 지냈으나 워낙 청렴해, 네 벽을 가진 집 외에 재산이 없었고 부엌에서 밥 짓는 연기가 이어졌다 끊어졌다 할 정도였다. 이런 아버지 아래서 자란 채제공은 소수파 남인이었다. 당시 남인은 정가에서 국외자나 나그네 취급을 받을 정도로 무시당했다. 이런 채제공을 영조가 탕평책의 일환으로 배려해주면서 사관으로 발탁했다. 채제공이 도승지에 오른 영조 34년(1758), 영조가 사도세자를 폐하려 하자 그는 죽음을 무릅쓰고 막아 철회시켰다. 이후 그가 모친상으로 물러나 있을 때 사도세자가 폐위되어 사사되었다. 영조가 승하하면서 정조에게 채제공을 가리키며 '참으로 사심 없는 내 신하이며, 너의 충신이다'라는 유언을 남겼다.

채제공은 정조가 왕이 되자 바로 형조판서에 임명되어 사도세자의 죽음과 관련된 세력 일부를 처단했다. 이때 홍인한, 정후겸 등 70여 명을 처형했다. 이렇게 죄상이 분명히 드러나는 경우는 처벌했으나, 겉으로 물증이 없는 반대 세력은 아무리 임금이라도 어찌할 도리가 없었다. 이들 노론이 한두 명이 아니라 수백 명씩 왕실 안팎의 주요 자리를 차지하고 있었다. 정조는 이런 살벌한 환경에서 주요 요직을 하나씩 자기 사람으로 채워가야 했다.

급기야 정조 원년(1777) 가을 두 차례 암살기도 사건이 일어나자 채제공을 궁궐수비대장에 임명했다. 그만큼 채제공에 대한 정조의 신임은 절대적이었다. 이에 노론이 집요하게 채제공을 공격했고, 채제공은 세 차례 낙향과 등용을 반복하다가 정조 12년(1788) 2월 11일 우의정에 임명되었다. 이는 채제공을 정승에 앉혀 노론과 균형을 이루고자 하는 정조의 뜻이었다. 그러자 다음 날부터 채제공을 공격하는 수구 세력의 상소가 빗발치기 시작했다. 주로 '국왕을 가볍게 여겼다' '역모까지 꾸몄다'는 등의 내용이었다. 실제 물증은 없었다. '길거리'에서나 '아녀자들이 쉬쉬하며 건네는' 소리를 들었다는 것이다. 이런 집요한 공격을 왕이 막아주었으나, 채제공이 견디지 못하고 그해 겨울 사직서를 냈다. 정조는 만류하는 편지를 보내 붙들었다.

> 그대가 수많은 비방을 받고 상처 입은 뒷모습으로 눈 덮인 길을 걸어가는 모습을 보니 가슴이 아리다. 경은 즉시 돌이켜 나를 돕도록 하라.

왕의 이런 간곡한 만류에 돌아오면, 또 다시 반대파들의 상소가 연이어 올라왔다. 이처럼 채제공을 무고하는 자들을 왕이 처벌하기도 했으나, 그때면 벌떼처럼 달려들었다. 일일이 대응하는 데에도 한계가 있었다. 정조도 어쩔 수 없이 채제공을 지켜주려는 뜻에서 한직으로 내보내기도 했다. 그럴 때 왕의 심경을 편지에 피력했다.

> 경은 뜻대로 잘될 때나 되지 않을 때나 그 기개가 한결같고, 조정 일이나 향리 일이나 똑같은 기상으로 일을 하는구나.
> 사대부는 차마 하지 못하는 일이 있어야 능히 국사를 처리할 수 있다.
> (士大夫有有所不爲사대부유유소불위 然後方可以做國事연후방가이고국사)

평소 정조는 맹자의 논어 중에서 다음 구절을 좋아했다.

> 중용의 도를 행하는 선비를 얻지 못할 바에는
> (不得中行而與之불득중행이여지),
> 차라리 과격하거나 고집 센 사람을 취하겠다.
> (必也狂狷乎필야광견호)
> 과격한 사람은 진취적이고, 고집이 센 사람은 함부로 하지 않는 바가 있다.
> (狂者進取광자진취 狷者有所不爲也견자유소불위야)

채제공은 정조가 언급한 대로 중앙 고관을 하건 시골 관리를 하건 권력을 남용하지 않고 선비의 맑은 기개를 지켰다. 한마디로 중용의

도를 제대로 지키는 선비였다. 중용을 지킨다며 사실은 자기 이익만 취하는 사람들이 많다. 그래서 논어에 '중용의 도'라 했다. 크게 깨닫거나 부단히 노력해야만 진실로 중용을 이룰 수 있다. 정조는 사심 없이 중용의 도를 걷는 채제공을 곁에 두고 싶었으나 반대파의 공격으로 여의치 않았다. 그래서 심환지처럼 중용의 인물은 아니지만 고집이 센 사람을 곁에 두고 관리했다.

정조가 채제공에게 보낸 편지는 가슴에서 나온 정겨운 내용으로 가득하다. 채제공은 정조와 공감을 나누는 우정의 대상이었다. 허나 적대적 공생관계인 심환지에게 보낸 글은 지략과 모략, 재치가 번뜩인다.

정조는 세종처럼 소통의 리더이지만 방식에 차이가 있다. 세종은 의견 수렴형이며 정조는 논쟁을 즐기는 설득형이다. 두 왕은 공히 신하들과 토론을 즐겼다. 자신과 다른 의견을 내는 신하에게도 화를 내지 않았다. 본래 세종은 성품이 온화했고, 정조는 속에 불이 끓을 만큼 격정적이었으나 세손 시절부터 절제해야 되는 상황을 겪으며 자기를 조절할 힘이 있었다. 이런 정조이었기에 심환지도 정조를 '우임금, 순임금과 같은 성군'에 비유했다.

학습으로 상황을 타개하려 하다

　　　　　　　　정조는 스스로 준비한 왕이었다. 이산
은 그의 외할아버지 홍봉한에 의하면 태어났을 때부터 미간이 넓고 코
가 높으며, 눈빛이 형형하고 음성이 우렁찼다. 여섯 살 때 영조가 불러
《동몽선습童蒙先習》을 외워보라 했는데 한 자도 틀리지 않았고 목소리
가 쇳소리처럼 쨍쨍했다.

　영조는 자신만 보면 주눅 들던 사도세자와 달리 야무진 어린 정조의
모습을 보고 크게 기뻐했다. 이처럼 정조는 어려서부터 자기 장점을
잘 드러냈고 표현력이 뛰어났다.

　조선시대 학업 성적은 '대통大通, 통通, 약통略通, 조통粗通, 불不'
의 5단계이다. 대통은 배운 내용은 물론 다른 것까지 막힘없이 밝다는
것이고, 통은 그 분야만 설명을 잘하는 정도이며, 약통은 평범한 상태
이고, 조통은 부족한 상태이며, 불은 가장 낮은 단계인 '하생'이라 하

며 낙제이다. 어린 정조의 학업 수준은 언제나 대통이었다. 영조가 함인정에 나아가 조강朝講하며 원손인 정조에게 강의를 시켰는데, 모두가 흠탄할 만했다.

그러나 정조는 태어나면서부터 불안한 입지였다. 그가 태어나던 해부터 아버지 사도세자와 영조의 사이가 벌어졌다. 영조는 사도세자와 사이가 더 멀어지면서 두통이 심했다. 그때마다 어린 정조를 불러 소학을 읽게 했고, 손자의 낭독 소리를 들으며 머리를 맑게 하곤 했다. 영조는 툭하면 정조를 사도세자에 빗대어 영특하다고 말해, 정조가 사뭇 괴로웠다.

급기야 사도세자가 뒤주 속에 갇혀 죽었고, 그 후 두 달 만에 정조가 영조에게 문안인사를 올리자 "이제 조선 천지에 너와 나 둘뿐이다"라며 통곡했다. 이때 정조는 죽은 죄인의 아들이면서 동시에 세손이라는 기묘한 위치였다. 이후 집권하기까지 14년간을 정조는 아버지를 죽인 노론에게 흠 잡히지 않아야 했고, 변덕이 심한 영조의 심기를 밤낮으로 살펴야 했다. 오해받지 않을 제일 좋은 방법은 바로 공부에 몰두하는 것이었다.

일흔이 넘은 영조는 십대의 손자를 보며 안쓰러우면서도 혹시 아비를 죽인 원한을 품고 있을까 의심도 들었다. 그 까닭에 자주 손자를 불러 난해한 질문을 했다. 그럴 때마자 어린 정조는 성숙한 대답을 했다. 이런 피눈물 나는 우여곡절 끝에 왕의 자리를 물려받았다. 정조는 힘겨운 시절에 좌절하지 않고 사람과 세계를 해석하는 힘을 길렀다. 그 결과 20대에 왕이 되었을 때 이미 상당한 학식을 갖추고 있었다.

왕이 된 후에도 정조는 평생 학습자였다. 흔히 어떤 위치가 되기 전에 엄청난 노력을 하다가도 그 자리에 오르면 자기 연마를 게을리 하고 누리고 즐기려고만 하는 경우가 많다. 이와 달리 정조는 탄탄하게 식견을 갖춘 리더로서 여러 문제들의 본질과 내막을 잘 파악할 수 있었으며 여기에 새로운 통찰력을 더 갖추기 위해 주도적으로 필요한 자기 학습을 지속했다. 그리고 주변 인재를 발굴해 자신의 부족한 점을 보완하게 했다.

인물을 기르는 규장각

　　　　　　　세종에게 집현전이 있었다면 정조의 인
재 산실은 규장각이었다.

　규장각도 집현전처럼 학문 연구와 도서 편찬은 물론 국왕의 정책 자
문 역할을 했다. 규장각은 역대 국왕의 시문, 서화, 족보 등을 보관하
고 관리도 하며 내각內閣이라고도 불렀다. 규장각은 정조 원년(1776) 9
월에 당론에 물들지 않은 새로운 인재를 양성해 개혁 정치 세력으로
삼으려는 왕의 의도에 따라 설립되었다. 그러나 노론 벽파의 의구심을
피하기 위해 왕실도서관을 표방했다. 인원은 각신 6명과, 이들을 보좌
하는 직책인 각감 2명, 검서관 4명, 이속 70명 등 총 105명을 두었다.

　당시에는 과거 답안지가 빈번히 누출되는 등 관료들의 부정부패가
일상화되어 있었다. 이런 가운데 기존 관료는 물론 양반층을 통틀어도
기존 정치 풍토에 물들지 않은 인물을 찾기가 어려웠다. 잘못이 드러

366

나도 오직 어느 편이냐에 따라 처벌 여부가 결정되었다. 든든한 배경이 있으면 죄인도 영웅이 되고 그러지 않으면 무고한 사람도 죄인이 되는 세상이었다. 정조는 이런 구태에 물들지 않은 사람을 어디서 선발하느냐로 고심한 끝에 파격적 발상을 한다. 바로 경직된 신분제 사회에서 소외되었던 서얼들, 심지어 노론에 의해 사학 邪學으로 규정된 천주교인들에게 눈을 돌렸다.

정조가 취임하며 '사도세자의 아들'이라 선언했지만, 노론 일색인 조정에서 곧바로 13년 전의 비극적 과거를 공론화하기는 어려웠다. 조정의 신료들을 자기 사람으로 바꾸는 일이 더 급했다.

노론은 주자학을 절대 이념으로 삼는 닫힌 세계관을 가진 사람들이다. 심지어 같은 중국에서 나온 양명학조차 이단으로 규정했다. 당시 겉모습만 보아도 어느 당에 속했는지 구별이 갈 정도로 당파끼리의 이념 갈등이 심했다. 화양서원에 중국 황제를 추모하는 만동묘가 있었는데 노론은 그 묘가 보이는 곳에서부터 공손한 태도를 취하였고, 남인은 무시하고 지나갔으며, 소론은 어정쩡하게 지나갔다. 내 편 아니면 모두 이단으로 보는 노론이 장악한 조정을 그대로 놓아두고는 어떤 왕도 조선을 새롭게 할 수 없었다.

그래서 정조는 우선 열린 세계관을 가진 다양한 인재들을 각 부처에 포진시키고자 했다. 그 시작이 규장각 관료의 구성이었다. 먼저 정조 1년(1777)에 서얼허통절목 庶孽許通節目을 선포해 서자들의 벼슬길을 열어 놓고, 규장각 검서관 檢書官에 서자인 이덕무, 박제가, 유득공, 서리수 徐理修를 특채했다. 서학에 빠진 이가환, 정약용 등도 각신으로 선발해 후한 녹봉을 주었다. 이들에게는 왕을 자주 만날 기회를 주었다.

규장각

    입직각신入直閣臣 같은 경우 매일 조석으로 왕을 문안했고, 다른 각
신에게도 탄핵권을 주어 백관을 청죄할 권리를 주었다. 이 때문에 규
장각 각신들은 순식간에 조선 전체의 주목을 받게 되었다. 그리고 무
엇보다도 정조는 이들과 밤을 세워가며 격의 없이 학문과 시정을 논했
다. 이처럼 주자학과 다른 사상을 지닌 천주교인이나, 기존 체제에 불
만을 품은 서얼들을 중용하자 조선의 사상 기류가 변하기 시작했다.
여기서 중상주의와 북학파가 나왔다. 이렇게 규장각을 통해 정조는 성
리학 유일사상체계를 다원화시켜 나갔다. 엄밀히 말해 정조의 개혁정
책은 규장각 검서관들의 뒷받침이 있었기 때문에 가능했다.
    정조는 세손 시절부터 활자에 관심이 많아 규장각을 통해 약 80만
자에 달하는 목활자, 구리활자, 금속활자를 만들어 수많은 서적을 간

행했다. 규장각 안에 비치한 도서만 3만 권이 넘었다.

초기 규장각은 홍국영과 힘을 합쳐 정조의 적대 세력을 탄핵하고, 외척과 환관의 발호를 막는 데 앞장섰다. 점차 정조의 통치술이 먹혀들자 붕당을 초월해 신진 문물 연구에 열중했다.

정조는 규장각을 설립할 때 '학문 중심의 정치(右文之治우문지치)'와 '창의적 발전(作成之化작성지화)'의 두 가지 목적을 세웠다. 그 목적대로 규장각은 정조 시대 신학문의 상징적 존재이면서 동시에 정치 신인들도 꾸준히 양성하는 정권의 핵심 기구로 기능했다.

특히 후자의 일환으로 '초계문신제抄啓文臣制'를 시행했다. 이는 37세 이하의 능력 있는 문신을 재교육하는 과정이다. 정조는 이를 통해 당파를 넘어서는 친위 세력을 만들고자 했다. 주로 남인과 북인, 그리고 실학자들이 선발되었다. 이들은 사서삼경과 사서 위주로 공부하고 시험을 보았다. 임금이 직접 출제하기도 했고, 성적에 따라 칭찬도 하고 징계까지 했다. 이렇게 선발된 초계문신이 시행 첫해인 정조 5년(1781) 16명이었고, 정조 24년(1800)까지 총 10회에 걸쳐 130명이었다. 정약용, 이가환, 서유구徐有榘 등이 대표적인 초계문신 출신이다. 이들은 먼저 지방수령을 마치고 중앙부처로 옮겨 실무를 익혔다. 그 후 지방관찰사로 내려갔다가 성과에 따라 중앙고위직으로 올라와 국정 전반을 경험한 후 정승까지 되었다. 초계문신 출신의 절반 이상이 고위직까지 진출했다.

정조는 두 가지 과제에 직면해 있었다. 정쟁과 당쟁이라는 외우내환으로 흐트러진 나라를 수습해야 했고, 또한 세기의 문명사적 전환 앞에 조선의 내용과 방향을 재정립해야만 했다. 규장각의 인재들도 일신

우일신日新又日新을 선호하는 급진적 안목을 지닌 인물이었고, 왕도 거침없는 정치적인 발언을 많이 했다. 정조의 인재들은 기본 틀을 뒤바꾸고 변혁의 시대에 맞는 사상을 제시하는 데 탁월했다.

문체반정으로 양반의 허위의식을 깨다

        조선시대 양반들은 불문미가 不問米價,
수모집전 受侮執典이라 하여 쌀값을 묻는 것도, 손으로 돈을 만지는 것
도 수치스럽게 여겼다. 공자 왈, 맹자 왈을 읊고 족보에 나온 조상의
관등성명을 자랑하며 살았다. 조선의 백성들은 양반의 손과 발 노릇을
하며 무시당했다. 그러나 조선의 토기장이는 일본에 가면 귀인 대접을
받았고, 조선 백정이 중국에 가면 최고 기능인으로 우대받았다. 이처
럼 실질적 삶을 책임졌던 사람들이 양반만큼만 대우를 받았더라도 조
선이 일본을 앞섰을 것이다.

  정조에 의해 등용된 규장각의 박제가나, 박지원, 홍대용, 이덕무, 유
득공 등은 중국에 연행사 燕行使로 가서 직접 신문물을 보았다. 돌아온
후 박지원은《열하일기 熱河日記》를 박제가는《북학의 北學議》를 저술했
으며, 중국인의 이용후생 정신을 배우자고 주장했다. 박제가는 기존의

제22대 정조_새로운 판을 짜다 371

사대주의와는 전혀 다른 북벌론자였다. 그는 '조선인들이 하찮게 여기는 기와 조각, 조약돌 등도 중국인들은 적절히 이용해 실생활을 풍요롭고 아름답게 한다'면서 '이런 이용후생 문화를 익혀 힘을 기르고 병자호란의 치욕을 갚아야 한다'고 주장했다. 그러나 기존의 사대부들은 중국의 상업정신은 본받으려 하지 않고 중화주의사상만 신주단지처럼 껴안고 있었다.

박제가 초상
청나라 나양의 그림

정조가 기존 양반들로 짜인 인의 장막을 걷고 다양한 배경에 귀를 기울이자 이용후생이라는 실용적 사상이 나왔다. 이에 국가 재정도 안정되고 백성들의 삶도 나아졌다. 정약용은 정조에게 임금의 첫째 덕목이 '용인用人과 이재理財'라며, '용인이란 군자와 소인을 가려서 쓰는 것인데, 눈에 잘 띄지 않는 군자를 가려내어 써야 한다'고 건의했다. 당시 양반들의 겉모습은 천하에 둘도 없는 군자 같았다.

정조 재위 기간 24년 중 20년 정도가 가뭄과 홍수 등 자연재해가 일어난 해다. 그런데도 양반들은 무위도식하며 낡은 사상에만 매달려 있었다. 이런 사람들을 지도층으로 놓아두는 한 결코 발전할 수 없다. 그래서 정약용은 '겉만 착하고 순해 보이는 자보다 독수리처럼 사납고 억척스런 기상을 가진 자'를 가다듬기만 하면 쓸모 있는 인물이 된다고 했다. 이런 주장을 하는 신하들과 늘 대화하던 정조는 '조선에 맞는 이용후생방도'를 고민하다가 정조 10년(1786) 관리들에게 시폐時弊를 시정할 구폐책垢弊策을 올리라고 했다. 국왕에 대한 비판도 수용하겠다며 가감 없는 새로운 정책 안을 원했다.

그때 박제가는 파격적인 〈병오소회丙午所懷〉를 제출했는데 그 내용은 한마디로 장사를 천하게 여기는 '양반도 장사하라'는 것이다.

> 현재 나라의 가장 큰 폐단은 가난입니다. 벗어날 길은 중국은 물론 주변 여러 국가들과의 통상밖에 없습니다. 서양인들도 입국시켜 그들의 지식도 배워야 합니다. 그러면 누가 통상을 해야 할까요? 신은 사족士族이 나서야 한다고 봅니다.

그 결과 '양반 상인론'을 실현하기 위해 정조 13년(1789) 7월 수원 팔달문八達門에 상설 시전을 만들었다. 정조의 꿈이 담긴 이 시장은 조선의 대표적 시장으로 성장한다. 이처럼 박제가를 비롯한 북학파들은 상공업 장려, 신분 차별 타파, 실용적 기술진을 외쳤다. 심지어 양반들이 장돌뱅이라며 천하게 여기던 장사까지 하라고 나오니 당시 사대부들이 견딜 수가 없었다. 자칫 북학파 전체가 큰 위기를 만날 형편이었다. 정조가 북학파를 14년(1790) 5월 건륭제의 팔순절을 맞아 중국에 다녀오도록 한 것도 사대부의 공격에서 피하라는 뜻이었다. 이런 분위기를 감지한 정조는 '문체반정文體反正'이라는 사상 정화 카드를 꺼낸다. 이는 정조 때 유행한 문장이 전통적 규범을 무너뜨리고 있으므로, 정통고문正統古文으로 돌아가라는 일종의 '문장 검열'이다.

"근래 선비들의 문풍이 날로 비속해지고 있다. 내용도 없으면서 기교만 어찌 부리는지 옛 사람의 체취는 전혀 없고 조급하고 경박하기만

하도다."

정조는 16년(1792) 10월 19일 이런 한탄을 하며 중국판 잡서의 수입 금지와 과거시험에 신변잡기류 글을 낼 경우 낙방시키는 것은 물론 다시 과거를 보지 못하게 하라 명했다. 노론은 이를 기회로 북학파들을 신랄하게 궁지에 몰았으나 다행히 큰 피해는 입지 않았다. 당시 박지원의 《열하일기》는 다채롭고 독특한 문체를 구사해 연암체燕巖體라 불리며 대단한 화젯거리가 되어 있었다. 박지원의 집에 매일 홍대용, 이덕무, 이서구, 유득공, 박제가, 정철조 등이 모여 청나라 문물을 이야기하며 현실 문제를 의논했다. 이런 《열하일기》가 문체반정의 첫 번째 표적이 되었다. 정조도 박지원에게 자송문自訟文을 바치라는 처분을 내려야만 했다. 또한 노론의 남공철南公轍, 이상황李相璜, 김조순金祖淳도 문체 불순으로 문책당해 자송문을 써야 했다. 이런 가운데 김조순과 이상황도 예문관에서 함께 숙직하던 중 환하게 불 밝히고 청나라의 유명한 연애 소설 《평산냉연平山冷燕》 등을 정신없이 읽다가 걸렸다.

이에 김조순은 정조의 마음에 흡족한 자송문을 쓴다. 이 덕분에 정조에게 신임을 얻고 정조 사후에 안동 김씨 세도정치를 시작할 발판을 마련한다. 흔히 자유로운 문체나, 순정 문체를 학문적 자유를 추구하는 남인이 좋아하리라 생각하는데, 알고 보니 성리학을 따르는 노론이더 좋아했다. 그래서 문체반정으로 남인을 잡으려던 노론의 계획은 수포로 돌아갔다. 박지원 같은 경우는 '지은 죄가 너무 커' 자송문을 쓸수 없다고 버텼지만 별다른 처벌도 받지 않고, 도리어 의금부 도사와 고을 수령까지 지냈다.

정조는 문체반정으로 두 가지 효과를 달성했다. 남인은 전통을 훼손

한다고 주장하는 노론의 공격 명분을 약화시켰다. 또 하나는 정조가 개혁적이기는 하지만 조선의 규범을 지키면서 새 시대를 열고자 했을 뿐, 자신의 측근들이 지나치게 앞서 나가 선대로부터 쌓아온 왕권이 유실되는 상황까지는 원치 않았다는 것을 확실히 밝힌 데 있었다. 이로써 정조는 노론, 소론, 남인의 삼당 구도를 유지하며 정국을 주도해 나갈 수 있게 되었다.

마지막 승부수, 천도

정조처럼 조상들이 세운 왕조의 틀 안에서 개혁하기란 역성혁명보다 어렵다. 혁명으로 들어선 왕은 전 왕조를 전면 부정하는 데에서 정당성을 확보하나 승계를 받은 왕은 전대의 관습과 유산을 어느 정도 이어가야만 한다.

정조가 심혈을 기울인 삼당 구도도 영조의 정국 운영 기조인 탕평책을 계승한 것이다. 탕평의 목적은 지엄한 왕권의 확립으로 집권 관료 체제를 정비하여 정국의 안정을 도모하는 데 있었다.

하지만 영조와 정조의 탕평은 서로 차이가 있다. 영조가 완론緩論 탕평이라면 정조는 준론峻論 탕평이다. 왕과 신하의 의리를 파벌의 의리보다 중시하는 것을 완론탕평이라 한다. 이를 위해 영조는 붕당의 뿌리이며 공론의 주재자 노릇을 하던 사림을 인정하지 않았고, 그들의 근거지인 서원을 대폭 정리했다. 그럼에도 붕당 간의 다툼을 억누르려는 이 시도의 효과는 일시적이었다. 이는 권신들이 왕과 외척 관계를 만들고, 그 고리로 왕권을 신권과 영합했기 때문이다.

정조의 준론탕평은 이의 반성에서 출발했다. 영조의 완론탕평은 왕실, 또는 외척과 결탁한 세가대족世家大族의 특권을 용인했다. 정조는 의리, 공론, 청요직을 활성화해 외척당을 와해시켜 궁중 세력과의 연결을 끊으려 노력했다. 그렇게 해서 특권이 아닌 실력 위주의 사회를 만들려는 것이었다. 정조가 말하는 실력 있는 인물이란 시비와 의리를 분명히 하며 왕의 은혜를 강조하는 사람이다. 이를 군자라 했다. 정조는 조건에 맞는 군자라면 당 색깔에 구애받지 않았고 정약용, 이가환처럼 소외된 사람도 등용했다. 정조의 군자란 조선사회의 전통 군자와는 거리가 먼 실용적 인재들이었다.

정조의 실용 위주 인재정책에 가장 걸림돌이 된 것은 의외로 사람이 아니라 지역이었다. 그 지역은 바로 80년 이상 집권한 노론의 본거지이자 수도인 한양이었다. 지역 간 이동이 쉽지 않았던 사회에서 노론이 장악한 한양에 머무는 한 노론의 영향력을 없애기란 사실상 불가능했다.

그렇다면 수도 이전만이 유일한 해결책이다. 그러나 수도 이전은 새 왕조를 창건한 태조조차도 우여곡절을 겪고서야 가능했다. 태조도 조선을 건국하고 한 달 뒤 한양으로 천도를 결심했으나 반대 여론이 일자 중단했다. 이후 계룡산, 개성과 한양 주변 등 여러 곳을 물색하다가 태조 3년(1394) 지금의 서울로 확정하고 천도했다. 그러나 정종 때 다시 개경으로 환도했고 태종 5년(1405년)에 이르러서야 한양으로 재천도했다. 그만큼 천도는 어렵다.

팔달문

그래서 정조는 수도를 이전할 계획을 흉중에 품고 있었으나 일체 발설하지 않아 사료에도 기록되지 않았다. 하지만 정황상 정조가 수도를 이전하려 했음이 뚜렷이 드러난다.

정조가 염두에 둔 새 도읍지는 화성이었다. 먼저 자신의 아버지인 사도세자의 묘를 정조 13년(1789)에 양주 배봉산에서 수원 용복면의 '화산花山'으로 옮겼다. 노론의 반대를 무릅쓰고 만든 사도세자의 묘를 현릉원顯陵園(혹은 현륭원顯隆園)이라 했다. 그 후 10년 동안 이 현릉원에 무려 12차례나 능행을 한다. 정조 19년(1795)에는 화성행궁에서 어머니 혜경궁 홍씨의 회갑잔치를 연다. 효자인 정조는 본인은 검소하게 먹으면서도 어머니 잔치만큼은 최선을 다했다. 식탁에 '편육, 숭어, 채만두, 각색편, 각색당, 각색정과, 만두과, 꿀, 초장, 잡탕'의 9가지 반찬이 올랐다. 마지막 잡탕이 천하 일미였다. 숭어, 전유어에다가 소의 골과 밥통, 안심, 늙은 닭, 태속의 새끼 돼지 등을 넣어 삶고, 여기에 표고버섯, 전복, 해삼, 완자 등을 넣었다. 정조는 이처럼 자신에게 엄격하고 부모에게 지극정성을 다했다.

왕모의 회갑잔치가 도읍지가 아닌 화성에서 벌어졌다는 데 의미가 있다. 그곳은 나라의 죄인으로 죽은 사도제자가 묻혀 있는 곳이다. 화성이라는 이름도 정조 17년(1793), 수원 팔달산에 올라 그 아래 신도시

장안문

를 바라보며 명명했다. 현릉원이 있는 화산의 화花와 같은 음의 화華를 썼다.

신도시 건설의 압권은 대규모의 성이다. 정조는 정약용에 명하여 수원성을 축성하게 했다. 정약용은 유형원과 함께 설계한 후 거중기를 이용해 과학적이며 실용적으로 성을 쌓았다. 이 거대한 성의 사대문 명칭이 의미심장하다. 한양도성의 남쪽에 이 성이 위치하므로 사실상 정문인 본문의 이름은 장안문長安門이며, 남문은 팔달문이다.

장안은 당나라를 포함해 1200여 년간 중국 역대 왕조의 수도였다. 팔달은 사방팔방으로 들어오고 나가는 중심지라는 뜻이다. 이는 도읍지가 아니면 붙이기 어려운 이름들이다. 장안문은 서울 도성의 숭례문보다는 물론 조선에서 제일 크다. 누가 봐도 신도시 화성이 신도읍지로 건설되었음을 알 수 있음에도, 정작 정조는 천도에 대해 입도 뻥긋하지 않았다.

기득권 세력에 둘러싸인 정조는 친위 조직 구축을 하지 않을 수 없었다. 즉위 초에 문관 중심의 규장각을 만들었고, 다음 실질적으로 왕권을 수호할 수 있는 친위부대인 장용영壯勇營을 만들었는데 기존의 중앙군보다 더 강력했다. 장용영은 한성 중심의 내영과 화성 중심의 외영으로 구성되었다.

정조가 틈만 나면 현릉원을 찾는 이유 중의 하나도 사도세자와 장용영, 그리고 백성을 하나로 묶기 위해서였다. 능행 때 말이 1400여 필, 따르는 인원만 6000명이 넘었다. 한을 품고 죽은 아버지의 묘소를 참배하러 가는 왕을 보기 위해 백성들이 구름처럼 몰려들었다.

본영도형

평소 억눌려 살던 백성들도 정조의 한에 공감하며, 자기 설움에 겨워 왕의 행렬을 보고 흐느꼈다. 정조 19년(1795)의 능행 때였다. 창원 부사 이여절李汝節에게 남편을 죽임당한 여인이 징을 울리며 억울함을 호소하자, 부사를 바로 유배 보냈다. 이처럼 정조의 현릉원 행차는 왕과 백성이 함께 어우러진 하나의 '씻김굿'이었다.

화성이 완공된 해는 왕의 나이 45세인 정조 20년(1796)이다. 그러나 4년 후 아쉽게도 정조가 갑작스럽게 죽으며 화성 천도는 영원한 물거품이 되고 말았다. 정조의 정치 행위는 실용적 목적 달성을 위한 치밀한 연출이었다. 백성과 자신을 심정적으로 묶고, 규장각에서 논리를, 장용영에서 힘을 보완하여 개혁을 추진하려 했다.

권한을 위임하되 월권할 때 엄벌한다

　　　　　세종은 비교적 온화해 경청하며 뒤에서 밀어주는 성격이었고, 격정적인 정조는 말하기를 좋아했으며 앞에서 끌고 가는 타입이었다. 이는 어전회의에서도 그대로 드러났다. 세종은 원로들의 발언을 듣고 자기 견해를 피력했다. 하지만 정조는 처음부터 회의를 주도하며 신하들의 적극적 참여를 주문했다. 신하들의 말에 '결코 그렇지 않다' '참 하는 말들이 한심하다'고 공개적 비판도 주저하지 않았다. 이렇게 정조가 격의 없이 말하니 정조의 어전회의는 항상 활기를 띠었다. 붕당의 토론 자체를 억눌렀던 영조 아래에 있던 신하들은 정조가 난상토론을 즐기자 덩달아 자유롭게 의견을 개진했다.

　이와 함께 지방수령에게도 가능하면 권한을 대폭 위임하고자 했다. 지방수령이 승정원(현재 청와대 비서실)을 거치지 않고 왕에게 직접 보고하도록 했고, 한양으로 불러 밤새 토론도 했다. 또한 정조는 공식 시스

템의 한계를 잘 알고 있었다. 왕-조정대신-관찰사-수령으로 이어지는 공적 조직은 얼마든지 현실을 왜곡하고 은폐할 수 있다. 수령들에게 큰 권한을 주면서도 암행어사를 자주 파견해 수령들의 권한 남용을 조사했다.

정조 18년(1794) 10월 다산 정약용을 경기 암행어사에 임명하면서 어서御書를 내렸다.

> 어사는 고을 수령의 선치善治 여부를 조사하고 백성이 받는 고통을 몰래 찾아내야 한다.

이리하여 어사가 된 다산은 천민 신분으로 위장하고 여러 고을을 둘러보았다. 탐관오리를 발견하면 '어사출두' 하여 삽질하듯 비리를 파헤쳤고, 선치수령은 왕에게 보고해 상을 주었다.

정조가 스스로 경계했던 글자는 '쾌快' 였는데, 신하도 이 기준으로 평가했다.

"낮에 한 일을 그날 저녁 돌아보아도 만족스럽지 못한 일이 많다. 그런데 어찌 평생을 만족하기 바라는가. 세상에 산이 제일 높고 바다가 제일 넓지만, 제 아무리 높은 산이라도 바다를 품지 못하나 바다는 산을 품을 수 있다. 이처럼 사람도 가슴이 넓어야지 매양 높은 것만 추구해서는 후회할 일이 생긴다."

자기 쾌락을 절제해야 비로소 타인을 포용할 수 있다. 산처럼 높아지기만 해서는 그 골짜기와 그늘이 깊다. 그래서 정조는 탁월하기만 하고 포용력이 없는 신하는 멀리했다. 그런 신하일수록 틈만 나면 월권을 한다. 그럴 때 정조는 아무리 가까운 측근이라도 가차 없이 제거했다.

정조는 왕위를 물려받기까지 극적인 반전을 반복했다. 영조가 81세가 되어 세손에게 대리청정시키고자 할 때 홍인한 일당이 갖은 수단으로 방해했다. 이런 위급한 상황에서 서명선이 홍인한 일파의 불충한 행동을 탄핵하는 상소를 올렸다. 노련한 영조가 이 상소문을 손에 쥐고 정국을 반전시켜 정조가 왕이 될 수 있었다. 정조는 이 일을 기억하고 원년(1777)부터 '동덕회同德會'란 이름으로 모임을 갖는다. 매년 12월 3일 자신의 집권을 도왔던 핵심인물인 서명선, 정민시, 홍국영, 김종수 등을 모았다. 정조는 먼저 영조의 은혜와 자신을 도운 자들에게 감사를 표하며 술잔을 돌렸다.

"오늘은 종묘사직이 다시 자리 잡은 날이다. 매년 이날에 모이도록 하자. 공들은 내가 저 푸른 소나무처럼 장수하기를 바랄 것이고, 내가 공들에게 바라기는 국가 원로가 되고, 오랫동안 내 벗이 되는 것이다. 국가가 편안해야 이 모임도 오래갈 수 있다."

그리고 시를 지으며 서로 흉금을 털어놓고 의리를 다졌다. 이들은 정조 시대의 개막과 함께 뜨는 별이었다.

이런 측근 중의 측근인 홍국영도 과욕을 부리다가 버림을 받았다. 그는 대단한 미남에다가 달변가였다. 정조는 동궁 시절부터의 경험으로 신변의 안정을 중시해 자신이 가장 신임하는 홍국영에게 도승지는 물론 숙위대장, 금위대장, 훈련도감까지 맡겨 인사권 및 군권을 다 주었다. 홍국영은 정조의 뜻대로 기존의 외척 세력을 제거하면서 정조 초반의 정국을 좌우하며 최고 실력자가 되었다. 이쯤해서 멈췄으면 좋앉을 것을 더 큰 욕심을 냈다. 정조 2년(1778) 자기 여동생을 정조의 후궁으로 앉히니 곧 원빈元嬪 홍씨였다. 그러나 원빈 홍씨는 후사를 낳지 못하고 1년 만에 죽었다. 다급해진 홍국영은 정조의 이복동생인 은언군의 아들 상계군常溪君을 죽은 원빈 홍씨의 양자로 삼아 정조의 후계자로 삼고자 했다. 심지어 정조 4년(1780) 왕비인 효의왕후까지 독살하려다 발각되었다.

이는 홍국영이 정조의 신임을 빌미로 외척 제거라는 정조의 정치적 소신을 정면으로 거스른 행동이었다. 정조는 이런 홍국영을 정조 3년(1779) 내쫓고 자신이 직접 정사를 주관하기 시작했다. 그러나 월권을 하지 않는 서명선 등은 오랫동안 정조를 보좌했다. 이와 같이 정조는 주어진 권한 내에서 충실한 신하는 어떻게 하든 지켜주었다.

이런 정조의 인재 운용 방식은 치적 중의 하나인 신해통공辛亥通共의 시행 과정에도 그래도 나타났다.

정조 14년(1790) 정조는 채제공을 좌의정에 임명하고 이후 3년간 영의정, 우의정을 공석으로 두어, 채제공이 독상獨相으로 정사를 주도하게 한다.

정조에게 직책이란 반드시 채워 넣어야 할 자리가 아니라 해야 될 일을 해내는 수단이었다. 정승 자리가 셋이지만 하나만 두는 것이 효율적이다 싶을 땐 하나만 두었다. 채제공은 정조가 기대한 대로 신해통공을 주도하여 정조 15년(1791) 1월 25일 전격 발표한다. 그 내용은 두 가지였다.

금난전권禁難廛權의 특권을 철폐하고, 도고都賈(도매상)의 매점

매석 행위를 엄금한다.

이로써 중소 상인들도 서울에서 육의전의 물품을 제외하고 무엇이든 자유롭게 사고팔 수 있게 되었다. 즉 사사로이 물건을 사고파는 난전亂廛을 허락했다.

금난전권이란 서울 종로 시전상인들이 궁궐에 필요한 물품을 조달하는 대가로 갖게 된 독점 상행위의 특권이다. 이 특권은 점차 많은 폐단을 낳았다. 빈둥거리는 무뢰배들도 가게 이름만 붙여 놓고 지방 물품이 오는 길목을 지키고 있다가 억지로 싼값으로 사들였다. 만일 물건 주인이 거절하면 '난전'이라 협박하며 형조와 한성부로 끌고 갔다. 어쩔 수 없이 물건 주인들은 원가 이하에 팔아야 했고, 이런 물건을 무뢰배들은 3배~5배 이상의 수익을 남기고 되팔았다. 나중에 채소나 소금, 옹기 그릇 같은 생필품도 가게가 정해지고 난전을 못하게 금하자, 심지어 노파가 호박, 고추, 상추만 팔아도 시장 질서를 어지럽히는 난전으로 몰아 몰수했다. 또한 시전상인들이 거액의 권리금을 붙여 금난전권을 팔아넘기는 경우도 허다했다.

도매상들 또한 그 횡포가 극심했다. 거대 자본으로 싼 가격에 물건을 독점 구매한 후, 비싼 가격에 팔아 서민 물가가 계속 올라갔다. 신해통공 조치로 이런 특권을 폐지하자 누구나 자유롭게 거래하게 되었다. 생산자들, 중소 상인 등 누구나 상행위를 할 수 있게 되자 물가도 안정되고 화폐경제의 발전이 크게 촉진되었다. 시전상인들과 도매상들만 제외한 모든 백성들이 환호했다.

채제공의 이런 조치는 수구 세력의 경제적 기반을 허무는 것이었다.

시전상인들이 특권을 가지고 거대한 부를 형성할 때 그 뒤를 봐주는 세력이 바로 유력 정치인들이었다. 도매상들은 매점매석으로, 시전상인들은 금난전권으로 서민들의 고혈을 짜내 번 돈의 일부를 챙겼다.

노론 벽파를 비롯한 한양 벌열閥閱들은 이런 자금줄이 끊기자 채제공을 강력히 성토하는 상소를 매일 올려 정조를 괴롭혔다. 그러나 정조는 흔들림 없이 채제공을 지켜주며, 정조 18년(1794) 조선을 환골탈태케 할 야심찬 '갑자년 구상'을 실행에 옮겼는데 바로 수원에 한양과 버금가는 신도시를 건설하기 시작한 것이다. 그리고 10년 후인 갑자년(1804)이 되면 열다섯 살이 되는 세자에게 왕위를 물려주고, 정조는 모친 혜경궁 홍씨와 신도시에 거주할 뜻을 품었다. 신해통공도 이런 장기적 정국 구상에서 나왔다.

그러자 수구 세력은 더욱 정조를 좌초시키기 위해 골몰한다. 이런 상황에서 정조 23년(1799) 채제공이 전염병으로 죽었다. 그는 남인의 지도자이면서 30년간 변함없이 정조 곁을 지키며 개혁정책을 추진했었다. 그가 죽고 난 후 남인들도 사학에 연루되어 지리멸렬하게 되었다. 정조 곁의 든든한 우군이 사라졌다. 깊은 침묵에 빠진 정조는 정조 24년(1800) 5월 30일 그야말로 청천벽력 같은 오회연교五晦筵敎를 내린다.

"나의 생부 사도세자가 옳았도다. 그럼에도 선대왕 영조의 유지를 받들어 앞으로도 관련자들을 처벌하지는 않겠다. 그러나 계속 거짓말을 하고 나와 맞선다면 노론을 대거 숙청하고 남인을 중용할 것이다."

심환지를 비롯한 노론은 정조의 최후통첩을 받아들이고 숙의에 숙의를 거듭했다. 그리고 한 달도 채 되지 않은 6월 28일 정조가 승하를 하게 된다. 이때 겨우 49세로 공식적인 사인은 울화증과 종기인데, 독살설도 떠돈다. 정조의 죽음 이후 조선의 국력은 급격히 쇠퇴했다.

정조의 측근들은 개혁적이면서 합리적 강직성을 지닌 채제공, 박제가, 정약용, 유득공 등이었다. 정조는 급서하는 바람에 그가 일생 추구하던 개혁정책이 정순왕후파에 의해 물거품이 되고 말았다. 노비 주인들에게 줄 보상금까지 준비하며 노비해방을 준비한 정조가 몇 년만 더 살았더라면 링컨보다 먼저 노예해방을 선언한 군주가 되었을 것이다.

순   헌   철

조   종   종

영^宗이 서야
왕이지!

　　　개혁군주 정조 이후의 조선은 한 나라의 리더인
왕이 중심을 잡아 주는 기능을 거의 상실했다. 영국에서 애덤 스미스
의 《국부론》이 출간되고 미국이 독립하던 1776년 즉위한 정조는 총명
한 신하들을 기용해 세계적 조류에 어울리는 조선으로 개조하려 했다.
그러나 그 뒤를 이은 순조 純祖(1800~1834) 때부터 시작해 헌종 憲宗
(1834~1849), 철종 哲宗(1849~1863)은 정조와 달리 국가의 리더로서 중심
역할을 하지 못하고 세도가들의 입맛에만 맞춘 정책을 펼쳤다.

　　세계사적 격동기인 18세기에는 조선왕조의 유일 신앙인 주자학에
균열이 가고 있었다. 남인과 북학파들이 청에서 들어온 서양의 평등사
상으로 주자학의 빈 부분이 채워지려 하던 시기에 정조가 죽었다. 그
뒤로 세도정권에 휘둘리는 유약하기만 한 왕들이 셋이나 연달아 등장
한다. 게다가 1809년부터 1815년까지 조선에 대흉년까지 겹쳐 경제적
기반까지 허물어졌다.

　　세 왕은 자유방임적이었을 뿐, 측근에게 권한을 위임해주지도 못하

고 도리어 세도가로부터 한정된 권한만 위임받았다. 왕이 신하에게 위임한 권한이라면 그 권한도 회수할 수 있어야 한다. 그러나 세 왕은 정반대였다. 이 때문에 조선은 19세기에 들어와 암흑기로 접어들었다.

이처럼 조선이 근대화에 뒤쳐진 이유는 조선 말기에 유능한 왕을 만나지 못해서였다. 그 결과 정조 사후 약 100여 년 만에 망하고 말았다. 왕이 되어서도 중심을 잡지 못한다면 그 왕은 리더십이 전무한 것이다.

왕의 리더십이란 '공동의 목표를 달성하기 위해 백성들이 행동하도록 왕이 영향을 끼치는 것'이다. 사회조직이 변동적일 때 왕의 리더십은 더욱 중요해진다. 순조나 헌종, 철종으로 이어지는 1860년도까지 세도정치가 왕권을 억눌렀다.

리더는 오케스트라의 지휘자와 같다. 지휘자가 연주곡을 선정하고 연주단원들이 각자 맡은 역할의 연습을 부단히 하여 자기 역량을 최대한 발휘할 수 있도록 인도하고 격려한다. 그리하여 각기 다른 악기가 전체적으로 통일성 있게 연주되며 감동적인 무대가 완성된다. 유능한 리더는 목표를 설정하고 실행하는 데 앞장선다. 그러나 무능한 리더는 무능한 지휘자와 같다. 무능한 지휘자는 각기 다른 악기의 소리를 조화롭게 만들지 못해 불협화음을 낸다. 무능한 리더는 구성원들이 자기 선을 넘도록 방치하여 조직을 엉망으로 만든다. 조선 후기 무능한 왕에 대한 민중봉기가 연이어도 세 명의 왕은 백성의 형편이야 어떻게 되든 나와 무슨 상관이냐는 식의 오관불언吾關不言이었다.

심리학자 저스틴 크루거Justin Kruger는 '무능의 이중고'에 대해서 지적했다. '무능한 리더는 자신이 무능하다는 것조차 평가하지 못할 만큼 무능하다. 따라서 가장 무능한 리더의 자기 확신은 가장 강력하다.'

제23대 순조, 제24대 헌종 가계도

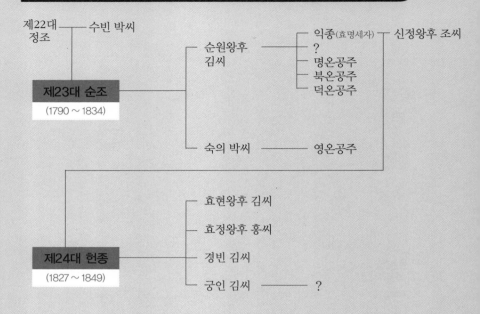

제22대 정조 ── 수빈 박씨

제23대 순조 (1790 ~ 1834)

├─ 순원왕후 김씨
│   ├─ 익종(효명세자) ── 신정왕후 조씨
│   ├─ ?
│   ├─ 명온공주
│   ├─ 북온공주
│   └─ 덕온공주
└─ 숙의 박씨 ── 영온공주

제24대 헌종 (1827 ~ 1849)

├─ 효현왕후 김씨
├─ 효정왕후 홍씨
├─ 경빈 김씨
└─ 궁인 김씨 ── ?

제25대 철종 가계도

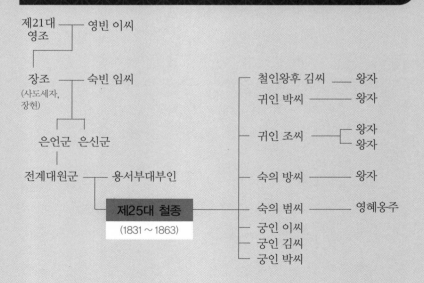

제21대 영조 ── 영빈 이씨

장조 (사도세자, 장헌) ── 숙빈 임씨

은언군 은신군

전계대원군 ── 용서부대부인

제25대 철종 (1831 ~ 1863)

├─ 철인왕후 김씨 ── 왕자
├─ 귀인 박씨 ── 왕자
├─ 귀인 조씨 ── 왕자 / 왕자
├─ 숙의 방씨 ── 왕자
├─ 숙의 범씨 ── 영혜옹주
├─ 궁인 이씨
├─ 궁인 김씨
└─ 궁인 박씨

순조는 정조와 순빈 박씨 사이에서 태어
났다. 조선왕들은 어찌된 일인지 17세기부터 자손이 귀했다. 17대 군
주 효종이 외아들 현종뿐이었는데, 현종도 외아들 숙종 하나만 두었고,
이에 숙종은 왕손의 번창을 위해 노력했으나 정실부인들에게서 아들을
두지 못했고, 후궁 둘이 낳은 경종과 영조를 둘러싸고 소론, 노론이 나
뉘어 피 터지게 싸웠다.

　경종은 자식을 낳지 못해, 이복동생 영조가 왕이 되었는데, 영조 또
한 아들 둘을 두었으나 장남은 열 살 때 병사했고, 둘째인 사도세자는
영조의 손으로 죽었다. 그 사도세자의 아들인 정조도 두 아들을 두었
으나 장남은 아이 때 죽었고, 둘째 순조를 마흔이 다 된 나이에 얻었
다. 순조는 어려서부터 중풍을 앓아 몸과 정신이 쇠약했고, 정조가 죽
던 해에 세자로 책봉되었다. 그때 순조의 나이 11세였다. 재위 24년

순조 동궐도 국보 제 249호

만에 정조가 갑자기 승하하자, 그동안 뒷방에 숨죽이고 있던 한 여인
이 천하를 쥐고 흔들기 시작했다. 바로 영조의 계비繼妃 정순왕후였다.
그녀는 영조의 정비 정성왕후가 죽고, 영조 35년(1759) 15세의 어린 나
이에 왕비가 되었다. 당시 사도세자와 그의 아내인 혜경궁 홍씨보다
열 살이나 더 어렸고 소생은 없었으나, 벽파와 손을 잡고 사도세자를
무고해 뒤주 속에서 죽게 했다. 어린 순조가 즉위하자 그녀가 즉시 수
렴청정을 하며, 벽파와 결탁해 당시 야당이던 천주교와 시파를 탄압하
기 시작했다. 혜경궁 홍씨는 남편 사도세자가 왕이 되기 전에 죽어 정
식 왕비가 아니라 수렴청정을 할 수 없었다. 정순왕후는 섭정 기간 노
론의 영수 심환지와 국정을 의논하며 정조의 치적을 모조리 파괴했다.
　정조 시대는 양반, 중인, 서얼, 평민들이 중국의 사대주의 사상에서
벗어나 자유롭게 민족주의 문화를 고취하던 문예 부흥기였는데, 순조
시대에 들어와 급격히 쇠퇴했다. 정조 시대에 펼쳐졌던 모든 개혁조치

들이 사라졌다.

이 모든 반개혁적 조치 뒤에 정순왕후
가 순조에게 내려 보낸 전교가 있었다. 정
조가 심혈을 기울이던 화성은 방치되고,
왕권 강화의 핵심 기관인 장용영은 폐지
했다. 규장각에 거미줄이 쳐지고, 정조와
가까운 인물들은 모조리 제거되었다.

심환지 영정

또한 서학과 천주교는 이단으로 정죄되
어 그 추종자들은 망나니의 칼에 쓰러져 길거리에 시체가 즐비했으며
정약전, 정약용 형제는 전라도로 귀양 갔다.

정순왕후는 순조 3년(1803) 수렴청정을 거두고 순조 5년에 죽었다.
그녀가 정계를 떠나자 벽파는 다시 몰락했고 순조의 외척인 안동 김씨
의 세도정치가 본격적으로 시작되었다. 순조의 장인 김조순을 중심으
로 안동 김씨들이 요직에 앉아 이후 60여 년간 온갖 세도를 부려도 견
제할 세력이 없었다. 과거제도
는 형식적이었고, 매관매직과
가렴주구가 판을 쳤다.

순조도 세도정권의 전횡을 막
아보고자 풍양 조씨 조만영趙萬
永의 딸을 효명세자의 빈으로
삼는다. 그리고 효명세자에게
대리청정을 시켜보지만 또 다시
풍양 조씨의 세도정치가 만들어

김조순

졌을 뿐이다. 매관매직이 판을 치고, 백정이나 천민도 돈만 있으면 양민이 되는 등 조선을 지탱하는 신분 질서가 무너지고 있었다.

이런 가운데 빈민, 노동자, 유랑민과 상인, 지주, 몰락 양반이 결합한 홍경래洪景來의 난이 일어났다. 홍경래는 서북인 차별 철폐와 세도 정권 타도를 기치로 내세웠다.

왕이 권력을 상실하다

효명세자가 대리청정을 시작한 지 4년
째인 순조 30년(1830)에 죽고, 순조도 4년 후에 죽자 효명세자의 여
덟 살짜리 아들 헌종이 즉위한다. 당시 왕실의 최고 어른인 순조의
정비 순원왕후 김씨가 수렴청정을 시작하자 안동 김씨의 세도가 더
강해졌다.

헌종 6년(1840) 12월에 수렴청정이 끝나고 헌종의 친정체제가 시작
되면서, 헌종의 생모 신정왕후 조씨(조대비)의 친정아버지 조만영은 훈
련대장과 어영대장御營大將이 되었고, 동생, 조카 등 친정 세력은 청요
직에 포진하였다.

풍양 조씨 역시 이양선異樣船이 출몰하는 등 민심이 어수선한 가운
데에서도 민생에는 전혀 관심이 없고 안동 김씨와 세력다툼만 벌였다.
세도정치의 여파로 국가 재정의 기반인 삼정이 문란해졌다. 그뿐 아니

라 과거제도마저 세도 가문에 유리하게 만들어놓았다. 즉 통과統科라는 제도를 새로 만들어 실력을 보지 않고 순번에 따라 돌아가며 세도가의 자제를 선발했다.

자격도 안 되고 실력이 떨어지는 이들이 철종과 고종 때 재상에 올랐으며, 어魚자와 노魯자도 구분 못한 자도 뽑혀 사관 노릇까지 했다. 이같이 한 국가의 왕이 구심력을 상실하자, 연이어 모반 사건이 터진다.

헌종 2년(1836) '남응중南膺中의 모반'이 일어나고 헌종 10년(1844) '민진용閔晉鏞의 역모'가 발생했다. 이 두 사건은 아무 영향력도 없는 몰락한 양반과 중인이 일으킨 것으로, 임금이 우습게 보여 누구나 왕권에 도전할 수 있게 된 것이다.

천주교에 우호적인 안동 김씨가 밀리고 풍양 조씨가 집권하자 다시 박해가 시작되었다. 천주교인을 적발하기 위해 오가작통법五家作統法을 시행했고, 헌종 12년(1846) 최초의 조선인 신부 김대건金大建이 처형되었다.

이런 가운데 헌종이 후사를 보지 못하고 헌종 15년(1849) 23세의 나이로 창덕궁 중희당重熙堂에서 요절한다.

신하가 세우는 왕

헌종이 죽자 순원왕후 김씨는 조대비가 왕을 세우기 전에 재빨리 손을 써서 헌종의 7촌인 강화도령 원범을 데려왔는데 그가 철종이다. 강화도령 원범은 정조의 이복형제인 은언군이 강화도로 귀양 가 살면서 얻은 손자다. 그는 일찍이 아버지를 여의고, 아무런 교육도 받지 못한 채 농사지으며 살다가 갑자기 19세에 왕이 되었다.

안동 김씨가 자신들의 권력을 유지하기 위해서는 철종이 제일 적당하다고 본 것이다. 철종은 즉위 후 2년간 순원왕후 김씨가 수렴청정을 했고, 김조순의 조카뻘인 김문근의 딸(철인왕후哲仁王后)을 왕비로 맞이한다. 이때부터 국구國舅(임금의 장인)인 김문근이 정권을 장악한다.

계속해서 안동 김씨의 세도정치에 눌린 철종은 술과 여자를 탐닉하다가 33세에 죽는다. 철종이 후사 없이 죽자, 안동 김씨와 풍양 조씨

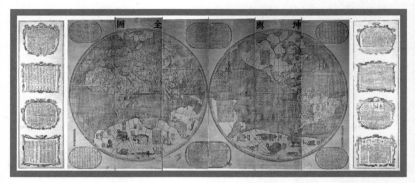

곤여전도

두 가문이 왕위 계승을 둘러싸고 대립한다. 당시 왕위 계승 지명권은 조대비가 쥐고 있었다. 그동안 조대비는 안동 김씨의 세도에 눌려 대비 대접도 받지 못하고 숨죽여 지내면서, 당시 종친으로 파락호破落戶 행세를 하던 이하응李昰應(흥선대원군)과만 은밀히 접촉하며 만일을 대비하고 있었다.

철종이 죽자 권력에 취해 대비책을 마련하지 못한 안동 김씨들은 우왕좌왕하였고, 이런 틈을 타고 조대비가 이하응과 밀약해 고종高宗을 왕으로 세웠다. 안동 김씨들도 흥선대원군이 별 볼 일 없다 여겨 조대비의 결정을 받아들이자, 조대비는 자신의 섭정권한을 흥선대원군에게 위임했다.

순종, 헌종, 철종의 유약한 리더십을 어린 나이 탓으로만 돌릴 수 없다. 똑같이 어린 나이에 등극한 숙종은 수렴청정도 거부하고 직접정치를 하는 카리스마를 보여주었다. 리더가 약하면 영令이 서지 않고, 대신들이 득세하여 국가가 기울어진다. 그래서 조선 후기로 내려갈수록 삼정문란이 일어나 백성들은 도탄에 빠지며 민란이 일어난다. 이를 근심한 재야학자들이 구국의 방책을 왕에게 올렸다. 특히 다산 정약용의 《목민심서牧民心書》가 추천되었는데, 왕과 세도 정치가들은 이를 무시했고, 백성들 사이에서는 공감을 얻어 민간에 널리 퍼졌다.

왕이 우유부단해 주도권을 상실하면 곧바로 세 가지 증세가 나타난다. 첫째는 능력 위주의 인사가 아닌 정실 위주의 인사를 하게 된다. 두 번째는 스스로 결단하지 못하고 항시 좌고우면한다. 결국 공적 성과를 거두지 못하게 되어, 개인적 잡기에만 더욱 심취하게 된다. 이런 왕을 만난 나라는 금세 수렁에 빠진다. 정조와 같은 탁월한 개혁 군주를 끝으로 연이어 우유부단한 세 명의 왕을 만난 조선은 회복 불능의 상태가 되고 만다. 순조와 철종은 안동 김씨에게, 헌종은 외척들의 세력에 억눌려 국정을 주도하지 못했다. 이렇게 무력한 왕들이 재위하는 동안 봉건 사회의 모순이 더 심화되어, 대규모 농민항쟁 등 민란이 연이어 발생했다.

제26대 제27대

고 순

종 종

··

함께 꿈꾸는
미래가 있느냐

26대왕 고종高宗(1863~1907)과 그의 아들 순종純宗
(1907~1910)에 이르러 조선은 막을 내린다. 두 왕처럼 세기적 격변기를
만난 리더는 냉철한 현실 인식과 전략적 통찰이 있어야 한다. 그래야
미래를 선점할 자신감이 생긴다. 극심한 변동 속에 흔들리는 사람들은
리더가 제시하는 희망을 바라보고 새로운 돌파구를 찾는다. 왕은 개인
이 아니다. 개인의 이해를 뛰어넘어 공동체의 이해를 책임지는 사람이
다. 이런 근본적 자각이 없는 한 어떤 능력이 있더라도 그는 무책임한
왕이 될 수밖에 없다.

격동기의 리더십은 희망과 영감을 주는 데서 빛이 나는데, 리더가
내놓은 변화의 영감에 공감하는 집단의 크기가 클수록 실현가능성은
높아진다. 위기와 변혁의 시대에 새로운 역사를 창조해내려면 리더가

자신의 위대한 성취가 아니라 조직의 위대한 성취, 즉 왕 같으면 '백성의 위대한 성취'를 만들려고 해야 한다.

그러나 고종과 순종은 백성이 함께 꿈을 꿀 수 있는 미래의 청사진을 내놓지 못했다. 고종은 집권 초 10년은 흥선군에게, 그 후 친정을 시작하고도 왕비 민씨에게 휘둘렸다. 고종은 제국주의 열강들의 침입 앞에 주도적으로 정치적 결단을 내려야 했으나 외세에 대해 부정적 시각으로만 일관하다가 현실의 대세 앞에 무릎을 꿇고 동도서기東道西器적 시대관을 갖게 된다. 변혁의 시대에 주도적으로 변화하지 않으면 항시 외부의 힘에 의해 강제로 변질되게 되어 있다. 같은 시기 일본은 국제 정세에 적극적으로 부응해 동아시아에서 제일 앞서 갔으며 다음이 청나라였고 조선은 가장 뒤졌다. 현실 감각이 뒤떨어진 고종의 리더십 탓에 결국 조선은 주권을 빼앗기고 말았다.

뒤를 이은 순종 역시 할 수 있는 일이 없었다. 이미 나라의 주권이 거의 빼앗긴 상태에서 왕에 오른 순종은 허수아비 그 이상이 될 수 없었다. 역사의 도도한 흐름을 비록 그가 왕일지라도 한 인간이 바꿀 수는 없는 법이란 것은 모두가 잘 알고 있다. 하지만 진정한 리더의 자질을 갖추었다면 어떤 선택을 했어야 했는가는 생각해볼 문제다. 백성을 위해 마지막 협상을 할 여지는 없었을까? 미래의 구심점 하나 정도는 남겨 놓을 수 없었을까? 과연 끝까지 고민을 했을까? 알 수 없지만 안타까움은 여전하다. 실패한 리더에게 우리는 무엇을 배워야 할까? 조선의 마지막 왕은 많은 의문점을 우리에게 남겨주었다.

제26대 고종, 제27대 순종 가계도

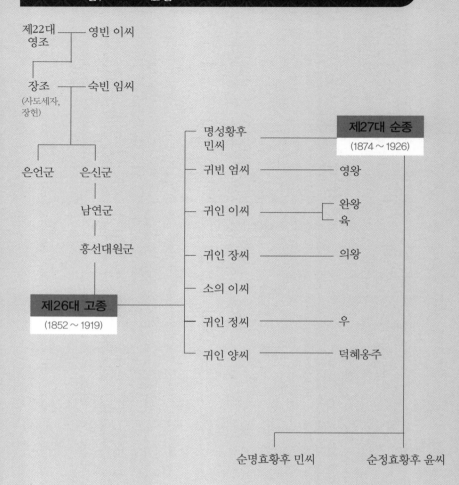

제22대 — 영빈 이씨
영조

장조 — 숙빈 임씨
(사도세자,
장헌)

은언군   은신군

남연군

흥선대원군

제26대 고종
(1852 ~ 1919)

명성황후   제27대 순종
민씨   (1874 ~ 1926)

귀빈 엄씨 ─────── 영왕

귀인 이씨 ─────── 완왕
                   육

귀인 장씨 ─────── 의왕

소의 이씨

귀인 정씨 ─────── 우

귀인 양씨 ─────── 덕혜옹주

순명효황후 민씨   순정효황후 윤씨

왕은 그저 이름일 뿐

　　　　　　　고종의 등극은 세도정치의 산물이었다.
순조 이후 안동 김씨가 세도를 부리다가 헌종 때 15년간 풍양 조씨가
세도정치를 했다. 다시 철종 시대에 안동 김씨가 복귀하며 거의 반세
기 이상 권력을 독점했다.

　헌종의 어머니인 조대비는 이 구도를 깨트리기 위해 이하응과 결탁
하여 철종이 죽자 곧바로 이하응의 둘째 아들 명복命福을 왕위에 앉혔
다. 그렇게 해서 명복은 고종이 되었고 이하응은 대원군이 되었다.

　대원군은 12세인 왕을 대신해 10년간 섭정하게 된다. 대원군이 누
구인가. 안동 김씨가 '궁도령宮道令'이라며 천대했던 사람이다. 대원
군은 그동안 왕족임에도 겨울에 남루한 옷을 입고 시정잡배들과 어울
리며 맨발로 부자들의 집에 찾아가 구걸하는 등 비정상적인 행동을 했
다. 이 모든 것이 안동 김씨에게 야심 있는 인물이 아님을 보여주기 위

홍선대원군

한 것이었다. 이처럼 본모습을 철저하게 위장했다가 섭정을 시작하자 파락호 시절의 경험을 살려 부정부패를 뿌리 뽑고 정치 풍토를 일신하고자 했다. 그가 처음 내건 기치는 다함께 새롭게 하자는 '함여유신咸與維新'이었다. 이를 위해 먼저 세도정치를 타파해야 했다. 그래서 안동 김씨 세력의 근거인 비변사를 의정부로 흡수해 국정을 단일화했다.

이도쇄신吏道刷新이라 하여 당색과 지방색의 구별 없이 인재를 등용했다. 특히 당쟁의 근거지였던 600여 개에 이르는 전국의 사원을 47개로 대폭 줄였다. 그러자 전국에서 유생들이 대거 상경해 궐문 앞에서 대원군에게 부복 상소하자, '비록 공자가 다시 살아온다 해도 백성을 해롭게 하는 자는 용서치 않으리라'며 한강 밖으로 쫓아냈다. 또한 궁중에 특산물을 바치는 진상제도와 무명잡세를 없애고, 지방토호의 횡포를 엄단해 민중의 환호를 받았다. 이처럼 흥선대원군은 준비되고 강고한 의지로 실행하는 리더였다.

내정은 안정되었다. 대외 정책도 처음에 대원군은 개화를 염두에 두었다. 영국, 프랑스와 교섭해 남쪽으로 진출하는 러시아를 막으려 했다. 그런데 프랑스 선교사를 만나러 가는 도중 영국인이 중국인을 무차별로 살해한다는 근거 없는 소문이 조정에 전해졌다. 이때 조선의 골수 성리학자인 대신들이 들고일어나 병인박해丙寅迫害가 일어났고

대원군도 쇄국정책을 강행하게
된다.

당백전 경복궁 중건 비용을 마련하기 위해
발행

고종 3년(1866) 강화도를 침
범한 프랑스 군함과 전투를 벌
인 병인양요丙寅洋擾에 뒤이어
고종 8년(1871) 신미양요辛未洋
擾가 일어났다. 상선 제너럴셔먼호가 대동강변에서 평양 시민에 의해
소각된 것을 빌미로 미국 함대가 강화도를 한 달간 점령했으나 조선이
통상수교를 완강히 거부하자 물러갔다. 대원군은 척화비斥和碑까지 세
우는 등 '쇄국' 정책을 강화했다. 대원군의 개혁이 백성의 지지를 받기
도 했으나, 어디까지나 왕권 강화가 목적이었기 때문에 당시 점차 민주
주의로 행해가는 근대 사회의 조류와 맞지 않았다.

대원군은 세도정치
에 짓눌렸던 왕권을
강화하기 위해 백성
의 원성을 자초하면
서까지 경복궁을 중
건했고, 8세 때 부모
를 잃고 대원군의 처

병인양요 삽화, 작자미상

가인 여흥 민씨 집안에서 자란 민씨를 중전으로 뽑은 것도 외척의 발
호를 염려해서였다. 그토록 천주교를 박해한 것도 종묘사직 수호와 왕
권 강화에만 집착한 까닭이다.

그런데 이 세 가지가 대원군의 몰락을 앞당겼다.

대원군의 실각과 밀려드는 외세

　　　　　　　　　명성황후는 이항로李恒老의 수제자인 최
익현崔益鉉을 시켜 대원군 10년 치세의 실정을 공격하는 상소를 올린
다. 대원군이 격렬하게 반발하자 고종은 최익현을 잠시 유배 보냈으
나, 곧 호조참판에 임명했고, 대원군은 은퇴할 수밖에 없었다. 대원군
이 물러가자 대외 개방 여론이 비등해졌다. 이런 가운데 고종 12년
(1875) 2월부터 일본 군함이 동, 서, 남해안에 출몰하더니, 그해 9월 운
양호가 측량을 구실로 강화도에 들어와 초지진草芝鎭을 지키던 수비
대와 전투를 유발했다. 이를 구실로 다음해 2월 조선과 강화도조약을
체결하여, 마침내 제물포항과 부산 원산항을 개방했고, 일본인의 치외
법권까지 인정해야 했다. 이처럼 한 번 불평등 조약을 체결하자 이후
로 미국, 중국, 영국, 독일, 러시아 등과 차례차례 불평등한 조약을 체
결해야만 했다.

이런 불평등 조약은 대원군 같았으면 어림도 없는 일이었다. 1853년, 일본은 미국 동인도 함대 사령과 페리 제독의 위협에 굴복한 후, 1868년에 메이지 유신이 일어났다. 이처럼 일본이 근대적 통일국가를 형성한 지 10년도 채 되지 않은 상황이라 조선이 버티면, 일본은 물론 서양 열강들과 얼마든지 훨씬 더 유리한 개국 협상을 벌일 수 있었다. 그러나 고종은 아버지 대원군과 전혀 다른 리더였다.

먼저 대원군은 자기 힘으로 리더의 자리를 쟁취했고, 고종은 대원군이 마련해준 자리에 별 노력 없이 앉았다. 또한 대원군이 철저히 준비하며 때가 이르면 차례차례 확실히 실천하는 사람이라면, 고종은 수수방관하다가 한 번씩 찔러보는 스타일이었다. 이것이 준비된 리더와 갑자기 리더를 맡게 된 사람의 차이점이다. 리더는 의견을 들더라도 마지막 결단은 본인의 몫으로 해야 한다. 그러나 고종은 누군가를 의지하며 끌려갔다. 대원군 덕에 왕이 되었고, 즉위 초 10년간 대원군 도포 자락을 잡고 지내다가, 그 후는 명성황후의 치맛자락을 잡고 기댔다. 이처럼 다른 사람들이 조성해놓은 정치 세력에 편승하려는 고종의 태도 때문에 특히 대외 관계에서 자주성을 지킬 수 없었다. 대원군은 이런 아들의 성격을 잘 알았다. 서구 열강의 각축장이 된 조선을 이끌기에 무리가 있다고 보아 고종에게 친정을 쉽게 맡길 수 없었던 것이다. 고종은 친정을 시작하면서 보잘것없던 명성황후의 외척을 대거 기용했다.

명성황후의 이복오빠인 민승호閔升鎬가 실세가 되어 그동안 대원군의 측근이었던 남인들을 숙청했다. 명성황후는 대원군과 반대되는 개화정책을 급속히 추진하며, 신식 군대인 별기군別技軍을 창설해 특별 대우를 했고, 구식 군사들에게는 월급을 13개월이나 주지 않다가 선혜청에서 겨와 모래가 섞인 쌀을 지불했다. 그때까지 겨우 참고 있던 군인들이 고종 19년(1882) 6월 5일, 임오군란壬午軍亂을 일으켰다.

당시 하급 군사들은 왕십리 등에 거주하는 빈민 출신들이었다. 빈민들은 대부분 한강 연안의 변두리에서 채소를 재배하거나 수공업, 상업, 막노동에 종사했다. 군인들은 이들의 거주 지역에 6월 9일 아침 동별영에 집합하라는 통문을 돌렸다. 이에 빈민들까지 호응해 대규모 폭동이 일어났다. 이들은 먼저 명성황후의 친척이며 개화파 실세인 선혜청 당상관 민겸호閔謙鎬를 찾아가 죽이고, 그 집에 불을 지른다. 다음 날 명성황후를 잡으려고 창덕궁을 비롯해 사방을 뒤지고 다녔다.

이럴 때 신식 군대인 별기군은 진압을 안 하고 무엇을 하고 있었을까? 별기군은 양반 자제만 모아놓아, 훈련도 하인들에게 업혀 받을 정도로 나약했다. 반면 구식 군인들은 병인양요, 신미양요 때 최첨단의 무기를 가진 프랑스와 미국 군대를 맞아 격렬히 싸워 이겨냈던 경험이 있는 용사들이었다. 별기군이 뿔뿔이 흩어져 도망가고, 구식 군인들은 대원군을 찾아갔다. 수동적인 고종도 대원군에게 정권을 넘겼다. 대원군은 즉시 별기군과 개화정책의 핵심기구인 통리기무아문統理機務衙門을 폐지하고 5군영체제를 복귀시키며 사태를 수습했다.

이 과정에서 명성황후는 궁녀복으로 갈아입고 고향인 충주로 피신했다. 그리곤 고종에게 은밀히 연락해서 청나라에 구원을 요청했다. 이에 청나라 북양대신北洋大臣 이홍장李鴻章이 마건충馬建忠, 정여창丁汝昌에게 해군 4천을 주어 급파했다. 이 군대가 남대문 밖에 진영을 설치하고 대원군을 초청했다. 그 초청에 응하지 말라는 주위의 만류에도 불구하고 대원군은 청나라 진영을 찾았으나, 마중 나온 마건충에게 결박당해 그 자리에서 곧바로 천진으로 끌려갔다. 그날이 고종 19년(1882) 7월 13일이었다.

효수당한 김옥균의 머리

명성황후는 다시 한양으로 돌아왔고, 청나라는 조선을 더 한층 자신의 영향력 아래 묶어두려 했다. 이처럼 대원군이 청나라로 끌려가고, 명성황후가 다시 복귀하는 과정에도 고종은 지켜만 볼 뿐 적극적으로 개입하지 않았다. 명성황후가 친청수구정책을 펼치자, 정치적 위기에 몰린 개화파는 일본의 후원 아래 고종 21년(1884) 우정국 개국 축하연에서 갑신정변甲申政變을 일으켰다.

김옥균金玉均, 박영효朴泳孝 등은 창덕궁으로 가 고종에게 민씨 척족을 부르게 한 후, 그들을 모두 죽였다. 이때도 고종은 대세에 순응했고, 창덕궁에서 경운궁으로 거처를 옮겼다. 갑신정변은 명성황후에게 도움을 요청받은 청나라 군대가 출동해 진압함으로써 3일 천하로 끝났다.

황후 시해와 아관파천

　　　　　　　고종이 대원군과 명성황후 사이에서 갈
팡질팡하는 동안 조선에 대한 외국의 간섭, 특히 중국과 일본, 러시아
의 영향만 크게 확대되었다. 그만큼 백성의 삶은 더 고통스러워졌고
결국 고종 31년(1894) 전라북도 고부에서 전봉준全琫準이 동학농민혁명
을 일으켰다.

　고종이 이를 제대로 제압하지 못해 청나라 군대와 일본 군대를 끌어
들이는 바람에 청일전쟁이 일어난다.

　일본군은 기습 공격으로 청나라를 굴
복시키고, 막대한 배상금과 함께 대만,
요동반도를 할양받는다. 이에 남하정책
을 추진하던 러시아가 자극받아 독일,
프랑스와 함께 일본에 요동반도를 반환

포박된 전봉준

410

하라는 압력을 넣어 일본이 어쩔 수 없이 따랐다. 이를 본 고종과 명성황후는 러시아가 일본보다 강하다고 보고, 노골적으로 친러배일정책을 폈다. 이에 위기에 몰린 일본공사 미우라 고로三浦梧樓가 경복궁에 잠입해 명성황후를 시해했다. 다음 날 고종이 미국 공사관으로 피신하려고 했으나 실패하고 일본의 강요를 받아 김홍집金弘集 내각을 조직하고 단발령斷髮令 등 14건의 법령을 공포했다.

이를 계기로 전국 각지의 유생들이 의병을 일으키자, 일본군이 진압하러 각지로 내려갔다. 이를 기회로 고종은 36년(1896) 2월 러시아 공관으로 피신하는 아관파천俄館播遷을 해 친러 정권을 수립한다. 결국 김홍집 내각이 붕괴되고 단발령이 철회되는 등, 2년간 진행되어온 일본 주도의 갑오개혁甲午改革도 끝이 났다. 친러 정권하에서 국가의 많은 이권이 외국에 넘어가고 국왕의 위상은 형편없이 추락했다. 이후 독립협회를 필두로 국민들 사이에서 국왕의 환궁과 자주권 선양을 요구하는 여론이 높아지자 고종이 1년 만에 러시아공관에서 경운궁으로 돌아와 국호를 조선에서 대한제국으로, 연호를 광무光武로 정하며 황제가 되었다. 힘없는 백성들은 열강의 신민화되어 가는데 유독 고종만 왕에서 황제로 격상했다. 이런 가운데 고종 41년(1904)에는 조선과 만주를 놓고 대립하던 일본과 러시아 사이에 전쟁이 일어난다.

러-일 전쟁에서 승리한 일본은 본격적으로 고종에게 압력을 행사해 고종 42년(1905) 외교권을 박탈하는 을사조약을 체결한다. 이 조약에 직접 서명하지 않은 고종은 국제사회에 조약의 부당성을 알리기 위해, 고종 44년이자 순종 원년(1907) 6월 만국 평화회의가 열리는 네덜란드 헤이그에 밀사를 파견했다. 그러나 어느 나라도 귀를 기울이지 않았다. 도리어 일본은 이 사건을 계기로 강제적으로 고종을 퇴위시키고 대신 순종을 앉힌 후, 순종 4년(1910) 한일합방조약까지 체결했다. 고종의 성격은 외교권을 빼앗긴 후에, 전국적으로 조성된 반일 열기를 외면하고 은밀히 미국 등 열강에 특사를 파견해 외교적으로만 해결하려고 한 데서도 잘 드러난다.

당시 조선 민중들은 오랜 기간 왕을 하늘이 낸 통치자로 떠받드는 경향이 있었다. 그래서 망국의 군주였지만 고종이 갑작스럽게 승하해 독살설이 번지자 민가에 대성통곡이 흘러나왔고, 연이은 할복자살자도 나왔다. 급기야 고종의 인산일因山日에 맞춰 전 국민이 봉기하는 3·1운동이 일어났다. 그만큼 조선인들에게 왕은 잘났든, 못났든 절대적인 정신적 지주였다. 이런 영향력을 지닌 고종이 만일 일본과 분연히 맞섰다면, 아무리 일본이 무단으로 통제하려고 해도 결코 쉽지 않은 상황이 되었을 것이다.

조선이 막을 내리다

조선왕조를 마지막으로 장식한 황제 순종은 고종과 명성황후 사이에서 태어났다. 그는 일본이 헤이그 밀사사건 이후 강제로 고종을 퇴위시키며 조선의 27대왕이자, 대한제국의 2대 황제로 등극했다. 이 시기에 일본의 노골화되는 조선 식민화계획에 반발해 전국 각지에서 의병이 일어나고 주권회복을 위한 애국계몽운동이 활발히 벌어졌다.

순종도 나름대로 국가를 세워보려고 노력했으나 일제의 간섭과 탄압을 이겨낼 수 없었다. 더욱이 순종 주변의 조정대신들이 온통 친일파들이라 국가수반으로서의 왕권을 제대로 행사하기도 어려웠다. 순종이 죽기를 각오하지 않는 한 리더로서 할 수 있는 일이 아무것도 없었다. 만일 순종이 측근 인사를 애국적 인사로 채우려 시도할 경우 죽음을 면치 못했을 것이다. 실제 고종 35년(1898)부터 일제는 고종과 순

고종과 황태자 시절의 순종

종을 해치려고 차에 다량의 아편을 섞었다. 이 독毒 차 사건 이후 순종은 심신장애를 겪게 되었다.

순종이 즉위하던 해에 일본은 자국의 통감이 조선의 국정 전반을 간섭하는 한일신협약(정미 7조약)을 강제로 체결하고 각부 장관을 직접 임명했다. 그 후 한국 군대를 강제 해산시키고 사법권을 강탈해 순종은 완전히 허수아비가 되었다. 그럼에도 왕으로서 그 국가와 흥망을 같이 할 수밖에 없음을 처절히 자각하고 국권 회복을 위해 혼신의 지혜를 짜내었더라면 하는 아쉬움이 남는다.

국제정세도 고종 41년(1904) 러일전쟁에서 일본이 이기고, 그 직후 미국의 필리핀 점령과 일본의 한반도 점령을 상호 인정하는 미·일간 '가쓰라-테프트' 조약이 체결돼 조선에 절대적으로 불리했다. 그럼에도 일본은 한국을 강탈한 사실을 바로 발표하지 못하고 언론을 통제해야 했다. 그 정도로 전 국민적 항일운동이 거세었기 때문에 순종이 전면에 나섰더라면 일본도 쉽게 조선을 병합하지 못했을 것이다.

순종 3년(1909) 10월 26일, 만주 하얼빈역에서 총성이 울렸다. 안중근이 일본 메이지 유신의 영웅이자 조선침략의 원흉인 이토 히로부미를 저격했다. 그는 당시 러시아 재무대신 코코프체프와 조선과 만주 문제를 협의하려 만주를 방문 중이었다.

414

이토가 죽자 일본은 순종 4년(1910) 5월 육군대신 데라우치를 새 통감으로 임명했다. 그는 8월 29일 친일매국노들을 앞세워 한일합병조약을 강요했는데 순종이 끝까지 동의하지 않자 총리대신 이완용이 대신 서명했다. 이로써 대한제국은 멸망했고, 순종도 황제에서 왕으로 강등되어 창덕궁에 머물러야 했다.